U0940635

浙江经济普查年鉴

Zhejiang Economic Census Yearbook 2018

第三产业卷

浙江省人民政府第四次经济普查领导小组办公室　编著

中国统计出版社
China Statistics Press

图书在版编目（CIP）数据

浙江经济普查年鉴. 2018. 第三产业卷 / 浙江省人民政府第四次经济普查领导小组办公室编著. -- 北京：中国统计出版社, 2020.11
ISBN 978-7-5037-9398-1

Ⅰ. ①浙… Ⅱ. ①浙… Ⅲ. ①经济－普查－浙江－2018－年鉴②第三产业－经济－普查－浙江－2018－年鉴 Ⅳ. ①F127.55-54②F264.1-54

中国版本图书馆 CIP 数据核字(2020)第 234141 号

浙江经济普查年鉴—2018/第三产业卷

作　　者/浙江省人民政府第四次经济普查领导小组办公室
责任编辑/许立舫
封面设计/黄俊杰　李雪燕
出版发行/中国统计出版社
通信地址/北京市丰台区西三环南路甲 6 号　邮政编码/100073
电　　话/邮购（010）63376909　书店（010）68783171
网　　址/http://www.zgtjcbs.com/
印　　刷/河北鑫兆源印刷有限公司
经　　销/新华书店
开　　本/880mm×1230mm　1/16
字　　数/554 千字
印　　张/18
版　　别/2020 年 11 月第 1 版
版　　次/2020 年 11 月第 1 次印刷
定　　价/980.00 元（全五册附光盘）

本书附同版本 CD-ROM 一张，光盘内容以书面文字为准。
如有印装差错，由本社发行部调换。

编辑委员会

编者说明

为便于社会各界共同分享第四次全国经济普查成果，更方便地开发利用普查资料，我们将浙江省经济普查资料编辑整理，汇编成《浙江经济普查年鉴-2018》一书。全书共三卷，即《综合卷（上、下）》《第二产业卷（上、下）》和《第三产业卷》。为使读者能够更好地使用本资料，现对有关问题作如下说明：

一、第四次全国经济普查的标准时点为2018年12月31日，时期资料为2018年度；

二、《综合卷》中"综合篇"和"企业篇"汇总表，均不包含少量无分组标识的单位数据，其中单位数包含兼营二、三产业的农、林、牧、渔业法人单位；从业人员数、营业收入和资产总计不包含兼营二、三产业的农、林、牧、渔业法人单位，不包含人民银行、银保监会、证监会监管的金融业以及铁路运输部门单位数据；个体经营户汇总表使用单位清查时的数据，从业人员数为2018年6月30日在本单位工作并取得工资或其他形式劳动报酬的人员数；

三、本资料建筑业按法人单位注册地，其他行业按法人单位经营地进行汇总；

四、本资料对部分数据由于计量单位取舍不同或四舍五入而产生的误差数均未作机械调整；

五、表中空格表示该项指标数值为零、不足最小单位、数据不详或无该项数据，"#"表示其中主要项，个别行业因涉及单个企业数据保密等原因不宜公开，以"*"表示；

六、为了更准确地使用本年鉴，每卷后附有该卷详细的指标解释。

浙江省第四次全国经济普查资料是全省普查工作者共同辛勤工作的成果，也是广大普查对象积极支持配合的结果。在此，我们向全省所有普查工作者、普查对象及所有参与和支持普查工作的人员致以崇高的敬意和衷心的感谢！

浙江省人民政府第四次经济普查领导小组办公室

2020年7月

第三产业卷　目录

第一篇　批发和零售业企业基本情况及财务状况篇

第二篇　住宿和餐饮业企业基本情况及财务状况篇

第三篇　房地产开发经营业生产经营及财务状况篇

第四篇　服务业企业财务状况篇

第五篇　服务业行政事业及非企业法人单位篇

第六篇　企业信息化和电子商务交易情况篇

附　录

第1篇

批发和零售业企业基本情况及财务状况篇

A.行业部分

1-A-1　批发业法人企业基本情况

分　组	法人单位数（个）	从业人员期末人数（人）
批发业	**294814**	**1566450**
按国民经济行业分组		
农、林、牧、渔产品批发	6641	34071
谷物、豆及薯类批发	667	4352
种子批发	255	1905
畜牧渔业饲料批发	465	1688
棉、麻批发	94	591
林业产品批发	2314	12544
牲畜批发	398	2638
渔业产品批发	206	983
其他农牧产品批发	2242	9370
食品、饮料及烟草制品批发	22408	161749
米、面制品及食用油批发	1548	11664
糕点、糖果及糖批发	639	6330
果品、蔬菜批发	5990	33982
肉、禽、蛋、奶及水产品批发	3013	21513
盐及调味品批发	407	2848
营养和保健品批发	793	5613
酒、饮料及茶叶批发	4593	45341
烟草制品批发	52	8244
其他食品批发	5373	26214
纺织、服装及家庭用品批发	91923	488466
纺织品、针织品及原料批发	38358	186980
服装批发	21896	116659
鞋帽批发	2710	14397
化妆品及卫生用品批发	2730	21346
厨具卫具及日用杂品批发	9983	48335
灯具、装饰物品批发	2282	11665
家用视听设备批发	521	5182
日用家电批发	3972	37827
其他家庭用品批发	9471	46075
文化、体育用品及器材批发	15802	75333
文具用品批发	5867	28780
体育用品及器材批发	1947	8476
图书批发	216	2488
报刊批发	12	291

1-A-1 续表 1

分　组	法人单位数（个）	从业人员期末人数（人）
音像制品、电子和数字出版物批发	60	257
首饰、工艺品及收藏品批发	6249	27656
乐器批发	83	358
其他文化用品批发	1368	7027
医药及医疗器材批发	7037	72362
西药批发	434	21469
中药批发	841	15786
动物用药品批发	88	1472
医疗用品及器材批发	5674	33635
矿产品、建材及化工产品批发	66889	344748
煤炭及制品批发	1641	10353
石油及制品批发	4862	36602
非金属矿及制品批发	533	2547
金属及金属矿批发	15445	90402
建材批发	21682	86872
化肥批发	1027	5384
农药批发	608	3501
农用薄膜批发	85	352
其他化工产品批发	21006	108735
机械设备、五金产品及电子产品批发	56775	293482
农业机械批发	685	2877
汽车及零配件批发	6743	42603
摩托车及零配件批发	432	2481
五金产品批发	15225	68491
电气设备批发	6346	33425
计算机、软件及辅助设备批发	2807	15736
通讯设备批发	1129	13896
广播影视设备批发	99	1095
其他机械设备及电子产品批发	23309	112878
贸易经纪与代理	6890	24458
贸易代理	5472	20188
一般物品拍卖	182	1264
艺术品、收藏品拍卖	53	480
艺术品代理	24	67
其他贸易经纪与代理	1159	2459
其他批发业	20449	71781
再生物资回收与批发	4315	17312

1-A-1　续表 2

分　组	法人单位数（个）	从业人员期末人数（人）
宠物食品用品批发	297	1143
互联网批发	6135	20824
其他未列明批发业	9702	32502
按登记注册类型分组		
内资企业	290340	1521187
国有企业	176	10052
集体企业	454	2565
股份合作企业	383	2168
联营企业	9	61
国有联营企业	-	-
集体联营企业	4	20
国有与集体联营企业	3	35
其他联营企业	2	6
有限责任公司	10787	150145
国有独资公司	219	9217
其他有限责任公司	10568	140928
股份有限公司	1341	40230
私营企业	270939	1282936
私营独资企业	10225	30972
私营合伙企业	709	3373
私营有限责任公司	258714	1236519
私营股份有限公司	1291	12072
其他企业	6251	33030
港、澳、台商投资企业	690	18820
与港澳台商合资经营企业	146	3385
与港澳台商合作经营企业	8	83
港澳台商独资经营企业	505	15033
港澳台商投资股份有限公司	15	59
其他港澳台投资企业	16	260
外商投资企业	3784	26443
中外合资经营企业	343	7254
中外合作经营企业	7	41
外资企业	2305	12088
外商投资股份有限公司	56	431
其他外商投资	1073	6629

1-A-2 限额以上批发业法人企业基本情况

分　组	法人单位数(个)	从业人员期末人数(人)
批发业	**13795**	**419663**
按国民经济行业分组		
农、林、牧、渔产品批发	172	4545
谷物、豆及薯类批发	35	1358
种子批发	6	464
畜牧渔业饲料批发	39	398
棉、麻批发	10	92
林业产品批发	16	173
牲畜批发	13	955
渔业产品批发	1	6
其他农牧产品批发	52	1099
食品、饮料及烟草制品批发	762	66256
米、面制品及食用油批发	114	5170
糕点、糖果及糖批发	59	3641
果品、蔬菜批发	77	5743
肉、禽、蛋、奶及水产品批发	136	7779
盐及调味品批发	33	1142
营养和保健品批发	27	2465
酒、饮料及茶叶批发	208	26861
烟草制品批发	12	8088
其他食品批发	96	5367
纺织、服装及家庭用品批发	4103	133915
纺织品、针织品及原料批发	2087	30883
服装批发	713	38978
鞋帽批发	259	4895
化妆品及卫生用品批发	71	10604
厨具卫具及日用杂品批发	257	10858
灯具、装饰物品批发	83	2440
家用视听设备批发	56	2933
日用家电批发	271	21090
其他家庭用品批发	306	11234
文化、体育用品及器材批发	592	16436
文具用品批发	295	7488
体育用品及器材批发	42	1332
图书批发	9	921
报刊批发	1	39
音像制品、电子和数字出版物批发	3	65
首饰、工艺品及收藏品批发	195	4959

1-A-2 续表 1

分 组	法人单位数 (个)	从业人员期末人数 (人)
乐器批发	2	10
其他文化用品批发	45	1622
医药及医疗器材批发	465	36744
西药批发	174	18226
中药批发	83	10295
动物用药品批发	12	1030
医疗用品及器材批发	196	7193
矿产品、建材及化工产品批发	5404	93709
煤炭及制品批发	324	4437
石油及制品批发	580	23022
非金属矿及制品批发	35	671
金属及金属矿批发	1983	26993
建材批发	558	9331
化肥批发	61	1656
农药批发	42	1104
农用薄膜批发	2	5
其他化工产品批发	1819	26490
机械设备、五金产品及电子产品批发	1985	60614
农业机械批发	14	297
汽车及零配件批发	400	14758
摩托车及零配件批发	34	825
五金产品批发	444	11502
电气设备批发	184	4282
计算机、软件及辅助设备批发	87	3155
通讯设备批发	123	7448
广播影视设备批发	12	587
其他机械设备及电子产品批发	687	17760
贸易经纪与代理	85	1666
贸易代理	83	1581
一般物品拍卖		
艺术品、收藏品拍卖		
艺术品代理		
其他贸易经纪与代理	2	85
其他批发业	227	5778
再生物资回收与批发	126	2096
宠物食品用品批发	3	90
互联网批发	33	1041
其他未列明批发业	65	2551

1-A-3 续表 2

单位：亿元

分　组	资产总计	负债合计	营业收入
宠物食品用品批发	6.39	4.24	16.47
互联网批发	81.84	52.22	276.61
其他未列明批发业	475.80	355.78	1499.55
按登记注册类型分组			
内资企业	34474.50	25351.93	68278.56
国有企业	473.95	115.53	917.69
集体企业	31.60	25.42	14.21
股份合作企业	22.70	14.27	27.44
联营企业	0.08	0.02	0.17
国有联营企业			
集体联营企业	0.04	0.01	0.06
国有与集体联营企业	0.01		0.09
其他联营企业	0.02	0.01	0.02
有限责任公司	8990.72	6717.28	19811.30
国有独资公司	1287.78	731.82	1518.42
其他有限责任公司	7702.94	5985.45	18292.88
股份有限公司	3097.92	1709.27	4392.63
私营企业	21752.06	16728.89	42950.47
私营独资企业	131.38	74.92	275.98
私营合伙企业	19.60	12.07	38.35
私营有限责任公司	21221.29	16380.23	41889.05
私营股份有限公司	379.79	261.66	747.09
其他企业	105.49	41.25	164.65
港、澳、台商投资企业	665.46	444.24	876.18
与港澳台商合资经营企业	148.19	116.91	332.11
与港澳台商合作经营企业	0.67	0.57	1.61
港澳台商独资经营企业	494.75	311.01	491.06
港澳台商投资股份有限公司	0.42	0.06	0.22
其他港澳台投资企业	21.43	15.69	51.17
外商投资企业	971.37	736.63	3058.00
中外合资经营企业	530.38	413.64	2046.01
中外合作经营企业	0.33	0.29	0.56
外资企业	269.91	170.85	498.71
外商投资股份有限公司	16.56	7.26	26.35
其他外商投资	154.20	144.58	486.38

1-A-3　批发业法人企业财务状况

单位：亿元

分　组	资产总计	负债合计	营业收入
批发业	**36111.34**	**26532.80**	**72212.75**
按国民经济行业分组			
农、林、牧、渔产品批发	512.31	359.58	499.18
谷物、豆及薯类批发	168.94	132.57	112.61
种子批发	27.07	12.69	15.97
畜牧渔业饲料批发	27.00	17.20	77.28
棉、麻批发	22.13	16.05	22.29
林业产品批发	122.99	80.18	102.31
牲畜批发	24.23	11.76	25.02
渔业产品批发	6.27	3.45	8.26
其他农牧产品批发	113.68	85.68	135.44
食品、饮料及烟草制品批发	2478.00	1408.29	3648.51
米、面制品及食用油批发	341.59	252.14	413.34
糕点、糖果及糖批发	54.92	40.22	91.41
果品、蔬菜批发	232.46	159.15	393.50
肉、禽、蛋、奶及水产品批发	308.03	187.98	375.42
盐及调味品批发	93.01	53.55	48.89
营养和保健品批发	98.29	62.47	60.54
酒、饮料及茶叶批发	577.11	353.80	898.76
烟草制品批发	460.20	88.37	958.65
其他食品批发	312.38	210.62	408.01
纺织、服装及家庭用品批发	6152.16	4533.79	11308.93
纺织品、针织品及原料批发	2937.55	2156.91	5366.18
服装批发	1370.19	963.88	2175.80
鞋帽批发	180.20	132.77	386.79
化妆品及卫生用品批发	206.21	147.39	410.67
厨具卫具及日用杂品批发	400.92	312.82	790.74
灯具、装饰物品批发	114.27	94.52	209.71
家用视听设备批发	68.10	57.46	134.29
日用家电批发	470.41	372.12	958.08
其他家庭用品批发	404.31	295.92	876.66
文化、体育用品及器材批发	834.68	587.81	1707.40
文具用品批发	403.79	293.87	870.16
体育用品及器材批发	47.53	31.10	98.05
图书批发	88.69	48.32	70.21
报刊批发	2.32	2.31	5.78

1-A-3 续表 1 单位：亿元

分　　组	资产总计	负债合计	营业收入
音像制品、电子和数字出版物批发	1.88	1.10	4.65
首饰、工艺品及收藏品批发	248.71	183.53	557.86
乐器批发	2.49	1.10	2.79
其他文化用品批发	39.27	26.48	97.91
医药及医疗器材批发	1294.85	855.57	1966.29
西药批发	648.94	432.75	1200.93
中药批发	201.15	142.06	277.03
动物用药品批发	17.33	7.97	21.08
医疗用品及器材批发	427.43	272.78	467.24
矿产品、建材及化工产品批发	18506.59	14147.35	41430.90
煤炭及制品批发	1116.13	869.50	3306.45
石油及制品批发	2112.99	1640.15	6386.58
非金属矿及制品批发	216.24	82.93	172.00
金属及金属矿批发	8424.50	6310.95	17672.27
建材批发	2194.38	1880.97	2498.63
化肥批发	126.33	86.40	148.36
农药批发	45.80	28.47	77.82
农用薄膜批发	5.51	4.63	5.50
其他化工产品批发	4264.70	3243.35	11163.30
机械设备、五金产品及电子产品批发	5173.04	3783.88	8577.73
农业机械批发	29.71	19.33	41.14
汽车及零配件批发	1287.94	1047.94	3163.22
摩托车及零配件批发	77.29	54.45	90.65
五金产品批发	775.03	524.47	1257.86
电气设备批发	323.87	219.63	600.76
计算机、软件及辅助设备批发	170.75	123.06	305.35
通讯设备批发	425.38	361.45	708.64
广播影视设备批发	7.93	4.59	28.04
其他机械设备及电子产品批发	2075.15	1428.96	2382.07
贸易经纪与代理	366.51	255.70	746.66
贸易代理	313.51	223.27	717.39
一般物品拍卖	14.84	7.54	2.84
艺术品、收藏品拍卖	20.92	14.60	3.20
艺术品代理	0.68	0.58	1.50
其他贸易经纪与代理	16.56	9.72	21.73
其他批发业	793.20	600.84	2327.16
再生物资回收与批发	229.17	188.59	534.53

1-A-3　续表 2　　单位：亿元

分　组	资产总计	负债合计	营业收入
宠物食品用品批发	6.39	4.24	16.47
互联网批发	81.84	52.22	276.61
其他未列明批发业	475.80	355.78	1499.55
按登记注册类型分组			
内资企业	34474.50	25351.93	68278.56
国有企业	473.95	115.53	917.69
集体企业	31.60	25.42	14.21
股份合作企业	22.70	14.27	27.44
联营企业	0.08	0.02	0.17
国有联营企业			
集体联营企业	0.04	0.01	0.06
国有与集体联营企业	0.01		0.09
其他联营企业	0.02	0.01	0.02
有限责任公司	8990.72	6717.28	19811.30
国有独资公司	1287.78	731.82	1518.42
其他有限责任公司	7702.94	5985.45	18292.88
股份有限公司	3097.92	1709.27	4392.63
私营企业	21752.06	16728.89	42950.47
私营独资企业	131.38	74.92	275.98
私营合伙企业	19.60	12.07	38.35
私营有限责任公司	21221.29	16380.23	41889.05
私营股份有限公司	379.79	261.66	747.09
其他企业	105.49	41.25	164.65
港、澳、台商投资企业	665.46	444.24	876.18
与港澳台商合资经营企业	148.19	116.91	332.11
与港澳台商合作经营企业	0.67	0.57	1.61
港澳台商独资经营企业	494.75	311.01	491.06
港澳台商投资股份有限公司	0.42	0.06	0.22
其他港澳台投资企业	21.43	15.69	51.17
外商投资企业	971.37	736.63	3058.00
中外合资经营企业	530.38	413.64	2046.01
中外合作经营企业	0.33	0.29	0.56
外资企业	269.91	170.85	498.71
外商投资股份有限公司	16.56	7.26	26.35
其他外商投资	154.20	144.58	486.38

1-A-4 限额以上批发业法人企业财务状况

单位：亿元

分　组	资产总计	负债合计	营业收入
批发业	**21346.61**	**15694.23**	**50610.21**
按国民经济行业分组			
农、林、牧、渔产品批发	205.80	155.13	256.73
谷物、豆及薯类批发	122.00	96.26	93.74
种子批发	9.06	4.68	7.55
畜牧渔业饲料批发	14.85	9.33	56.01
棉、麻批发	3.93	3.43	8.55
林业产品批发	3.09	2.53	22.32
牲畜批发	15.01	8.70	15.82
渔业产品批发	0.09	0.06	1.64
其他农牧产品批发	37.77	30.14	51.11
食品、饮料及烟草制品批发	1729.76	949.65	2848.84
米、面制品及食用油批发	256.49	200.75	307.44
糕点、糖果及糖批发	33.29	25.57	67.63
果品、蔬菜批发	121.39	109.51	234.24
肉、禽、蛋、奶及水产品批发	150.77	98.95	244.12
盐及调味品批发	72.56	41.05	33.01
营养和保健品批发	50.30	34.08	27.26
酒、饮料及茶叶批发	436.95	259.55	757.29
烟草制品批发	459.42	87.86	957.55
其他食品批发	148.60	92.33	220.30
纺织、服装及家庭用品批发	3062.34	2377.55	6978.51
纺织品、针织品及原料批发	1136.12	904.44	3137.76
服装批发	836.84	608.72	1377.73
鞋帽批发	128.98	99.67	282.52
化妆品及卫生用品批发	140.32	94.60	251.55
厨具卫具及日用杂品批发	206.47	174.63	405.16
灯具、装饰物品批发	56.67	52.45	124.50
家用视听设备批发	44.54	40.65	110.66
日用家电批发	306.73	254.33	759.02
其他家庭用品批发	205.67	148.07	529.59
文化、体育用品及器材批发	463.86	346.92	1049.47
文具用品批发	221.21	169.75	590.43
体育用品及器材批发	13.91	11.83	38.36
图书批发	81.18	44.67	59.86
报刊批发	2.11	2.17	5.56
音像制品、电子和数字出版物批发	0.76	0.33	2.84
首饰、工艺品及收藏品批发	125.83	103.75	306.64

1-A-4　续表 1　　　　单位：亿元

分　组	资产总计	负债合计	营业收入
乐器批发	0.42	0.39	0.66
其他文化用品批发	18.44	14.04	45.13
医药及医疗器材批发	1015.01	675.76	1650.46
西药批发	611.27	408.88	1156.46
中药批发	165.09	120.66	240.32
动物用药品批发	14.77	5.95	18.18
医疗用品及器材批发	223.88	140.28	235.50
矿产品、建材及化工产品批发	12132.23	9080.19	30926.52
煤炭及制品批发	730.91	594.68	2739.10
石油及制品批发	1536.83	1171.48	5009.08
非金属矿及制品批发	189.83	73.35	134.25
金属及金属矿批发	5943.57	4432.38	13593.76
建材批发	864.43	641.61	1340.16
化肥批发	96.91	68.30	126.58
农药批发	28.16	17.87	51.57
农用薄膜批发	2.88	2.56	2.21
其他化工产品批发	2738.70	2077.97	7929.82
机械设备、五金产品及电子产品批发	2420.99	1842.15	5663.87
农业机械批发	8.98	7.51	15.08
汽车及零配件批发	737.34	624.47	2581.74
摩托车及零配件批发	59.15	41.96	74.94
五金产品批发	272.46	164.43	557.64
电气设备批发	117.71	80.24	339.98
计算机、软件及辅助设备批发	48.64	32.29	173.79
通讯设备批发	251.30	204.68	520.82
广播影视设备批发	4.84	2.97	16.33
其他机械设备及电子产品批发	920.56	683.58	1383.53
贸易经纪与代理	48.91	43.18	132.67
贸易代理	47.71	42.31	128.53
一般物品拍卖			
艺术品、收藏品拍卖			
艺术品代理			
其他贸易经纪与代理	1.20	0.87	4.14
其他批发业	267.72	223.70	1103.14
再生物资回收与批发	106.29	95.17	263.76
宠物食品用品批发	2.26	1.15	7.12
互联网批发	13.82	11.98	61.11
其他未列明批发业	145.36	115.39	771.15

1-A-4 续表 2 单位：亿元

分　　组	资产总计	负债合计	营业收入
按登记注册类型分组			
内资企业	20135.26	14793.03	47245.36
国有企业	435.88	90.62	907.86
集体企业	4.51	3.32	6.36
股份合作企业	7.66	5.57	12.16
联营企业			
国有联营企业			
集体联营企业			
国有与集体联营企业			
其他联营企业			
有限责任公司	6934.41	5273.65	17427.83
国有独资公司	1076.08	605.65	1358.00
其他有限责任公司	5858.33	4668.00	16069.83
股份有限公司	2743.25	1551.15	4236.11
私营企业	10005.34	7865.76	24627.09
私营独资企业	5.44	4.74	22.98
私营合伙企业	1.69	1.46	13.42
私营有限责任公司	9834.06	7756.84	24009.86
私营股份有限公司	164.15	102.73	580.83
其他企业	4.21	2.95	27.96
港、澳、台商投资企业	410.21	260.82	603.52
与港澳台商合资经营企业	72.72	50.04	131.25
与港澳台商合作经营企业	0.57	0.53	1.44
港澳台商独资经营企业	320.98	197.89	421.20
港澳台商投资股份有限公司			
其他港澳台投资企业	15.94	12.36	49.63
外商投资企业	801.14	640.39	2761.32
中外合资经营企业	480.29	386.70	1969.97
中外合作经营企业			
外资企业	162.69	105.78	327.71
外商投资股份有限公司	14.95	6.91	24.14
其他外商投资	143.21	140.99	439.51
按单位规模分组			
大型	4370.54	2680.46	10261.99
中型	9112.33	6661.26	18843.04
小型	5064.41	3994.51	13086.65
微型	2799.34	2358.00	8418.52

1-A-5　零售业法人企业基本情况

分　　组	法　人 单位数 (个)	从业人员 期末人数 (人)	年末零售 营业面积 (万平方米)
零售业	**171082**	**918916**	**3794.7**
按国民经济行业分组			
综合零售	3790	116128	925.7
百货零售	775	27800	479.4
超级市场零售	748	75082	398.7
便利店零售	481	6149	16.3
其他综合零售	1786	7097	31.4
食品、饮料及烟草制品专门零售	16996	65311	328.6
粮油零售	525	1851	5.7
糕点、面包零售	595	3997	6.7
果品、蔬菜零售	3325	15257	69.3
肉、禽、蛋、奶及水产品零售	2703	9999	146.6
营养和保健品零售	1197	3511	8.7
酒、饮料及茶叶零售	2968	10870	33.2
烟草制品零售	647	2571	6.4
其他食品零售	5036	17255	52.0
纺织、服装及日用品专门零售	26375	121551	331.2
纺织品及针织品零售	2700	10363	27.1
服装零售	10299	63283	171.2
鞋帽零售	1368	5141	9.1
化妆品及卫生用品零售	1652	6441	12.9
厨具卫具及日用杂品零售	1540	5722	20.6
钟表、眼镜零售	2816	11060	27.1
箱包零售	554	1739	3.8
自行车等代步设备零售	508	1801	9.8
其他日用品零售	4938	16001	49.8
文化、体育用品及器材专门零售	9088	43185	122.2
文具用品零售	2075	7996	19.2
体育用品及器材零售	1132	3787	10.8
图书、报刊零售	411	7313	42.5
音像制品、电子和数字出版物零售	47	160	0.4
珠宝首饰零售	1440	9569	14.1
工艺美术品及收藏品零售	2421	7757	19.8
乐器零售	339	1417	4.6
照相器材零售	103	381	0.7
其他文化用品零售	1120	4805	10.2

1-A-5 续表 1

分 组	法 人 单位数 (个)	从业人员 期末人数 (人)	年末零售 营业面积 (万平方米)
医药及医疗器材专门零售	12691	74613	198.7
西药零售	9470	61878	145.3
中药零售	1176	5686	39.1
动物用药品零售	257	588	1.5
医疗用品及器材零售	1723	6289	12.3
保健辅助治疗器材零售	65	172	0.4
汽车、摩托车、零配件和燃料及其他动力销售	15130	166453	1096.7
汽车新车零售	6714	123230	677.0
汽车旧车零售	2865	6826	32.4
汽车零配件零售	3007	10185	30.6
摩托车及零配件零售	361	1411	5.1
机动车燃油零售	2125	23908	346.1
机动车燃气零售	35	639	5.3
机动车充电销售	23	254	0.2
家用电器及电子产品专门零售	14354	80571	235.5
家用视听设备零售	552	4174	20.3
日用家电零售	4827	29103	142.5
计算机、软件及辅助设备零售	3376	15496	22.9
通信设备零售	1698	17331	24.9
其他电子产品零售	3901	14467	25.0
五金、家具及室内装饰材料专门零售	20242	66966	263.7
五金零售	6201	19636	55.4
灯具零售	854	3136	12.0
家具零售	3023	13981	92.1
涂料零售	3098	7293	21.0
卫生洁具零售	682	2109	8.4
木质装饰材料零售	812	2606	10.5
陶瓷、石材装饰材料零售	904	3603	15.3
其他室内装饰材料零售	4668	14602	49.2
货摊、无店铺及其他零售业	52416	184138	292.2
流动货摊零售	653	1084	1.6
互联网零售	45203	156354	185.7
邮购及电视、电话零售	349	1647	1.1
自动售货机零售	258	1137	2.7
旧货零售	89	305	2.0

1-A-5　续表 2

分　组	法　人 单位数 (个)	从业人员 期末人数 (人)	年末零售 营业面积 (万平方米)
生活用燃料零售	694	7166	56.3
宠物食品用品零售	256	805	1.4
其他未列明零售业	4914	15640	41.4
按登记注册类型分组			
内资企业	170610	869387	3497.2
国有企业	94	1446	2.6
集体企业	341	2978	15.1
股份合作企业	251	2003	8.4
联营企业	30	317	1.8
国有联营企业	3	50	0.1
集体联营企业	13	108	0.2
国有与集体联营企业	9	104	0.7
其他联营企业	5	55	0.8
有限责任公司	6465	142473	951.7
国有独资公司	124	7173	79.6
其他有限责任公司	6341	135300	872.1
股份有限公司	1022	26874	239.9
私营企业	160246	683606	2228.8
私营独资企业	15607	43088	149.9
私营合伙企业	994	3791	17.1
私营有限责任公司	142798	629424	2037.9
私营股份有限公司	847	7303	23.9
其他企业	2161	9690	48.9
港、澳、台商投资企业	202	25452	148.2
与港澳台商合资经营企业	51	5439	60.6
与港澳台商合作经营企业	1	278	0.9
港澳台商独资经营企业	137	18061	71.7
港澳台商投资股份有限公司	9	919	6.7
其他港澳台投资企业	4	755	8.3
外商投资企业	270	24077	149.3
中外合资经营企业	62	11115	53.4
中外合作经营企业	1	50	0.8
外资企业	164	12047	91.2
外商投资股份有限公司	9	332	1.3
其他外商投资	34	533	2.7

1-A-6 限额以上零售业法人企业基本情况

分　组	法人单位数(个)	从业人员期末人数(人)	年末零售营业面积(万平方米)
零售业	**5808**	**381283**	**2172.4**
按国民经济行业分组			
综合零售	472	99931	812.9
百货零售	168	24945	438.8
超级市场零售	258	69516	361.5
便利店零售	26	4403	8.6
其他综合零售	20	1067	4.0
食品、饮料及烟草制品专门零售	348	12470	26.6
粮油零售	13	169	0.4
糕点、面包零售	13	1478	1.7
果品、蔬菜零售	97	3574	7.7
肉、禽、蛋、奶及水产品零售	57	2542	7.8
营养和保健品零售	18	461	0.7
酒、饮料及茶叶零售	75	1563	3.2
烟草制品零售	25	705	1.4
其他食品零售	50	1978	3.8
纺织、服装及日用品专门零售	289	39095	107.8
纺织品及针织品零售	29	835	1.6
服装零售	155	30707	88.6
鞋帽零售	10	1381	1.8
化妆品及卫生用品零售	21	1381	0.7
厨具卫具及日用杂品零售	10	627	3.3
钟表、眼镜零售	29	2142	3.6
箱包零售	4	162	0.5
自行车等代步设备零售	10	169	0.8
其他日用品零售	21	1691	7.1
文化、体育用品及器材专门零售	225	11905	45.9
文具用品零售	21	938	2.9
体育用品及器材零售	9	313	0.6
图书、报刊零售	86	5882	36.3
音像制品、电子和数字出版物零售			
珠宝首饰零售	80	4028	5.1
工艺美术品及收藏品零售	11	284	0.4
乐器零售	6	116	0.3
照相器材零售	3	45	0.1
其他文化用品零售	9	299	0.3
医药及医疗器材专门零售	301	30367	69.0

1-A-6　续表 1

分　　组	法人单位数（个）	从业人员期末人数（人）	年末零售营业面积（万平方米）
西药零售	256	28769	65.1
中药零售	35	1360	3.6
动物用药品零售			
医疗用品及器材零售	8	225	0.3
保健辅助治疗器材零售	2	13	
汽车、摩托车、零配件和燃料及其他动力销售	2562	121115	876.6
汽车新车零售	1854	101808	555.0
汽车旧车零售	8	479	2.5
汽车零配件零售	17	387	1.6
摩托车及零配件零售	17	202	1.3
机动车燃油零售	650	17560	312.7
机动车燃气零售	14	508	3.5
机动车充电销售	2	171	
家用电器及电子产品专门零售	572	26461	119.1
家用视听设备零售	79	2276	14.0
日用家电零售	252	11525	90.6
计算机、软件及辅助设备零售	140	3315	2.8
通信设备零售	84	8954	11.5
其他电子产品零售	17	391	0.3
五金、家具及室内装饰材料专门零售	201	5446	34.3
五金零售	62	696	7.2
灯具零售	15	167	2.1
家具零售	42	3101	19.2
涂料零售	19	179	0.4
卫生洁具零售	12	246	1.0
木质装饰材料零售	13	235	0.5
陶瓷、石材装饰材料零售	15	484	1.7
其他室内装饰材料零售	23	338	2.2
货摊、无店铺及其他零售业	838	34493	80.2
流动货摊零售			
互联网零售	674	29314	42.4
邮购及电视、电话零售	4	673	0.2
自动售货机零售	9	110	0.8
旧货零售	1	8	
生活用燃料零售	140	4200	36.6
宠物食品用品零售			
其他未列明零售业	10	188	0.2

1-A-6 续表 2

分　　组	法人单位数（个）	从业人员期末人数（人）	年末零售营业面积（万平方米）
按登记注册类型分组			
内资企业	5620	335324	1889.0
国有企业	22	723	1.3
集体企业	29	1172	6.9
股份合作企业	46	1173	5.0
联营企业	10	153	1.3
国有联营企业	2	45	0.1
集体联营企业			
国有与集体联营企业	4	67	0.4
其他联营企业	4	41	0.8
有限责任公司	1392	118067	747.4
国有独资公司	95	6635	79.0
其他有限责任公司	1297	111432	668.4
股份有限公司	104	21834	225.0
私营企业	3980	191687	901.0
私营独资企业	142	2041	10.1
私营合伙企业	34	508	3.0
私营有限责任公司	3735	185080	874.1
私营股份有限公司	69	4058	13.9
其他企业	37	515	1.1
港、澳、台商投资企业	100	23441	139.3
与港澳台商合资经营企业	23	5232	60.1
与港澳台商合作经营企业	1	278	0.9
港澳台商独资经营企业	68	16268	63.3
港澳台商投资股份有限公司	6	914	6.6
其他港澳台投资企业	2	749	8.3
外商投资企业	88	22518	144.1
中外合资经营企业	18	10848	51.8
中外合作经营企业	1	50	0.8
外资企业	59	10875	88.0
外商投资股份有限公司	4	327	1.2
其他外商投资	6	418	2.3
按单位规模分组			
大型	146	119577	546.8
中型	1745	188227	979.8
小型	2672	65412	389.4
微型	1245	8067	256.4

1-A-7 零售业法人企业财务状况

单位：亿元

分 组	资产总计	负债合计	营业收入
零售业	**6281.78**	**4554.19**	**10384.23**
按国民经济行业分组			
综合零售	1086.91	764.33	1251.40
百货零售	640.48	402.45	489.53
超级市场零售	395.12	322.36	707.54
便利店零售	21.52	20.22	26.04
其他综合零售	29.78	19.30	28.29
食品、饮料及烟草制品专门零售	293.29	172.77	305.45
粮油零售	11.83	6.82	10.10
糕点、面包零售	7.67	6.23	9.89
果品、蔬菜零售	49.27	25.99	57.46
肉、禽、蛋、奶及水产品零售	40.05	21.45	52.56
营养和保健品零售	10.32	6.69	11.70
酒、饮料及茶叶零售	59.66	33.97	52.89
烟草制品零售	21.02	9.10	20.32
其他食品零售	93.48	62.52	90.52
纺织、服装及日用品专门零售	633.27	428.59	741.48
纺织品及针织品零售	67.91	42.74	76.92
服装零售	382.04	272.09	402.99
鞋帽零售	19.18	12.18	35.20
化妆品及卫生用品零售	23.89	15.33	39.00
厨具卫具及日用杂品零售	21.85	14.57	41.15
钟表、眼镜零售	29.95	16.78	37.14
箱包零售	6.83	3.87	8.32
自行车等代步设备零售	10.21	8.41	10.70
其他日用品零售	71.42	42.64	90.05
文化、体育用品及器材专门零售	296.22	183.10	277.71
文具用品零售	28.90	16.05	44.42
体育用品及器材零售	22.50	12.44	19.17
图书、报刊零售	109.69	68.13	64.29
音像制品、电子和数字出版物零售	0.51	0.35	0.82
珠宝首饰零售	68.49	48.02	83.19
工艺美术品及收藏品零售	48.42	27.23	28.70
乐器零售	4.44	3.44	5.21
照相器材零售	1.79	1.34	3.71
其他文化用品零售	11.47	6.09	28.20

1-A-7 续表 1

单位：亿元

分 组	资产总计	负债合计	营业收入
医药及医疗器材专门零售	255.79	154.94	356.91
西药零售	207.86	127.01	298.68
中药零售	19.48	10.75	25.01
动物用药品零售	1.11	0.64	1.53
医疗用品及器材零售	26.95	16.31	30.88
保健辅助治疗器材零售	0.39	0.23	0.80
汽车、摩托车、零配件和燃料及其他动力销售	1938.94	1659.75	4496.32
汽车新车零售	1538.32	1247.97	3436.94
汽车旧车零售	33.50	18.47	41.82
汽车零配件零售	53.16	35.68	71.43
摩托车及零配件零售	11.81	9.61	13.23
机动车燃油零售	289.61	340.86	922.37
机动车燃气零售	7.50	3.04	8.77
机动车充电销售	5.04	4.13	1.76
家用电器及电子产品专门零售	484.17	351.16	665.95
家用视听设备零售	39.05	30.58	46.44
日用家电零售	176.61	132.45	277.17
计算机、软件及辅助设备零售	125.63	91.06	114.46
通信设备零售	77.09	56.58	136.57
其他电子产品零售	65.80	40.48	91.32
五金、家具及室内装饰材料专门零售	413.73	287.94	480.14
五金零售	114.39	77.78	140.66
灯具零售	13.66	9.14	22.05
家具零售	100.30	80.07	124.90
涂料零售	22.21	13.77	36.12
卫生洁具零售	22.84	16.84	11.75
木质装饰材料零售	12.46	9.09	17.09
陶瓷、石材装饰材料零售	15.89	9.78	18.01
其他室内装饰材料零售	111.98	71.47	109.55
货摊、无店铺及其他零售业	879.48	551.62	1808.88
流动货摊零售	1.08	0.16	3.01
互联网零售	683.65	427.24	1602.95
邮购及电视、电话零售	9.70	3.94	19.37
自动售货机零售	8.09	3.07	7.12
旧货零售	1.94	1.52	0.56

1-A-7　续表 2　　单位：亿元

分　　组	资产总计	负债合计	营业收入
生活用燃料零售	66.08	40.09	73.65
宠物食品用品零售	1.55	1.30	2.24
其他未列明零售业	107.40	74.29	99.99
按登记注册类型分组			
内资企业	5642.76	4176.00	9250.67
国有企业	10.36	7.20	13.27
集体企业	20.90	12.90	19.32
股份合作企业	13.27	7.35	24.19
联营企业	2.30	1.17	9.65
国有联营企业	0.33	0.15	2.97
集体联营企业	0.91	0.60	1.07
国有与集体联营企业	0.72	0.36	4.03
其他联营企业	0.35	0.06	1.58
有限责任公司	1534.37	1101.51	3016.93
国有独资公司	121.57	62.95	85.87
其他有限责任公司	1412.80	1038.56	2931.05
股份有限公司	285.22	353.17	409.45
私营企业	3752.32	2684.40	5731.65
私营独资企业	100.64	42.99	161.08
私营合伙企业	12.56	7.86	21.60
私营有限责任公司	3550.32	2590.85	5474.89
私营股份有限公司	88.80	42.70	74.09
其他企业	24.03	8.31	26.20
港、澳、台商投资企业	299.84	180.39	573.46
与港澳台商合资经营企业	134.29	58.93	188.57
与港澳台商合作经营企业	2.91	0.23	2.78
港澳台商独资经营企业	141.53	105.41	360.60
港澳台商投资股份有限公司	7.38	5.16	15.69
其他港澳台投资企业	13.74	10.67	5.82
外商投资企业	339.17	197.80	560.09
中外合资经营企业	69.20	25.40	219.96
中外合作经营企业	0.90	0.02	0.62
外资企业	262.48	166.58	324.44
外商投资股份有限公司	3.33	2.14	7.01
其他外商投资	3.26	3.66	8.07

1-A-8 限额以上零售业法人企业财务状况

单位：亿元

分　组	资产总计	负债合计	营业收入
零售业	**3792.37**	**2990.27**	**7585.14**
按国民经济行业分组			
综合零售	964.99	679.04	1190.62
百货零售	581.45	364.73	477.68
超级市场零售	365.79	295.85	685.33
便利店零售	12.19	13.68	20.78
其他综合零售	5.55	4.78	6.83
食品、饮料及烟草制品专门零售	68.87	42.37	96.75
粮油零售	0.76	0.77	1.59
糕点、面包零售	2.90	3.06	4.55
果品、蔬菜零售	16.37	11.63	25.80
肉、禽、蛋、奶及水产品零售	12.38	7.55	15.44
营养和保健品零售	2.21	1.70	3.10
酒、饮料及茶叶零售	16.61	10.68	19.33
烟草制品零售	11.06	2.00	9.89
其他食品零售	6.58	4.97	17.05
纺织、服装及日用品专门零售	280.41	179.30	360.67
纺织品及针织品零售	18.66	11.67	14.71
服装零售	215.72	136.79	263.82
鞋帽零售	10.80	7.71	19.70
化妆品及卫生用品零售	9.83	4.94	22.26
厨具卫具及日用杂品零售	2.19	1.79	5.86
钟表、眼镜零售	13.19	8.72	15.31
箱包零售	1.62	0.94	2.25
自行车等代步设备零售	2.06	2.01	2.67
其他日用品零售	6.34	4.73	14.08
文化、体育用品及器材专门零售	164.29	106.67	132.51
文具用品零售	4.19	2.35	6.72
体育用品及器材零售	10.65	6.36	4.60
图书、报刊零售	101.16	63.63	59.11
音像制品、电子和数字出版物零售			
珠宝首饰零售	42.75	31.37	53.44
工艺美术品及收藏品零售	2.16	1.07	1.70
乐器零售	0.92	0.58	1.89
照相器材零售	0.43	0.33	1.54
其他文化用品零售	2.02	0.97	3.51
医药及医疗器材专门零售	120.07	95.04	230.66

1-A-8　续表 1　　单位：亿元

分　组	资产总计	负债合计	营业收入
西药零售	110.68	88.44	214.73
中药零售	7.03	5.09	12.72
动物用药品零售			
医疗用品及器材零售	2.23	1.40	2.94
保健辅助治疗器材零售	0.13	0.11	0.27
汽车、摩托车、零配件和燃料及其他动力销售	1536.88	1396.16	4089.98
汽车新车零售	1292.92	1074.37	3235.38
汽车旧车零售	6.15	4.29	12.89
汽车零配件零售	6.21	4.02	12.10
摩托车及零配件零售	1.80	1.06	4.74
机动车燃油零售	218.79	305.95	815.88
机动车燃气零售	6.19	2.54	7.46
机动车充电销售	4.83	3.93	1.54
家用电器及电子产品专门零售	185.63	138.49	359.08
家用视听设备零售	28.03	23.62	36.11
日用家电零售	87.28	71.02	171.88
计算机、软件及辅助设备零售	27.73	12.95	46.64
通信设备零售	40.17	29.13	98.40
其他电子产品零售	2.42	1.77	6.05
五金、家具及室内装饰材料专门零售	71.88	52.49	114.76
五金零售	11.25	8.59	13.85
灯具零售	1.91	1.52	2.85
家具零售	46.21	32.86	79.70
涂料零售	2.04	1.83	4.07
卫生洁具零售	2.01	1.67	1.80
木质装饰材料零售	1.21	0.85	3.53
陶瓷、石材装饰材料零售	3.48	2.52	3.68
其他室内装饰材料零售	3.76	2.64	5.27
货摊、无店铺及其他零售业	399.36	300.71	1010.12
流动货摊零售			
互联网零售	342.87	268.55	937.65
邮购及电视、电话零售	7.17	2.46	13.79
自动售货机零售	1.75	0.75	2.51
旧货零售	0.34	0.31	0.08
生活用燃料零售	44.43	26.93	52.80
宠物食品用品零售			
其他未列明零售业	2.80	1.72	3.29

1-A-8 续表 2 单位：亿元

分　　组	资产总计	负债合计	营业收入
按登记注册类型分组			
内资企业	3207.55	2639.58	6503.59
国有企业	5.54	3.36	10.03
集体企业	7.59	4.50	13.27
股份合作企业	8.23	4.86	19.24
联营企业	1.20	0.50	7.60
国有联营企业	0.31	0.14	2.95
集体联营企业			
国有与集体联营企业	0.56	0.30	3.46
其他联营企业	0.32	0.06	1.19
有限责任公司	1300.70	962.71	2811.98
国有独资公司	113.77	57.74	82.60
其他有限责任公司	1186.92	904.97	2729.38
股份有限公司	244.98	327.74	378.03
私营企业	1636.99	1334.87	3259.48
私营独资企业	10.94	7.21	26.78
私营合伙企业	2.85	2.14	8.52
私营有限责任公司	1578.56	1300.79	3166.24
私营股份有限公司	44.63	24.72	57.94
其他企业	2.33	1.04	3.96
港、澳、台商投资企业	284.27	166.80	563.52
与港澳台商合资经营企业	128.01	52.98	184.72
与港澳台商合作经营企业	2.91	0.23	2.78
港澳台商独资经营企业	132.89	97.79	354.65
港澳台商投资股份有限公司	6.76	5.15	15.58
其他港澳台投资企业	13.70	10.66	5.79
外商投资企业	300.55	183.89	518.03
中外合资经营企业	46.99	23.09	219.15
中外合作经营企业	0.90	0.02	0.62
外资企业	246.33	155.24	284.13
外商投资股份有限公司	3.24	2.06	6.65
其他外商投资	3.09	3.49	7.48
按单位规模分组			
大型	1081.75	745.62	1805.08
中型	1948.93	1696.04	4066.91
小型	609.71	433.84	1199.01
微型	151.98	114.78	514.14

B.地区部分

1-B-1　分地区批发业法人企业基本情况

地　区	法人单位数（个）	从业人员期末人数（人）
全　省	**294814**	**1566450**
杭州市	**71609**	**439178**
上城区	2672	34584
下城区	6635	49443
江干区	11518	75941
拱墅区	8883	50997
西湖区	6742	51509
滨江区	2701	24993
萧山区	13180	62496
余杭区	10049	51834
富阳区	3308	15051
临安区	1474	6577
桐庐县	2706	7143
淳安县	780	4999
建德市	961	3611
宁波市	**60081**	**340943**
海曙区	8042	47870
江北区	6335	33421
北仑区	7770	57541
镇海区	4119	21399
鄞州区	20603	109465
奉化区	1223	6131
象山县	1799	6438
宁海县	1344	7599
余姚市	4177	19622
慈溪市	4669	31457
温州市	**25807**	**138275**
鹿城区	5168	36538
龙湾区	4264	23966
瓯海区	2301	11554
洞头区	279	975
永嘉县	1796	5979
平阳县	1709	7722
苍南县	2379	9289
文成县	384	3031
泰顺县	123	521
瑞安市	3363	12441
乐清市	4041	26259
嘉兴市	**22710**	**95185**
南湖区	4130	20344
秀洲区	3844	18857
嘉善县	2468	10735
海盐县	1359	5868
海宁市	3890	15097
平湖市	2627	8727
桐乡市	4392	15557
湖州市	**6689**	**42156**
吴兴区	2303	17670
南浔区	793	3120
德清县	1171	7739
长兴县	1898	10544
安吉县	524	3083

1-B-1 续表

地　区	法人单位数 (个)	从业人员期末人数 (人)
绍兴市	**40642**	**202647**
越城区	7509	35889
柯桥区	21381	103861
上虞区	3512	20057
新昌县	1291	5835
诸暨市	4454	24875
嵊州市	2495	12130
金华市	**39617**	**161588**
婺城区	1960	15730
金东区	1139	6951
武义县	517	2439
浦江县	978	3896
磐安县	391	1796
兰溪市	1037	5496
义乌市	30511	108680
东阳市	1049	4524
永康市	2035	12076
衢州市	**5380**	**23618**
柯城区	2449	12064
衢江区	655	2924
常山县	401	1597
开化县	338	1410
龙游县	649	2160
江山市	888	3463
舟山市	**4727**	**18678**
定海区	3596	11310
普陀区	770	5295
岱山县	259	1582
嵊泗县	102	491
台州市	**15160**	**84415**
椒江区	1939	12792
黄岩区	1842	9280
路桥区	3465	18044
三门县	878	3257
天台县	516	2152
仙居县	662	5763
温岭市	2777	14792
临海市	1860	11025
玉环市	1221	7310
丽水市	**2392**	**19767**
莲都区	677	8701
青田县	519	1495
缙云县	266	1354
遂昌县	349	1527
松阳县	105	1383
云和县	124	510
庆元县	142	718
景宁畲族自治县	39	2668
龙泉市	171	1411

1-B-2　分地区批发业法人企业财务状况

单位：亿元

地　区	资产总计	负债合计	营业收入
全　省	**36111.34**	**26532.80**	**72212.75**
杭州市	**13060.71**	**9620.54**	**24586.54**
上城区	1399.98	953.86	3505.00
下城区	1840.92	1318.99	3899.59
江干区	1637.15	1169.30	3482.14
拱墅区	1994.31	1457.98	3209.57
西湖区	1382.73	936.27	1827.49
滨江区	1063.92	982.95	2220.93
萧山区	2040.76	1579.59	4102.20
余杭区	956.27	688.49	1285.79
富阳区	287.27	204.56	539.43
临安区	215.90	175.33	182.25
桐庐县	124.14	78.58	131.13
淳安县	64.53	44.94	112.80
建德市	52.82	29.70	88.22
宁波市	**10173.29**	**7934.24**	**23448.95**
海曙区	937.77	745.01	1652.85
江北区	868.66	746.25	1863.72
北仑区	3991.53	3093.89	11000.39
镇海区	515.35	425.94	1302.12
鄞州区	2651.66	1926.89	5223.14
奉化区	82.24	56.50	134.30
象山县	210.01	192.30	240.99
宁海县	88.92	65.65	218.89
余姚市	317.81	259.25	870.00
慈溪市	509.33	422.56	942.56
温州市	**2038.10**	**1368.48**	**4212.26**
鹿城区	492.40	309.68	889.95
龙湾区	764.31	519.55	1835.24
瓯海区	126.82	87.79	243.12
洞头区	41.08	34.67	72.58
永嘉县	97.11	80.46	196.02
平阳县	36.39	18.86	127.88
苍南县	94.73	77.77	149.59
文成县	13.67	6.45	20.91
泰顺县	2.91	1.07	3.79
瑞安市	120.70	86.71	321.14
乐清市	247.98	145.45	352.05
嘉兴市	**2460.66**	**1603.75**	**3192.90**
南湖区	887.35	593.33	593.10
秀洲区	358.24	228.27	557.96
嘉善县	168.45	135.22	437.43
海盐县	73.57	52.77	140.01
海宁市	272.68	193.45	427.05
平湖市	191.09	137.60	430.28
桐乡市	509.29	263.12	607.07
湖州市	**894.12**	**624.36**	**2936.03**
吴兴区	268.26	168.58	505.14
南浔区	70.19	47.28	108.35
德清县	223.46	140.65	659.21
长兴县	289.25	241.47	1627.27
安吉县	42.97	26.37	36.06

1-B-2 续表 单位：亿元

地 区	资产总计	负债合计	营业收入
绍兴市	**3355.42**	**2477.39**	**4494.31**
越城区	473.90	353.60	1002.17
柯桥区	1407.59	1122.93	2271.48
上虞区	218.74	143.05	297.47
新昌县	118.74	94.01	138.00
诸暨市	1050.88	716.61	658.34
嵊州市	85.57	47.19	126.85
金华市	**1079.17**	**668.25**	**2758.61**
婺城区	238.40	142.96	349.76
金东区	50.21	38.40	109.46
武义县	27.30	19.59	56.38
浦江县	18.91	11.96	35.30
磐安县	17.65	11.50	18.98
兰溪市	105.56	82.64	198.31
义乌市	286.37	128.09	1366.69
东阳市	129.69	104.11	315.76
永康市	205.08	129.00	307.98
衢州市	**304.33**	**208.14**	**597.36**
柯城区	132.87	83.23	257.43
衢江区	59.13	42.26	129.20
常山县	18.97	14.16	31.06
开化县	16.20	10.96	20.87
龙游县	41.70	32.01	95.83
江山市	35.45	25.52	62.97
舟山市	**1277.86**	**1089.95**	**3272.66**
定海区	909.40	770.51	2795.47
普陀区	228.52	204.74	418.83
岱山县	128.46	106.13	27.25
嵊泗县	11.49	8.57	31.11
台州市	**1168.79**	**745.13**	**2069.45**
椒江区	251.71	167.27	469.87
黄岩区	87.09	60.00	200.58
路桥区	249.81	180.21	634.83
三门县	34.60	20.83	26.69
天台县	18.89	13.04	26.13
仙居县	32.63	24.18	56.60
温岭市	328.11	178.77	360.07
临海市	109.17	63.52	159.25
玉环市	56.78	37.30	135.43
丽水市	**298.89**	**192.56**	**643.68**
莲都区	141.73	84.88	264.68
青田县	39.09	23.03	44.17
缙云县	11.51	7.65	32.08
遂昌县	10.67	7.17	38.18
松阳县	9.19	5.87	32.68
云和县	3.94	1.84	7.50
庆元县	3.77	1.61	7.73
景宁畲族自治县	66.76	52.68	196.62
龙泉市	12.24	7.83	20.04

1-B-3　分地区零售业法人企业基本情况

地　区	法人单位数（个）	从业人员期末人数（人）	年末零售营业面积（万平方米）
全　省	**171082**	**918916**	**3794.7**
杭州市	**39920**	**258965**	**921.9**
上城区	1809	13065	45.5
下城区	2099	26049	118.8
江干区	4362	36665	126.7
拱墅区	3609	35387	80.5
西湖区	4163	29904	126.7
滨江区	2612	22433	51.6
萧山区	6245	29684	111.7
余杭区	6713	34121	122.9
富阳区	2860	11984	53.7
临安区	1859	8462	30.8
桐庐县	1344	4311	21.1
淳安县	1264	3671	16.3
建德市	981	3229	15.5
宁波市	**19653**	**128993**	**519.9**
海曙区	3295	30112	116.3
江北区	1122	8815	32.4
北仑区	1327	13179	56.0
镇海区	877	3701	15.4
鄞州区	4272	31349	107.8
奉化区	702	3220	21.5
象山县	970	3909	16.4
宁海县	1338	7428	35.7
余姚市	1553	8341	44.3
慈溪市	4197	18939	74.1
温州市	**26434**	**115361**	**397.2**
鹿城区	4701	24452	101.1
龙湾区	1645	11047	48.0
瓯海区	2513	8612	37.4
洞头区	281	652	3.3
永嘉县	2151	8875	31.6
平阳县	2616	8130	22.5
苍南县	4413	13941	39.8
文成县	556	3368	5.9
泰顺县	441	1629	9.8
瑞安市	3238	11833	42.2
乐清市	3879	22822	55.6
嘉兴市	**11182**	**55324**	**314.7**
南湖区	2452	16663	137.1
秀洲区	1258	8377	25.1
嘉善县	1270	5274	22.5
海盐县	567	3052	16.8
海宁市	1960	8904	50.7
平湖市	1435	4218	17.5
桐乡市	2240	8836	45.0
湖州市	**6590**	**38197**	**343.2**
吴兴区	2476	18101	194.2
南浔区	848	3007	22.5
德清县	653	3083	11.1
长兴县	1246	6841	55.0
安吉县	1367	7165	60.4

1-B-3 续表

地 区	法人单位数 (个)	从业人员期末人数 (人)	年末零售营业面积 (万平方米)
绍兴市	**8777**	**63947**	**387.2**
越城区	1680	16371	88.4
柯桥区	1125	7000	36.1
上虞区	1492	11185	80.1
新昌县	566	2980	18.0
诸暨市	2746	19005	119.0
嵊州市	1168	7406	45.5
金华市	**32908**	**132769**	**382.8**
婺城区	2181	12244	102.3
金东区	1391	9495	24.6
武义县	703	2876	12.8
浦江县	1574	5815	20.9
磐安县	378	1443	4.9
兰溪市	827	3742	25.3
义乌市	20995	78701	119.7
东阳市	1646	5928	30.3
永康市	3213	12525	42.1
衢州市	**3770**	**19672**	**127.7**
柯城区	1374	7661	49.9
衢江区	447	2313	21.6
常山县	348	1760	15.6
开化县	296	1712	6.3
龙游县	477	2585	14.6
江山市	828	3641	19.7
舟山市	**1592**	**10148**	**60.2**
定海区	780	6229	41.9
普陀区	503	2575	14.7
岱山县	202	760	2.3
嵊泗县	107	584	1.3
台州市	**16249**	**73446**	**245.7**
椒江区	1606	11506	55.0
黄岩区	2097	7071	24.7
路桥区	1347	9307	38.0
三门县	835	2605	8.4
天台县	3809	10152	18.9
仙居县	678	2359	8.0
温岭市	2284	13304	36.9
临海市	2805	12588	39.9
玉环市	788	4554	15.9
丽水市	**4007**	**22094**	**94.1**
莲都区	777	6760	41.8
青田县	868	3194	12.4
缙云县	493	2913	10.9
遂昌县	290	1019	4.8
松阳县	254	1262	5.4
云和县	492	2847	4.4
庆元县	307	1448	2.8
景宁畲族自治县	115	797	2.6
龙泉市	411	1854	8.9

1-B-4　分地区零售业法人企业财务状况

单位：亿元

地　区	资产总计	负债合计	营业收入
全　省	**6281.78**	**4554.19**	**10384.23**
杭州市	**2317.29**	**1945.36**	**3703.94**
上城区	130.85	77.13	135.55
下城区	413.73	294.32	420.10
江干区	220.69	173.62	481.54
拱墅区	319.48	242.37	597.68
西湖区	339.75	474.14	405.87
滨江区	178.05	152.35	402.64
萧山区	248.68	180.81	445.36
余杭区	277.30	224.00	409.03
富阳区	96.03	67.32	267.45
临安区	38.14	24.25	68.74
桐庐县	28.40	18.68	36.22
淳安县	11.52	6.93	14.05
建德市	14.68	9.44	19.71
宁波市	**1063.60**	**736.69**	**1587.29**
海曙区	282.64	166.88	388.15
江北区	98.68	65.58	201.00
北仑区	121.81	93.25	184.19
镇海区	26.12	20.94	45.10
鄞州区	278.94	205.94	382.90
奉化区	29.77	17.23	29.71
象山县	19.44	14.70	30.25
宁海县	40.57	26.49	55.34
余姚市	53.99	43.30	82.16
慈溪市	111.65	82.38	188.50
温州市	**517.92**	**316.37**	**1022.56**
鹿城区	115.38	71.23	238.02
龙湾区	84.74	73.15	190.50
瓯海区	51.53	32.47	92.54
洞头区	3.02	1.15	2.70
永嘉县	36.88	24.31	74.86
平阳县	22.55	10.71	45.06
苍南县	35.92	20.37	78.70
文成县	7.21	1.53	9.12
泰顺县	5.32	2.75	4.91
瑞安市	61.41	36.07	123.99
乐清市	93.96	42.63	162.16
嘉兴市	**343.38**	**260.63**	**555.09**
南湖区	133.67	103.19	233.08
秀洲区	31.15	23.59	68.28
嘉善县	27.08	22.57	28.54
海盐县	12.45	10.17	17.40
海宁市	55.23	39.54	94.32
平湖市	23.01	14.12	31.75
桐乡市	60.79	47.45	81.73
湖州市	**252.30**	**164.49**	**433.01**
吴兴区	137.29	86.64	284.31
南浔区	12.80	7.64	22.87
德清县	21.41	15.81	24.30
长兴县	33.52	20.85	50.67
安吉县	47.28	33.56	50.85

1-B-4 续表 单位：亿元

地　区	资产总计	负债合计	营业收入
绍兴市	**545.38**	**377.03**	**785.30**
越城区	144.35	111.38	242.87
柯桥区	69.98	54.86	120.29
上虞区	96.25	58.13	153.01
新昌县	18.53	14.98	18.74
诸暨市	172.38	107.87	179.66
嵊州市	43.89	29.81	70.72
金华市	**553.33**	**296.83**	**1109.43**
婺城区	115.00	72.37	133.57
金东区	58.68	47.38	136.24
武义县	7.94	4.95	14.70
浦江县	12.00	5.74	28.39
磐安县	5.92	1.70	5.55
兰溪市	18.63	12.61	30.12
义乌市	174.47	88.09	545.66
东阳市	41.73	31.87	61.14
永康市	118.94	32.12	154.05
衢州市	**140.23**	**104.94**	**172.00**
柯城区	52.93	42.21	85.41
衢江区	26.50	13.68	30.16
常山县	10.81	8.57	11.25
开化县	7.15	5.22	5.66
龙游县	10.36	7.33	11.95
江山市	32.49	27.93	27.57
舟山市	**70.14**	**52.34**	**86.09**
定海区	39.89	29.00	54.35
普陀区	26.62	21.46	27.51
岱山县	1.50	0.78	1.98
嵊泗县	2.12	1.11	2.25
台州市	**379.90**	**247.51**	**790.63**
椒江区	78.72	50.09	221.38
黄岩区	53.55	42.76	78.77
路桥区	65.98	45.84	141.43
三门县	8.29	3.80	12.48
天台县	21.08	11.75	51.12
仙居县	8.20	4.65	10.51
温岭市	65.24	39.22	124.66
临海市	56.38	33.20	119.84
玉环市	22.47	16.20	30.44
丽水市	**98.30**	**52.00**	**138.89**
莲都区	41.63	30.61	66.64
青田县	22.68	6.09	19.04
缙云县	8.74	5.40	14.07
遂昌县	4.61	1.82	3.30
松阳县	2.67	1.07	6.48
云和县	7.12	2.77	9.97
庆元县	3.37	1.19	5.25
景宁畲族自治县	2.80	1.10	2.24
龙泉市	4.68	1.95	11.90

第2篇

住宿和餐饮业企业基本情况及财务状况篇

A.行业部分

2-A-1　住宿业法人企业基本情况

分　　组	法人单位数(个)	从业人员期末人数(人)
住宿业	**9201**	**187762**
按国民经济行业分组		
旅游饭店	2000	128390
旅游饭店	2000	128390
一般旅馆	5992	52891
经济型连锁酒店	587	8284
其他一般旅馆	5405	44607
民宿服务	982	4160
民宿服务	982	4160
露营地服务	9	60
露营地服务	9	60
其他住宿业	218	2261
其他住宿业	218	2261
按登记注册类型分组		
内资企业	9102	170122
国有企业	89	7508
集体企业	67	1364
股份合作企业	56	546
联营企业	5	360
国有联营企业	1	45
集体联营企业	2	6
国有与集体联营企业	1	58
其他联营企业	1	251
有限责任公司	745	49376
国有独资公司	43	5797
其他有限责任公司	702	43579
股份有限公司	87	4226
私营企业	8048	106737
私营独资企业	2040	10642
私营合伙企业	333	3043
私营有限责任公司	5610	91551
私营股份有限公司	65	1501
其他企业	5	5
港、澳、台商投资企业	55	9774
与港澳台商合资经营企业	22	4299
与港澳台商合作经营企业	2	61
港澳台商独资经营企业	29	4331
港澳台商投资股份有限公司	1	789
其他港澳台投资企业	1	294
外商投资企业	44	7866
中外合资经营企业	15	6194
中外合作经营企业	-	-
外资企业	26	1649
外商投资股份有限公司	2	-
其他外商投资	1	23

2-A-2 限额以上住宿业法人企业基本情况

分 组	法人单位数（个）	从业人员期末人数（人）
住宿业	**1394**	**133318**
按国民经济行业分组		
旅游饭店	863	114873
旅游饭店	863	114873
一般旅馆	494	17576
经济型连锁酒店	123	4319
其他一般旅馆	371	13257
民宿服务	30	535
民宿服务	30	535
露营地服务	1	30
露营地服务	1	30
其他住宿业	6	304
其他住宿业	6	304
按登记注册类型分组		
内资企业	1336	116646
国有企业	52	6391
集体企业	14	1142
股份合作企业	5	342
联营企业	1	58
国有联营企业		
集体联营企业		
国有与集体联营企业	1	58
其他联营企业		
有限责任公司	345	44944
国有独资公司	28	5408
其他有限责任公司	317	39536
股份有限公司	19	3516
私营企业	900	60253
私营独资企业	51	1819
私营合伙企业	30	1292
私营有限责任公司	804	56081
私营股份有限公司	15	1061
其他企业		
港、澳、台商投资企业	33	9024
与港澳台商合资经营企业	13	3638
与港澳台商合作经营企业	2	61
港澳台商独资经营企业	16	4242
港澳台商投资股份有限公司	1	789
其他港澳台投资企业	1	294
外商投资企业	25	7648
中外合资经营企业	10	6148
中外合作经营企业		
外资企业	15	1500
外商投资股份有限公司		
其他外商投资		
按单位规模分组		
大型	42	25109
中型	311	65512
小型	961	42218
微型	80	479

2-A-3　住宿业法人企业财务状况

单位：亿元

分　组	资产总计	负债合计	营业收入
住宿业	**1378.31**	**1064.48**	**417.53**
按国民经济行业分组			
旅游饭店	1105.19	888.63	303.58
旅游饭店	1105.19	888.63	303.58
一般旅馆	231.79	158.86	104.80
经济型连锁酒店	33.01	24.22	19.90
其他一般旅馆	198.78	134.64	84.90
民宿服务	34.18	12.19	5.90
民宿服务	34.18	12.19	5.90
露营地服务	0.32	0.19	0.04
露营地服务	0.32	0.19	0.04
其他住宿业	6.84	4.61	3.22
其他住宿业	6.84	4.61	3.22
按登记注册类型分组			
内资企业	1189.81	915.18	368.84
国有企业	52.15	21.74	20.14
集体企业	4.74	3.00	2.86
股份合作企业	1.31	0.88	0.72
联营企业	2.33	1.41	1.51
国有联营企业	0.15	0.15	0.05
集体联营企业	0.01	0.01	
国有与集体联营企业	0.63	0.09	0.45
其他联营企业	1.55	1.17	1.00
有限责任公司	466.34	359.69	120.62
国有独资公司	27.19	11.87	11.44
其他有限责任公司	439.15	347.82	109.18
股份有限公司	40.17	26.75	9.08
私营企业	622.76	501.71	213.90
私营独资企业	25.00	7.82	17.42
私营合伙企业	8.22	4.34	4.66
私营有限责任公司	581.47	484.16	188.44
私营股份有限公司	8.07	5.38	3.37
其他企业			
港、澳、台商投资企业	137.22	117.57	26.28
与港澳台商合资经营企业	67.93	71.03	9.45
与港澳台商合作经营企业	0.56	0.68	0.11
港澳台商独资经营企业	52.62	37.61	13.49
港澳台商投资股份有限公司	10.24	5.84	2.67
其他港澳台投资企业	5.87	2.41	0.56
外商投资企业	51.28	31.74	22.41
中外合资经营企业	31.40	17.17	18.37
中外合作经营企业			
外资企业	19.73	14.43	3.89
外商投资股份有限公司			
其他外商投资	0.15	0.14	0.16

2-A-4 限额以上住宿业法人企业财务状况

单位：亿元

分　组	资产总计	负债合计	营业收入
住宿业	**976.20**	**797.23**	**321.83**
按国民经济行业分组			
旅游饭店	901.65	736.51	277.61
旅游饭店	901.65	736.51	277.61
一般旅馆	71.00	58.80	41.91
经济型连锁酒店	13.69	9.98	11.56
其他一般旅馆	57.31	48.81	30.35
民宿服务	2.83	1.59	1.42
民宿服务	2.83	1.59	1.42
露营地服务	0.04	0.05	0.03
露营地服务	0.04	0.05	0.03
其他住宿业	0.68	0.27	0.84
其他住宿业	0.68	0.27	0.84
按登记注册类型分组			
内资企业	820.22	669.03	274.63
国有企业	46.81	19.97	17.92
集体企业	4.13	2.72	2.42
股份合作企业	0.86	0.59	0.42
联营企业	0.63	0.09	0.45
国有联营企业			
集体联营企业			
国有与集体联营企业	0.63	0.09	0.45
其他联营企业			
有限责任公司	400.15	313.61	111.43
国有独资公司	25.81	11.45	10.84
其他有限责任公司	374.34	302.15	100.58
股份有限公司	35.39	24.13	7.94
私营企业	332.25	307.92	134.04
私营独资企业	4.69	3.34	3.15
私营合伙企业	4.12	3.04	1.89
私营有限责任公司	320.87	298.36	126.64
私营股份有限公司	2.57	3.18	2.36
其他企业			
港、澳、台商投资企业	112.40	101.66	25.29
与港澳台商合资经营企业	46.58	56.35	8.53
与港澳台商合作经营企业	0.56	0.68	0.11
港澳台商独资经营企业	49.15	36.39	13.41
港澳台商投资股份有限公司	10.24	5.84	2.67
其他港澳台投资企业	5.87	2.41	0.56
外商投资企业	43.57	26.53	21.91
中外合资经营企业	28.52	15.00	18.26
中外合作经营企业			
外资企业	15.05	11.53	3.66
外商投资股份有限公司			
其他外商投资			
按单位规模分组			
大型	221.69	142.74	77.77
中型	492.42	435.19	150.87
小型	246.93	206.87	88.14
微型	15.15	12.44	5.04

2-A-5　餐饮业法人企业基本情况

分　组	法人单位数(个)	从业人员期末人数(人)	年末餐饮营业面积(万平方米)
餐饮业	**15743**	**239367**	**856.5**
按国民经济行业分组			
正餐服务	12110	180071	752.9
正餐服务	12110	180071	752.9
快餐服务	1113	40731	57.0
快餐服务	1113	40731	57.0
饮料及冷饮服务	768	5427	17.0
茶馆服务	140	756	4.5
咖啡馆服务	254	1740	5.5
酒吧服务	160	1426	5.2
其他饮料及冷饮服务	214	1505	1.8
餐饮配送及外卖送餐服务	359	4805	8.6
餐饮配送服务	297	3520	7.9
外卖送餐服务	62	1285	0.7
其他餐饮业	1393	8333	21.0
小吃服务	892	5424	11.9
其他未列明餐饮业	501	2909	9.2
按登记注册类型分组			
内资企业	15581	207714	820.3
国有企业	23	1142	4.9
集体企业	26	240	1.0
股份合作企业	14	305	1.9
联营企业	2	39	0.8
国有联营企业			
集体联营企业			
国有与集体联营企业	1	36	0.8
其他联营企业	1	3	
有限责任公司	856	32063	93.9
国有独资公司	19	2208	8.9
其他有限责任公司	837	29855	84.9
股份有限公司	105	5482	15.2
私营企业	14554	168436	702.7
私营独资企业	2032	19586	95.4
私营合伙企业	204	2952	14.2
私营有限责任公司	12211	144697	588.9
私营股份有限公司	107	1201	4.1
其他企业	1	7	
港、澳、台商投资企业	52	12999	14.4
与港澳台商合资经营企业	21	2209	2.5
与港澳台商合作经营企业			
港澳台商独资经营企业	28	10737	11.2
港澳台商投资股份有限公司	2	50	0.7
其他港澳台投资企业	1	3	
外商投资企业	110	18654	21.7
中外合资经营企业	15	17041	17.4
中外合作经营企业	1	5	
外资企业	75	1445	3.9
外商投资股份有限公司	2	42	0.2
其他外商投资	17	121	0.2

2-A-6 限额以上餐饮业法人企业基本情况

分　　组	法人单位数 (个)	从业人员期末人数 (人)	年末餐饮营业面积 (万平方米)
餐饮业	**1659**	**143461**	**386.7**
按国民经济行业分组			
正餐服务	1527	103091	343.5
正餐服务	1527	103091	343.5
快餐服务	60	34356	35.8
快餐服务	60	34356	35.8
饮料及冷饮服务	21	802	1.7
茶馆服务	9	280	0.9
咖啡馆服务	5	95	0.4
酒吧服务	3	73	0.2
其他饮料及冷饮服务	4	354	0.2
餐饮配送及外卖送餐服务	34	2397	3.4
餐饮配送服务	30	1946	3.2
外卖送餐服务	4	451	0.3
其他餐饮业	17	2815	2.3
小吃服务	16	2096	2.1
其他未列明餐饮业	1	719	0.2
按登记注册类型分组			
内资企业	1629	113471	356.3
国有企业	7	1046	3.1
集体企业	2	90	0.3
股份合作企业	3	229	1.5
联营企业			
国有联营企业			
集体联营企业			
国有与集体联营企业			
其他联营企业			
有限责任公司	208	26625	62.2
国有独资公司	11	1869	2.9
其他有限责任公司	197	24756	59.2
股份有限公司	16	4890	9.4
私营企业	1393	80591	279.9
私营独资企业	210	6555	26.4
私营合伙企业	35	1535	6.9
私营有限责任公司	1137	72143	245.2
私营股份有限公司	11	358	1.4
其他企业			
港、澳、台商投资企业	18	12245	12.7
与港澳台商合资经营企业	5	1751	1.8
与港澳台商合作经营企业			
港澳台商独资经营企业	12	10444	10.2
港澳台商投资股份有限公司	1	50	0.7
其他港澳台投资企业			
外商投资企业	12	17745	17.6
中外合资经营企业	4	16701	16.1
中外合作经营企业			
外资企业	5	954	1.3
外商投资股份有限公司	1	41	0.2
其他外商投资	2	49	
按单位规模分组			
大型	33	50997	55.6
中型	197	37026	97.1
小型	1270	54554	219
微型	159	884	14.9

2-A-7　餐饮业法人企业财务状况

单位：亿元

分　组	资产总计	负债合计	营业收入
餐饮业	**565.22**	**425.67**	**511.87**
按国民经济行业分组			
正餐服务	492.66	371.17	378.44
正餐服务	492.66	371.17	378.44
快餐服务	48.50	39.07	96.84
快餐服务	48.50	39.07	96.84
饮料及冷饮服务	8.39	6.25	9.86
茶馆服务	1.69	0.96	2.00
咖啡馆服务	2.52	3.03	2.36
酒吧服务	2.24	1.09	2.51
其他饮料及冷饮服务	1.94	1.17	3.01
餐饮配送及外卖送餐服务	7.06	4.67	13.23
餐饮配送服务	6.61	4.39	11.74
外卖送餐服务	0.45	0.28	1.49
其他餐饮业	8.61	4.51	13.51
小吃服务	5.81	2.95	9.57
其他未列明餐饮业	2.80	1.56	3.94
按登记注册类型分组			
内资企业	499.58	376.74	432.36
国有企业	3.07	1.34	2.71
集体企业	0.48	0.26	0.37
股份合作企业	0.38	0.71	0.51
联营企业	0.02	0.01	0.04
国有联营企业			
集体联营企业			
国有与集体联营企业	0.02	0.01	0.04
其他联营企业			
有限责任公司	96.96	84.56	76.33
国有独资公司	4.77	3.26	4.07
其他有限责任公司	92.19	81.30	72.27
股份有限公司	23.15	14.05	13.95
私营企业	375.51	275.80	338.45
私营独资企业	24.64	8.42	34.62
私营合伙企业	4.42	1.96	5.44
私营有限责任公司	344.88	264.52	295.76
私营股份有限公司	1.57	0.90	2.62
其他企业			
港、澳、台商投资企业	33.36	23.71	22.35
与港澳台商合资经营企业	8.72	2.63	3.71
与港澳台商合作经营企业			
港澳台商独资经营企业	23.94	20.38	18.53
港澳台商投资股份有限公司	0.69	0.71	0.11
其他港澳台投资企业			0.01
外商投资企业	32.28	25.23	57.16
中外合资经营企业	26.01	18.67	52.44
中外合作经营企业			0.02
外资企业	6.09	6.50	4.26
外商投资股份有限公司	0.02		0.12
其他外商投资	0.16	0.05	0.32

2-A-8 限额以上餐饮业法人企业财务状况

单位：亿元

分　　组	资产总计	负债合计	营业收入
餐饮业	**386.98**	**310.98**	**360.61**
按国民经济行业分组			
正餐服务	336.04	271.45	258.63
正餐服务	336.04	271.45	258.63
快餐服务	42.82	34.91	86.46
快餐服务	42.82	34.91	86.46
饮料及冷饮服务	1.37	0.69	2.39
茶馆服务	0.61	0.29	1.34
咖啡馆服务	0.16	0.21	0.20
酒吧服务	0.07	0.13	0.13
其他饮料及冷饮服务	0.53	0.06	0.72
餐饮配送及外卖送餐服务	3.76	2.71	7.24
餐饮配送服务	3.63	2.63	6.56
外卖送餐服务	0.12	0.08	0.68
其他餐饮业	2.99	1.21	5.90
小吃服务	2.64	0.96	4.72
其他未列明餐饮业	0.34	0.25	1.18
按登记注册类型分组			
内资企业	333.64	268.19	283.69
国有企业	2.76	0.96	2.46
集体企业	0.03	0.03	0.10
股份合作企业	0.29	0.70	0.41
联营企业			
国有联营企业			
集体联营企业			
国有与集体联营企业			
其他联营企业			
有限责任公司	83.53	76.36	66.18
国有独资公司	2.69	2.40	3.64
其他有限责任公司	80.84	73.96	62.55
股份有限公司	20.32	12.01	12.87
私营企业	226.71	178.13	201.67
私营独资企业	7.03	4.00	14.43
私营合伙企业	2.63	1.26	3.33
私营有限责任公司	216.46	172.39	182.47
私营股份有限公司	0.59	0.48	1.44
其他企业			
港、澳、台商投资企业	25.00	21.34	21.21
与港澳台商合资经营企业	1.87	0.43	2.98
与港澳台商合作经营企业			
港澳台商独资经营企业	22.44	20.20	18.12
港澳台商投资股份有限公司	0.69	0.71	0.11
其他港澳台投资企业			
外商投资企业	28.34	21.45	55.71
中外合资经营企业	25.38	17.69	51.75
中外合作经营企业			
外资企业	2.88	3.72	3.68
外商投资股份有限公司	0.02		0.11
其他外商投资	0.06	0.03	0.18
按单位规模分组			
大型	111.42	80.34	131.88
中型	143.75	122.86	97.88
小型	126.66	104.15	124.97
微型	5.15	3.64	5.88

B.地区部分

2-B-1　分地区住宿业法人企业基本情况

地　区	法人单位数 (个)	从业人员期末人数 (人)
全　省	**9201**	**187762**
杭州市	**3095**	**62870**
上城区	272	7301
下城区	223	5424
江干区	371	5158
拱墅区	162	3899
西湖区	589	12537
滨江区	138	2577
萧山区	295	11789
余杭区	354	4547
富阳区	110	1029
临安区	90	1768
桐庐县	206	1516
淳安县	231	4474
建德市	54	851
宁波市	**1257**	**29458**
海曙区	228	5907
江北区	55	1551
北仑区	73	1803
镇海区	54	1563
鄞州区	354	8269
奉化区	72	1418
象山县	85	1960
宁海县	47	857
余姚市	129	2988
慈溪市	160	3142
温州市	**1124**	**18465**
鹿城区	206	6734
龙湾区	83	589
瓯海区	110	2689
洞头区	44	480
永嘉县	78	469
平阳县	79	736

2-B-1 续表 1

地　区	法人单位数 (个)	从业人员期末人数 (人)
苍南县	212	1614
文成县	55	829
泰顺县	21	715
瑞安市	169	2731
乐清市	67	879
嘉兴市	**596**	**12173**
南湖区	201	2592
秀洲区	38	932
嘉善县	84	1772
海盐县	36	1104
海宁市	90	2058
平湖市	31	1167
桐乡市	116	2548
湖州市	**645**	**11901**
吴兴区	160	3313
南浔区	53	953
德清县	148	2947
长兴县	119	1973
安吉县	165	2715
绍兴市	**395**	**11928**
越城区	103	3720
柯桥区	98	2097
上虞区	52	2165
新昌县	36	927
诸暨市	74	1631
嵊州市	32	1388
金华市	**648**	**12462**
婺城区	59	1947
金东区	16	89
武义县	22	1099
浦江县	35	951
磐安县	14	345
兰溪市	48	429
义乌市	255	3615
东阳市	86	2706
永康市	113	1281

2-B-1　续表 2

地　区	法人单位数 (个)	从业人员期末人数 (人)
衢州市	**118**	**2770**
柯城区	35	1044
衢江区	18	330
常山县	15	501
开化县	18	206
龙游县	16	391
江山市	16	298
舟山市	**316**	**7581**
定海区	57	1196
普陀区	164	5208
岱山县	56	666
嵊泗县	39	511
台州市	**635**	**11937**
椒江区	79	2519
黄岩区	45	1495
路桥区	89	1028
三门县	21	401
天台县	97	1304
仙居县	43	671
温岭市	190	2203
临海市	46	1451
玉环市	25	865
丽水市	**372**	**6217**
莲都区	100	2434
青田县	63	939
缙云县	11	261
遂昌县	36	477
松阳县	65	496
云和县	25	512
庆元县	11	114
景宁畲族自治县	11	172
龙泉市	50	812

2-B-2 分地区住宿业法人企业财务状况

单位：亿元

地　区	资产总计	负债合计	营业收入
全　省	**1378.31**	**1064.48**	**417.53**
杭州市	**477.28**	**334.03**	**171.32**
上城区	73.20	45.56	24.08
下城区	41.85	33.58	18.69
江干区	18.60	14.03	14.26
拱墅区	20.95	13.44	10.23
西湖区	91.83	49.69	36.81
滨江区	11.95	9.71	7.83
萧山区	69.83	51.55	33.64
余杭区	42.17	42.23	8.76
富阳区	7.42	5.86	1.68
临安区	14.34	10.61	3.95
桐庐县	25.69	18.20	1.43
淳安县	52.46	35.40	8.59
建德市	6.99	4.18	1.37
宁波市	**201.27**	**187.95**	**60.13**
海曙区	42.55	42.79	12.96
江北区	12.80	13.31	2.97
北仑区	6.54	4.13	3.06
镇海区	7.37	5.72	2.49
鄞州区	58.01	55.86	19.61
奉化区	10.64	12.28	1.59
象山县	19.06	18.37	3.62
宁海县	4.37	1.96	1.63
余姚市	19.70	14.42	6.47
慈溪市	20.22	19.11	5.72
温州市	**90.42**	**52.13**	**37.80**
鹿城区	40.84	21.61	15.24
龙湾区	9.76	8.43	1.17
瓯海区	10.82	9.74	6.41
洞头区	1.82	1.03	0.65
永嘉县	3.31	2.28	0.57
平阳县	1.30	0.29	1.45

2-B-2　续表 1　　单位：亿元

地　区	资产总计	负债合计	营业收入
苍南县	7.49	2.80	2.19
文成县	1.78	0.88	1.22
泰顺县	1.82	1.01	0.74
瑞安市	8.24	3.30	5.95
乐清市	3.24	0.77	2.21
嘉兴市	**94.11**	**75.18**	**23.64**
南湖区	20.05	21.96	5.69
秀洲区	10.77	9.88	1.62
嘉善县	12.48	7.10	2.70
海盐县	6.96	6.43	2.28
海宁市	15.08	11.65	3.93
平湖市	10.61	6.33	2.35
桐乡市	18.16	11.82	5.08
湖州市	**90.40**	**55.06**	**25.58**
吴兴区	19.59	11.43	9.48
南浔区	2.93	1.95	1.39
德清县	20.47	11.76	6.29
长兴县	16.59	10.76	3.48
安吉县	30.82	19.16	4.94
绍兴市	**123.21**	**107.56**	**23.72**
越城区	32.47	20.67	6.74
柯桥区	16.15	16.11	4.21
上虞区	32.30	40.73	5.10
新昌县	7.96	6.43	1.55
诸暨市	24.99	16.60	3.33
嵊州市	9.33	7.02	2.80
金华市	**66.69**	**70.38**	**22.84**
婺城区	10.55	10.36	3.27
金东区	0.29	0.07	0.08
武义县	13.24	13.50	1.92
浦江县	3.07	7.21	1.22
磐安县	4.06	3.27	0.50
兰溪市	1.24	1.00	0.37
义乌市	11.96	10.16	7.35
东阳市	18.46	21.74	5.65
永康市	3.83	3.08	2.48

2-B-2 续表 2 单位：亿元

地 区	资产总计	负债合计	营业收入
衢州市	**12.30**	**10.46**	**4.36**
柯城区	4.15	3.18	2.04
衢江区	2.43	2.37	0.56
常山县	1.66	1.56	0.52
开化县	0.49	0.44	0.17
龙游县	1.78	1.41	0.71
江山市	1.79	1.49	0.36
舟山市	**65.07**	**55.47**	**15.16**
定海区	4.96	3.30	2.37
普陀区	51.51	45.54	11.17
岱山县	4.98	3.79	0.95
嵊泗县	3.62	2.83	0.68
台州市	**95.75**	**79.92**	**22.99**
椒江区	8.68	6.14	5.04
黄岩区	12.22	12.28	3.02
路桥区	2.86	1.51	2.00
三门县	1.58	1.06	0.59
天台县	11.52	11.06	1.95
仙居县	4.16	3.73	0.76
温岭市	12.70	8.18	4.91
临海市	24.21	17.69	2.91
玉环市	17.82	18.27	1.83
丽水市	**61.81**	**36.34**	**9.98**
莲都区	18.26	17.16	4.85
青田县	18.15	3.53	1.44
缙云县	1.28	0.42	0.43
遂昌县	2.64	1.73	0.63
松阳县	5.10	2.27	0.61
云和县	10.45	8.66	0.56
庆元县	0.22	0.02	0.10
景宁畲族自治县	2.57	0.98	0.19
龙泉市	3.14	1.57	1.17

2-B-3　分地区餐饮业法人企业基本情况

地　区	法人单位数（个）	从业人员期末人数（人）	年末餐饮营业面积（万平方米）
全　省	**15743**	**239367**	**856.5**
杭州市	**5971**	**95998**	**261.6**
上城区	467	12078	28.4
下城区	490	15001	23.3
江干区	835	8548	26.9
拱墅区	568	5882	17.4
西湖区	943	30480	58.3
滨江区	498	4528	13.7
萧山区	638	6952	28.7
余杭区	806	5586	29.3
富阳区	250	2192	9.8
临安区	111	969	4.8
桐庐县	136	1506	8.1
淳安县	174	1355	8.5
建德市	55	921	4.4
宁波市	**2446**	**33014**	**122.6**
海曙区	433	6740	17.7
江北区	157	2127	6.7
北仑区	201	2960	8.4
镇海区	138	1927	10.3
鄞州区	866	9632	37.8
奉化区	82	939	6.0
象山县	59	480	2.9
宁海县	138	2335	11.8
余姚市	138	2157	8.2
慈溪市	234	3717	12.9
温州市	**1987**	**28541**	**126.7**
鹿城区	599	7112	29.4
龙湾区	112	2226	10.1
瓯海区	171	1256	7.5
洞头区	46	439	2.7
永嘉县	154	2587	10.5
平阳县	116	1509	9.4

2-B-3 续表 1

地 区	法人单位数（个）	从业人员期末人数（人）	年末餐饮营业面积（万平方米）
苍南县	214	3591	13.6
文成县	108	857	3.8
泰顺县	35	498	2.1
瑞安市	258	3904	18.8
乐清市	174	4562	18.9
嘉兴市	**961**	**12677**	**63.9**
南湖区	280	4215	21.8
秀洲区	109	1359	8.4
嘉善县	157	1920	7.7
海盐县	51	682	3.7
海宁市	180	1501	9.3
平湖市	77	1808	7.3
桐乡市	107	1192	5.7
湖州市	**660**	**12591**	**57.9**
吴兴区	297	8382	30.8
南浔区	49	793	3.9
德清县	56	904	3.8
长兴县	104	1321	12.3
安吉县	154	1191	7.1
绍兴市	**979**	**13475**	**56.9**
越城区	264	4940	13.3
柯桥区	184	2029	9.6
上虞区	173	2339	9.7
新昌县	70	718	3.5
诸暨市	207	2582	17.5
嵊州市	81	867	3.3
金华市	**995**	**15101**	**53.5**
婺城区	111	3456	9.4
金东区	56	385	1.9
武义县	30	298	1.3
浦江县	39	593	3.2
磐安县	18	433	3.1
兰溪市	81	1073	4.8
义乌市	481	4195	14.0
东阳市	79	2729	7.8
永康市	100	1939	7.9

2-B-3　续表 2

地　区	法人单位数 (个)	从业人员期末人数 (人)	年末餐饮营业面积 (万平方米)
衢州市	**230**	**4502**	**31.2**
柯城区	74	1630	7.5
衢江区	15	84	3.4
常山县	22	544	3.3
开化县	32	887	8.6
龙游县	24	355	1.5
江山市	63	1002	6.8
舟山市	**224**	**4460**	**15.3**
定海区	71	2024	8.4
普陀区	82	1789	4.4
岱山县	37	304	1.7
嵊泗县	34	343	0.9
台州市	**1004**	**14735**	**46.1**
椒江区	135	1999	6.7
黄岩区	79	852	4.6
路桥区	135	2293	6.8
三门县	43	269	1.0
天台县	110	1128	5.1
仙居县	82	1059	2.7
温岭市	209	3624	10.0
临海市	148	2393	5.7
玉环市	63	1118	3.6
丽水市	**286**	**4273**	**20.9**
莲都区	57	1020	5.1
青田县	80	656	2.7
缙云县	21	327	1.5
遂昌县	15	394	1.7
松阳县	31	556	3.9
云和县	17	245	0.6
庆元县	10	137	0.5
景宁畲族自治县	12	609	1.4
龙泉市	43	329	3.5

2-B-4 分地区餐饮业法人企业财务状况

单位：亿元

分 组	资产总计	负债合计	营业收入
全 省	**565.22**	**425.67**	**511.87**
杭州市	**195.44**	**160.46**	**231.41**
上城区	35.47	27.31	34.52
下城区	14.66	16.67	28.33
江干区	9.76	10.22	20.40
拱墅区	8.05	6.80	14.61
西湖区	56.06	42.44	86.16
滨江区	6.23	5.87	9.37
萧山区	22.18	16.85	15.33
余杭区	11.62	10.41	9.69
富阳区	12.69	9.89	3.75
临安区	1.32	0.36	2.15
桐庐县	9.67	10.16	3.52
淳安县	4.46	2.09	2.28
建德市	3.28	1.40	1.29
宁波市	**73.41**	**63.79**	**62.89**
海曙区	8.74	6.12	14.07
江北区	2.16	3.07	3.78
北仑区	5.83	4.45	5.04
镇海区	3.12	3.14	3.25
鄞州区	14.01	15.23	17.33
奉化区	1.89	1.72	1.36
象山县	9.16	8.93	0.56
宁海县	3.16	2.17	4.26
余姚市	9.31	6.30	3.81
慈溪市	16.01	12.65	9.44
温州市	**66.38**	**41.10**	**61.94**
鹿城区	8.49	4.60	17.44
龙湾区	11.25	10.30	4.98
瓯海区	1.59	0.62	2.40
洞头区	0.56	0.33	0.62
永嘉县	12.36	6.84	5.24
平阳县	3.04	0.89	3.49

2-B-4　续表 1　单位：亿元

分　组	资产总计	负债合计	营业收入
苍南县	3.23	1.26	7.37
文成县	1.64	0.56	1.34
泰顺县	1.02	0.71	0.57
瑞安市	5.79	2.16	8.01
乐清市	17.40	12.83	10.47
嘉兴市	**46.82**	**32.79**	**30.33**
南湖区	18.11	16.19	9.26
秀洲区	2.89	2.10	6.69
嘉善县	3.81	2.41	3.54
海盐县	1.59	1.34	1.40
海宁市	8.86	3.02	2.49
平湖市	10.54	7.07	4.79
桐乡市	1.03	0.66	2.15
湖州市	**28.22**	**19.01**	**23.66**
吴兴区	12.00	7.85	15.79
南浔区	2.39	1.85	1.60
德清县	1.69	0.83	1.66
长兴县	4.08	2.06	2.08
安吉县	8.06	6.41	2.53
绍兴市	**49.67**	**32.23**	**30.64**
越城区	16.44	12.72	10.32
柯桥区	13.64	8.84	4.70
上虞区	5.80	3.37	4.97
新昌县	0.95	0.86	1.13
诸暨市	11.16	5.47	7.63
嵊州市	1.68	0.97	1.89
金华市	**40.89**	**30.87**	**25.52**
婺城区	3.49	2.85	5.00
金东区	0.50	0.40	0.75
武义县	0.72	0.25	0.31
浦江县	0.43	0.21	0.48
磐安县	1.70	0.50	0.58
兰溪市	2.74	2.63	1.43
义乌市	8.05	3.27	7.24
东阳市	20.18	19.51	5.94
永康市	3.09	1.24	3.79

2-B-4 续表 2

单位：亿元

分 组	资产总计	负债合计	营业收入
衢州市	**17.59**	**13.48**	**6.99**
柯城区	3.20	1.99	2.45
衢江区	0.23	0.10	0.16
常山县	1.41	0.83	0.90
开化县	7.40	5.55	1.42
龙游县	0.51	0.20	0.33
江山市	4.85	4.82	1.74
舟山市	**12.01**	**12.54**	**7.36**
定海区	8.19	8.70	3.49
普陀区	3.30	3.76	3.23
岱山县	0.28	0.03	0.36
嵊泗县	0.24	0.04	0.28
台州市	**26.46**	**15.34**	**26.38**
椒江区	1.55	0.90	3.38
黄岩区	0.90	0.27	1.76
路桥区	3.10	2.09	3.88
三门县	1.23	0.19	0.30
天台县	2.29	0.91	1.79
仙居县	1.83	1.70	1.26
温岭市	10.20	5.97	7.40
临海市	4.06	2.79	4.10
玉环市	1.32	0.53	2.51
丽水市	**8.33**	**4.09**	**4.76**
莲都区	0.89	0.75	1.33
青田县	1.04	0.27	0.73
缙云县	0.46	0.03	0.37
遂昌县	0.69	0.47	0.34
松阳县	1.55	0.64	0.58
云和县	0.11	0.05	0.30
庆元县	0.07	0.01	0.10
景宁畲族自治县	2.49	1.39	0.46
龙泉市	1.03	0.49	0.54

第3篇

房地产开发经营业生产经营及财务状况篇

3-1 分地区按登记注册类型

地 区	总 计	内资企业					
			国有企业	集体企业	股份合作企业	国有联营企业	集体联营企业
全 省	**10707**	**10302**	**45**	**25**	**4**	**1**	
杭州市	**2509**	**2353**	**5**	**1**		**1**	
上城区	76	72	1			1	
下城区	115	109	1				
江干区	323	300	1	1			
拱墅区	156	142	1				
西湖区	231	203					
滨江区	108	98					
萧山区	441	423					
余杭区	440	416					
富阳区	126	121					
临安区	145	138					
桐庐县	174	167	1				
淳安县	93	85					
建德市	81	79					
宁波市	**1533**	**1432**	**3**	**11**			
海曙区	161	154		3			
江北区	114	101	1				
北仑区	102	93		1			
镇海区	100	94		3			
鄞州区	424	392		2			
奉化区	106	99	2				
象山县	104	100					
宁海县	70	65					
余姚市	148	138					
慈溪市	204	196		2			
温州市	**1436**	**1412**	**13**	**8**	**3**		
鹿城区	328	319	8	3			
龙湾区	123	122					
瓯海区	109	107		2			
洞头区	36	34	1				
永嘉县	114	114	1	1			
平阳县	149	148			3		
苍南县	142	140					

注：表3-1、3-2、3-3统计范围为全部房地产开发经营业法人单位，本篇其他表统计范围为有开发经营活动的房地产开发经营业法人单位。

分房地产开发企业个数

单位：个

国有与集体联营企业	其他联营企业	国有独资公司	其他有限责任公司	股份有限公司	私营独资企业	私营合伙企业	私营有限责任公司
1		**253**	**3252**	**132**		**2**	**6509**
1		**53**	**1041**	**30**			**1206**
		6	41	2			21
		4	71	2			31
		6	199	5			87
			73	3			65
1		7	141	3			51
		3	42	2			51
		6	141	2			271
		2	175	7			226
		3	36				79
		6	46	1			85
		1	23	2			138
		7	33				45
		2	20	1			56
		48	**456**	**25**		**2**	**870**
		7	55	5			83
		3	37	1			59
		5	30			1	55
		4	38				45
		8	133	11		1	232
		2	23	1			70
		3	37	1			59
		10	12	1			42
		3	44	1			85
		3	47	4			140
		35	**431**	**16**			**895**
		11	85	5			206
		2	36	3			81
		4	35				66
		1	9	1			22
		3	31	1			77
		1	62	1			80
		1	55	1			79

3-1 续表 1

地 区	总 计	内资企业	国有企业	集体企业	股份合作企业	国有联营企业	集体联营企业
文成县	47	47		1			
泰顺县	27	27					
温州经济技术开发区	25	23					
瑞安市	166	163	2				
乐清市	170	168	1	1			
嘉兴市	**1164**	**1105**	**2**	**1**			
南湖区	210	192					
秀洲区	158	145					
嘉善县	128	124	1	1			
海盐县	84	81					
海宁市	221	212	1				
平湖市	146	139					
桐乡市	217	212					
湖州市	**664**	**644**	**7**	**1**			
吴兴区	221	214	3	1			
南浔区	81	78	4				
德清县	107	105					
长兴县	133	129					
安吉县	122	118					
绍兴市	**1239**	**1223**	**5**	**2**	**1**		
越城区	234	228	2				
柯桥区	308	303					
上虞区	162	160	2	1			
新昌县	113	113					
诸暨市	289	287	1				
嵊州市	133	132		1	1		
金华市	**656**	**647**	**5**				
婺城区	143	141	1				
金东区	51	51					
武义县	35	34	1				
浦江县	41	39	1				
磐安县	27	27					
兰溪市	74	72					
义乌市	99	98					
东阳市	134	133					
永康市	52	52	2				

单位：个

国有与集体联营企业	其他联营企业	国有独资公司	其他有限责任公司	股份有限公司	私营独资企业	私营合伙企业	私营有限责任公司
		2	14				30
			5				22
		2	6				14
		3	30	2			122
		5	63	2			96
		27	**276**	**17**			**773**
		6	58	5			121
		2	37	1			104
		2	25	2			91
		3	23	4			50
		7	46	2			156
		4	35	1			98
		3	52	2			153
		14	**225**	**13**			**378**
		8	66	6			129
		2	26	1			45
		3	38	2			59
		1	40	2			84
			55	2			61
		15	**269**	**14**			**914**
		7	86	1			132
		2	89	5			206
		3	38	1			115
		3	6	4			99
			36	1			249
			14	2			113
		19	**134**	**6**			**482**
		3	43	2			92
			8	1			42
				2			31
		3	5				30
			6				20
		4	23	1			44
		4	24				70
		2	15				116
		3	10				37

3-1 续表 2

地 区	总 计	内资企业	国有企业	集体企业	股份合作企业	国有联营企业	集体联营企业
衢州市	**288**	**288**	**1**				
柯城区	108	108	1				
衢江区	39	39					
常山县	25	25					
开化县	32	32					
龙游县	44	44					
江山市	40	40					
舟山市	**284**	**277**	**1**				
定海区	152	148	1				
普陀区	85	84					
岱山县	29	28					
嵊泗县	18	17					
台州市	**663**	**652**	**3**				
椒江区	134	134	1				
黄岩区	59	58	2				
路桥区	86	83					
三门县	48	48					
天台县	42	42					
仙居县	37	37					
温岭市	132	129					
临海市	77	74					
玉环市	48	47					
丽水市	**271**	**269**		**1**			
莲都区	71	69					
青田县	70	70		1			
缙云县	24	24					
遂昌县	31	31					
松阳县	19	19					
云和县	14	14					
庆元县	13	13					
景宁畲族自治县	7	7					
龙泉市	22	22					

单位：个

国有与集体联营企业	其他联营企业	国有独资公司	其他有限责任公司	股份有限公司	私营独资企业	私营合伙企业	私营有限责任公司
		7	**30**	**2**			**244**
		3	17				85
		1	4	1			33
			3				22
			3	1			27
		3	3				38
							39
		8	**119**	**2**			**146**
		5	62	2			77
		2	41				41
		1	9				18
			7				10
		22	**246**	**5**			**370**
		5	55				73
			22				34
		3	42	2			35
		1	21	1			25
		3	20				17
		1	17				19
		5	30	1			92
		2	17	1			54
		2	22				21
		5	**25**	**2**			**231**
			11	1			55
			1	1			65
		4	2				18
			4				27
			1				17
			1				13
			1				12
			1				6
		1	3				18

3-1 续表 3

地 区			港、澳、台商投资企业			
	私营股份有限公司	其他内资企业		合资经营企业(港、澳、台资)	合作经营企业(港、澳、台资)	港、澳、台商独资经营企业
全 省	**78**		**261**	**103**	**2**	**145**
杭州市	**15**		**113**	**38**	**1**	**70**
上城区			2	1		1
下城区			6			6
江干区	1		13	3		10
拱墅区			12	3		9
西湖区			21	9		12
滨江区			8	3		4
萧山区	3		13	5	1	6
余杭区	6		15	5		10
富阳区	3		5	1		4
临安区			5	1		3
桐庐县	2		6	3		3
淳安县			5	2		2
建德市			2	2		
宁波市	**17**		**61**	**26**	**1**	**31**
海曙区	1		4	1		3
江北区			7	4		3
北仑区	1		7	3		4
镇海区	4		5	2		3
鄞州区	5		20	7	1	10
奉化区	1		2			1
象山县			2	2		
宁海县			3	1		2
余姚市	5		10	5		5
慈溪市			1	1		
温州市	**11**		**9**	**6**		**2**
鹿城区	1		1	1		
龙湾区						
瓯海区						
洞头区			2	1		
永嘉县						
平阳县	1					
苍南县	4		2	1		1

单位：个

港、澳、台商投资股份有限公司	其他港、澳、台投资企业	外商投资企业	中外合资经营企业	中外合作经营企业	独资企业	外商投资股份有限公司	其他外商投资企业
10	**1**	**144**	**67**	**1**	**60**	**5**	**11**
4		**43**	**20**	**1**	**15**	**4**	**3**
		2	1				1
		10	3	1	5	1	
		2	1		1		
		7	2		3	1	1
1		2	2				
1		5	2		2	1	
		9	5		3		1
1		2	2				
		1	1				
1		3	1		1	1	
3		**40**	**15**		**22**		**3**
		3	1		1		1
		6			6		
		2	1		1		
		1			1		
2		12	6		6		
1		5	3		2		
		2	1		1		
		2	1				1
		7	2		4		1
1		**15**	**9**		**3**	**1**	**2**
		8	6		1		1
		1	1				
		2	1		1		
1							
		1					1

3-1 续表 4

地 区			港、澳、台商投资企 业			
	私营股份有限公司	其他内资企 业		合资经营企业(港、澳、台资)	合作经营企业(港、澳、台资)	港、澳、台商独资经营企业
文成县						
泰顺县						
温州经济技术开发区	1		1	1		
瑞安市	4		1	1		
乐清市			2	1		1
嘉兴市	**9**		**41**	**14**		**26**
南湖区	2		13	5		8
秀洲区	1		9	1		7
嘉善县	2		2			2
海盐县	1		2	1		1
海宁市			7	1		6
平湖市	1		5	4		1
桐乡市	2		3	2		1
湖州市	**6**		**14**	**8**		**6**
吴兴区	1		6	1		5
南浔区			2	2		
德清县	3		2	2		
长兴县	2		3	2		1
安吉县			1	1		
绍兴市	**3**		**7**	**3**		**2**
越城区			1	1		
柯桥区	1		2			
上虞区			2	1		1
新昌县	1					
诸暨市			1	1		
嵊州市	1		1			1
金华市	**1**		**4**	**2**		**2**
婺城区						
金东区						
武义县						
浦江县			2	2		
磐安县	1					
兰溪市			2			2
义乌市						
东阳市						
永康市						

单位：个

港、澳、台商投资股份有限公司	其他港、澳、台投资企业	外商投资企业	中外合资经营企业	中外合作经营企业	独资企业	外商投资股份有限公司	其他外商投资企业
		1	1				
		2			1	1	
1		**18**	**8**		**10**		
		5	1		4		
1		4	3		1		
		2	1		1		
		1			1		
		2	1		1		
		2	1		1		
		2	1		1		
		6	**2**		**3**		**1**
		1			1		
		1	1				
		1			1		
		3	1		1		1
1	**1**	**9**	**3**		**5**		**1**
		5			4		1
1	1	3	2		1		
		1	1				
		5	**5**				
		2	2				
		1	1				
		1	1				
		1	1				

3-1 续表 5

地 区	私营股份有限公司	其他内资企业	港、澳、台商投资企业	合资经营企业(港、澳、台资)	合作经营企业(港、澳、台资)	港、澳、台商独资经营企业
衢州市	**4**					
柯城区	2					
衢江区						
常山县						
开化县	1					
龙游县						
江山市	1					
舟山市	**1**		**4**	**2**		**2**
定海区	1		3	1		2
普陀区			1	1		
岱山县						
嵊泗县						
台州市	**6**		**6**	**4**		**2**
椒江区						
黄岩区						
路桥区	1		2	1		1
三门县						
天台县	2					
仙居县						
温岭市	1					
临海市			3	2		1
玉环市	2		1	1		
丽水市	**5**		**2**			**2**
莲都区	2		2			2
青田县	2					
缙云县						
遂昌县						
松阳县	1					
云和县						
庆元县						
景宁畲族自治县						
龙泉市						

单位：个

港、澳、台商投资股份有限公司	其他港、澳、台投资企业	外商投资企业	中外合资经营企业	中外合作经营企业	独资企业	外商投资股份有限公司	其他外商投资企业
		3	**1**		**1**		**1**
		1					1
		1	1				
		1			1		
		5	**4**		**1**		
		1			1		
		1	1				
		3	3				

3-2 分地区按登记注册类型

地 区	总 计	内资企业					
			国有企业	集体企业	股份合作企业	国有联营企业	集体联营企业
全 省	**148646**	**140749**	**1690**	**148**	**59**	**18**	
杭州市	**38821**	**35288**	**124**			**18**	
上城区	1253	1207	30			18	
下城区	1818	1737	7				
江干区	5092	4435	63				
拱墅区	2903	2577	9				
西湖区	4083	3343					
滨江区	1708	1431					
萧山区	6518	6162					
余杭区	7570	6945					
富阳区	2361	2293					
临安区	2280	2098					
桐庐县	1152	1102	15				
淳安县	1018	910					
建德市	1065	1048					
宁波市	**20564**	**18362**	**23**	**41**			
海曙区	2017	1792					
江北区	1633	1375	11				
北仑区	1491	1269		14			
镇海区	1186	1104		7			
鄞州区	5713	5085		8			
奉化区	1506	1319	12				
象山县	1412	1367					
宁海县	1249	1148					
余姚市	1946	1659					
慈溪市	2411	2244		12			
温州市	**17834**	**17582**	**225**	**93**	**42**		
鹿城区	3563	3477	138	18			
龙湾区	1494	1477					
瓯海区	1814	1814		34			
洞头区	417	369	2				
永嘉县	1272	1272	10	16			
平阳县	1720	1712			42		
苍南县	2402	2363					

分房地产开发企业年末从业人数

单位：人

国有与集体联营企业	其他联营企业	国有独资公司	其他有限责任公司	股份有限公司	私营独资企业	私营合伙企业	私营有限责任公司
14		**5158**	**48726**	**2875**			**81177**
14		**973**	**17573**	**928**			**15559**
		248	742	45			124
		41	1341	64			284
		114	3380	409			465
			1303	49			1216
14		129	2415	74			711
		71	619	35			706
		145	2243	35			3715
		32	2919	190			3754
		36	818				1425
		63	623	3			1409
		24	212	7			837
		51	490				369
		19	468	17			544
		924	**6351**	**646**			**10208**
		32	558	180			985
		9	669	26			660
		158	304				770
		48	446				573
		142	2030	180			2715
		92	284	6			907
		182	528	17			640
		175	195	3			775
		44	697				867
		42	640	234			1316
		998	**5833**	**319**			**9922**
		713	1223	65			1317
		5	495	83			894
		106	355				1319
		29	89	2			247
		8	353	31			854
		5	841	15			806
		7	924	13			1336

3-2 续表 1

地　区	总　计	内资企业	国有企业	集体企业	股份合作企　业	国有联营企　业	集体联营企　业
文成县	467	467		4			
泰顺县	176	176					
温州经济技术开发区	463	454					
瑞安市	1976	1974	45				
乐清市	2070	2027	30	21			
嘉兴市	**14227**	**13357**	**19**				
南湖区	2877	2455					
秀洲区	1658	1544					
嘉善县	1951	1942	5				
海盐县	1240	1214					
海宁市	2799	2596	14				
平湖市	1615	1541					
桐乡市	2087	2065					
湖州市	**10037**	**9685**	**1080**	**3**			
吴兴区	4829	4708	1027	3			
南浔区	879	826	53				
德清县	1429	1343					
长兴县	1227	1166					
安吉县	1673	1642					
绍兴市	**14080**	**13765**	**48**	**10**	**17**		
越城区	2648	2635	20				
柯桥区	3250	3110					
上虞区	1870	1838	27	2			
新昌县	1057	1057					
诸暨市	3217	3170	1				
嵊州市	2038	1955		8	17		
金华市	**9563**	**9497**	**86**				
婺城区	1724	1698	23				
金东区	879	879					
武义县	442	439	3				
浦江县	491	481	3				
磐安县	296	296					
兰溪市	1292	1275					
义乌市	1517	1507					
东阳市	1781	1781					
永康市	1141	1141	57				

单位：人

国有与集体联营企业	其他联营企业	国有独资公司	其他有限责任公司	股份有限公司	私营独资企业	私营合伙企业	私营有限责任公司
		7	167				289
			39				137
		20	104				330
		66	358	78			1366
		32	885	32			1027
		436	**2930**	**183**			**9713**
		108	826	96			1424
		20	347	10			1144
		75	152	15			1685
		98	490	52			571
		96	414				2072
		1	355	6			1179
		38	346	4			1638
		280	**2673**	**201**			**5383**
		225	872	121			2453
			252				521
		49	487	25			750
		6	342	30			762
			720	25			897
		311	**3793**	**207**			**9351**
		238	1052	1			1324
		31	1519	63			1494
		13	484	34			1278
		29	91	28			907
			374	31			2764
			273	50			1584
		485	**2445**	**98**			**6349**
		34	579	3			1059
			131	30			718
				43			393
		50	28				400
			61				201
		110	594	22			549
		115	493				899
		56	448				1277
		120	111				853

3-2 续表 2

地区	总计	内资企业	国有企业	集体企业	股份合作企业	国有联营企业	集体联营企业
衢州市	**3474**	**3474**	**23**				
柯城区	1480	1480	23				
衢江区	363	363					
常山县	284	284					
开化县	328	328					
龙游县	429	429					
江山市	590	590					
舟山市	**3941**	**3863**	**49**				
定海区	2073	2000	49				
普陀区	1384	1384					
岱山县	309	309					
嵊泗县	175	170					
台州市	**11830**	**11618**	**13**				
椒江区	2329	2329	9				
黄岩区	1527	1521	4				
路桥区	1247	1163					
三门县	763	763					
天台县	736	736					
仙居县	790	790					
温岭市	2221	2156					
临海市	1313	1275					
玉环市	904	885					
丽水市	**4275**	**4258**		**1**			
莲都区	1342	1325					
青田县	866	866		1			
缙云县	400	400					
遂昌县	399	399					
松阳县	307	307					
云和县	168	168					
庆元县	267	267					
景宁畲族自治县	198	198					
龙泉市	328	328					

单位：人

国有与集体联营企业	其他联营企　业	国有独资公　司	其他有限责任公司	股份有限公　司	私营独资企　业	私营合伙企　业	私营有限责任公司
		60	**336**	**30**			**2901**
		37	186				1147
			66	12			285
			41				243
			24	18			270
		23	19				387
							569
		258	**1885**	**74**			**1579**
		229	774	74			856
		15	906				463
		14	137				158
			68				102
		346	**4515**	**122**			**6538**
		106	743				1471
			737				780
		27	670	18			444
		36	330	82			315
		49	348				312
		3	379				408
		89	532	9			1508
		24	420	13			818
		12	356				482
		87	**392**	**67**			**3674**
			151	22			1135
			1	45			818
		48	55				297
			72				327
			17				271
			8				160
			55				212
			13				185
		39	20				269

3-2 续表 3

地　区	私营股份有限公司	其他内资企　业	港、澳、台商投资企　业	合资经营企业(港、澳、台资)	合作经营企业(港、澳、台资)	港、澳、台商独资经营企业
全　省	**884**		**5458**	**1786**	**17**	**3305**
杭州市	**99**		**2570**	**569**	**5**	**1847**
上城区			30	1		29
下城区			81			81
江干区	4		510	82		428
拱墅区			304	24		280
西湖区			278	137		141
滨江区			265	130		109
萧山区	24		334	21	5	260
余杭区	50		400	76		324
富阳区	14		68	11		57
临安区			159	35		92
桐庐县	7		50	9		41
淳安县			74	26		5
建德市			17	17		
宁波市	**169**		**1214**	**472**	**12**	**690**
海曙区	37		104	72		32
江北区			133	65		68
北仑区	23		194	139		55
镇海区	30		56	17		39
鄞州区	10		356	91	12	222
奉化区	18		13			4
象山县			12	12		
宁海县			39	1		38
余姚市	51		287	55		232
慈溪市			20	20		
温州市	**150**		**142**	**72**		**22**
鹿城区	3		12	12		
龙湾区						
瓯海区						
洞头区			48			
永嘉县						
平阳县	3					
苍南县	83		39	27		12

单位：人

		外商投资企业					
港、澳、台商投资股份有限公司	其他港、澳、台投资企业		中外合资经营企业	中外合作经营企业	独资企业	外商投资股份有限公司	其他外商投资企业
338	**12**	**2439**	**961**	**21**	**1189**	**139**	**129**
149		**963**	**291**	**21**	**488**	**137**	**26**
		16	5				11
		147		21	122	4	
		22	22				
		462	56		306	99	1
26		12	12				
48		22	2		2	18	
		225	158		53		14
32		23	23				
43		34	13		5	16	
40		**988**	**409**		**533**		**46**
		121	40		47		34
		125			125		
		28	3		25		
		26			26		
31		272	111		161		
9		174	174				
		33	24		9		
		62	50				12
		147	7		140		
48		**110**	**39**		**22**	**2**	**47**
		74	13		22		39
		17	17				
48							
		8					8

3-2 续表 4

地 区	私营股份有限公司	其他内资企业	港、澳、台商投资企业	合资经营企业(港、澳、台资)	合作经营企业(港、澳、台资)	港、澳、台商独资经营企业
文成县						
泰顺县						
温州经济技术开发区						
瑞安市	61					
乐清市			43	33		10
嘉兴市	**76**		**757**	**265**		**486**
南湖区	1		386	135		251
秀洲区	23		84	1		77
嘉善县	10		2			2
海盐县	3		8			8
海宁市			196	60		136
平湖市			71	69		2
桐乡市	39		10			10
湖州市	**65**		**270**	**177**		**93**
吴兴区	7		112	20		92
南浔区			37	37		
德清县	32		86	86		
长兴县	26		19	18		1
安吉县			16	16		
绍兴市	**28**		**252**	**32**		**113**
越城区			10	10		
柯桥区	3		107			
上虞区			32	2		30
新昌县	2					
诸暨市			20	20		
嵊州市	23		83			83
金华市	**34**		**27**	**10**		**17**
婺城区						
金东区						
武义县						
浦江县			10	10		
磐安县	34					
兰溪市			17			17
义乌市						
东阳市						
永康市						

单位：人

港、澳、台商投资股份有限公司	其他港、澳、台投资企业	外商投资企业	中外合资经营企业	中外合作经营企业	独资企业	外商投资股份有限公司	其他外商投资企业
		9	9				
		2				2	
6		**113**	**51**		**62**		
		36			36		
6		30	24		6		
		7	5		2		
		18			18		
		7	7				
		3	3				
		12	12				
		82	**26**		**51**		**5**
		9			9		
		16	16				
		42			42		
		15	10				5
95	**12**	**63**	**39**		**22**		**2**
		3			1		2
95	12	33	12		21		
		27	27				
		39	**39**				
		26	26				
		3	3				
		10	10				

3-2 续表 5

地 区						
	私营股份有限公司	其他内资企业	港、澳、台商投资企业	合资经营企业(港、澳、台资)	合作经营企业(港、澳、台资)	港、澳、台商独资经营企业
衢州市	**124**					
柯城区	87					
衢江区						
常山县						
开化县	16					
龙游县						
江山市	21					
舟山市	**18**		**70**	**70**		
定海区	18		70	70		
普陀区						
岱山县						
嵊泗县						
台州市	**84**		**139**	**119**		**20**
椒江区						
黄岩区						
路桥区	4		82	65		17
三门县						
天台县	27					
仙居县						
温岭市	18					
临海市			38	35		3
玉环市	35		19	19		
丽水市	**37**		**17**			**17**
莲都区	17		17			17
青田县	1					
缙云县						
遂昌县						
松阳县	19					
云和县						
庆元县						
景宁畲族自治县						
龙泉市						

单位：人

港、澳、台商投资股份有限公司	其他港、澳、台投资企业	外商投资企业	中外合资经营企业	中外合作经营企业	独资企业	外商投资股份有限公司	其他外商投资企业
		8			**5**		**3**
		3					3
		5			5		
		73	**67**		**6**		
		6			6		
		2	2				
		65	65				

3-3 分地区按登记注册类型

地 区	总 计	内资企业					
			国有企业	集体企业	股份合作企业	国有联营企业	集体联营企业
全 省	**685402215**	**632110480**	**5564665**	**173365**	**38572**	**88485**	
杭州市	**251726144**	**217750027**	**772210**	**57521**		**88485**	
上城区	8329871	8186119	212739			88485	
下城区	17246247	16630742	153941				
江干区	44830486	40771077	345024	57521			
拱墅区	22085754	19494117	2690				
西湖区	34250178	19896189					
滨江区	13369273	10720336					
萧山区	46194231	42774375					
余杭区	39091804	35304318					
富阳区	10231844	9717282					
临安区	8671303	7353401					
桐庐县	2411997	2219744	57816				
淳安县	2908854	2658684					
建德市	2104303	2023641					
宁波市	**122136637**	**111346906**	**101016**	**42118**			
海曙区	12569902	11197771		130			
江北区	10918072	9430123	5223				
北仑区	8871462	7302275		4822			
镇海区	7863229	7141165		27702			
鄞州区	39242880	35039100		9361			
奉化区	6648969	6469429	95792				
象山县	6093631	5958154					
宁海县	8921203	8828708					
余姚市	9571140	8838123					
慈溪市	11436150	11142059		103			
温州市	**70059707**	**68741070**	**274372**	**35716**	**34223**		
鹿城区	23423381	22912650	109745	2764			
龙湾区	6999975	6887492					
瓯海区	10832136	10822031		21256			
洞头区	1090896	858848	30094				
永嘉县	3380908	3380908	1719	1032			
平阳县	2650782	2558485			34223		
苍南县	4919733	4837476					

分房地产开发企业资产总计

单位：万元

国有与集体联营企业	其他联营企业	国有独资公司	其他有限责任公司	股份有限公司	私营独资企业	私营合伙企业	私营有限责任公司
25084		**76123806**	**258230085**	**16890799**		**12048**	**272740390**
25084		**16338744**	**111909721**	**8270249**			**79628886**
		2026231	3469142	446921			1942600
		4915909	9976596	459062			1125235
		1860936	28556177	4009832			5646714
			11650643	515544			7325240
25084		728755	13720708	945645			4475997
		508049	3414300	213862			6584125
		4406742	13266585	4866			25038409
		136399	17234348	1619560			16048361
		707355	5463808				3518234
		443223	2437879	31998			4440301
		73993	494156	13987			1566849
		442707	1235805				980172
		88445	989574	8973			936649
		15722196	**47210042**	**3246591**		**12048**	**44591404**
		847237	4471900	1380254			4482625
		430927	5119087	56999			3817887
		1249412	2745292			11162	3250391
		1679379	2293768				3054237
		2272196	16146476	1276486		886	15129812
		1361839	1710044	31258			3237444
		736921	3684462	131297			1405475
		5827086	659198	9466			2332958
		995822	5619105				2181538
		321378	4760711	360831			5699036
		14759645	**25208739**	**948807**			**27147520**
		7758625	10321576	286259			4432872
		357446	3481015	57719			2991312
		4612486	1854716				4333574
		117953	416918	5593			288290
		13570	643095	189908			2531585
		102	1234912	38609			1248762
		180236	2245677	8032			2171873

3-3 续表 1

地 区	总 计	内资企业	国有企业	集体企业	股份合作企业	国有联营企业	集体联营企业
文成县	506493	506493		8718			
泰顺县	378915	378915					
温州经济技术开发区	2139940	2126074					
瑞安市	7111316	7098751	132658				
乐清市	6625230	6372945	155	1946			
嘉兴市	**59100799**	**55104714**	**83921**	**14020**			
南湖区	14271372	12773759					
秀洲区	7179131	6277798					
嘉善县	6100418	6075188	6285	14020			
海盐县	4350979	4280081					
海宁市	11606878	10708209	77636				
平湖市	7134876	6774136					
桐乡市	8457146	8215541					
湖州市	**40941940**	**40034478**	**3550860**	**20197**			
吴兴区	24340089	23920345	3446312	20197			
南浔区	2761641	2727924	104548				
德清县	6049273	5782080					
长兴县	4689794	4590727					
安吉县	3101143	3013402					
绍兴市	**46793957**	**45586852**	**52699**	**3492**	**4349**		
越城区	13643298	13171324	41025				
柯桥区	9286115	9177869					
上虞区	5456051	5426595	8321	1740			
新昌县	2472012	2472012					
诸暨市	12067379	11832443	3352				
嵊州市	3869103	3506610		1752	4349		
金华市	**30229733**	**30095794**	**485579**				
婺城区	4870398	4790026	196668				
金东区	2677132	2677132					
武义县	1204248	1197921	508				
浦江县	1781788	1776112	380				
磐安县	392978	392978					
兰溪市	2443089	2401525					
义乌市	9645908	9645908					
东阳市	4500347	4500347					
永康市	2713845	2713845	288022				

单位：万元

国有与集体联营企业	其他联营企业	国有独资公司	其他有限责任公司	股份有限公司	私营独资企业	私营合伙企业	私营有限责任公司
		38660	131351				327764
			65829				313086
		317012	588465				1220554
		742153	1382247	351449			4392586
		621403	2842938	11240			2895262
		5700478	**15511867**	**1091326**			**32565977**
		272902	4239598	867362			7369845
		1043283	1683940	10026			3521137
		221211	1275929	7604			4502880
		1371846	1122617	146759			1614864
		1175468	2922139	1			6532965
		739591	2156430	7878			3870238
		876178	2111214	51696			5154048
		5406174	**15340018**	**1613544**			**13928226**
		4124543	9145397	796903			6367035
		47311	818794				1757270
		1227314	2055496	121925			2371189
		7006	2194702	623857			1615819
			1125628	70859			1816914
		6509480	**14481559**	**1020516**			**23489412**
		4135219	3191452	6670			5796958
		167948	4336152	303486			4364283
		1767687	1240923	407409			2000514
		438626	69865	77684			1885810
			5348415	114684			6365992
			294752	110583			3075856
		4840943	**8212094**	**235921**			**16289989**
		191412	2166872	27456			2207618
			372439	110874			2193820
				75177			1122236
		203275	123590				1448867
			159953				201756
		1248094	541392	22414			589626
		2319310	3641757				3684841
		620985	917986				2961376
		257866	288106				1879850

3-3 续表 2

地 区	总 计	内资企业					
			国有企业	集体企业	股份合作企业	国有联营企业	集体联营企业
衢州市	**10100153**	**10100153**	**13644**				
柯城区	4954208	4954208	13644				
衢江区	1262177	1262177					
常山县	688058	688058					
开化县	803169	803169					
龙游县	912937	912937					
江山市	1479603	1479603					
舟山市	**14008353**	**13629105**	**149362**				
定海区	9345026	8980632	149362				
普陀区	3481030	3481030					
岱山县	912660	912660					
嵊泗县	269637	254783					
台州市	**31051698**	**30519524**	**81004**				
椒江区	7565912	7565912	71361				
黄岩区	3806635	3802729	9642				
路桥区	2867889	2625354					
三门县	731070	731070					
天台县	1702033	1702033					
仙居县	2522282	2522282					
温岭市	5559463	5328511					
临海市	3836902	3802975					
玉环市	2459512	2438658					
丽水市	**9253094**	**9201858**		**301**			
莲都区	4947860	4896623					
青田县	1039290	1039290		301			
缙云县	1008605	1008605					
遂昌县	475819	475819					
松阳县	401269	401269					
云和县	204791	204791					
庆元县	375022	375022					
景宁畲族自治县	287895	287895					
龙泉市	512544	512544					

单位：万元

国有与集体联营企业	其他联营企业	国有独资公司	其他有限责任公司	股份有限公司	私营独资企业	私营合伙企业	私营有限责任公司
		308549	**1412025**	**148158**			**8010428**
		190474	870772				3823806
		1118	419466	115637			725956
			90743				597315
			24259	32522			710306
		116957	6784				789196
							1363848
		3647070	**5943943**	**107846**			**3727151**
		3292474	3272885	107846			2104332
		5586	2243191				1232252
		349010	301497				262154
			126370				128413
		2265431	**11619966**	**35094**			**16429966**
		560089	2795630				4138831
			1787153				2005933
		308593	1270578	6002			1034599
		42431	442414	6133			240092
		56789	762093				853730
		29865	1576729				915689
		751393	1313146	19454			3233937
		31447	1077558	3506			2690464
		484824	594666				1316691
		625096	**1380111**	**172747**			**6931430**
			1044941	53381			3762143
			20	119367			919522
		525518	114127				368959
			64853				410966
			31606				313729
			11170				193621
			77596				297426
			7358				280537
		99578	28439				384528

3-3 续表 3

地 区	私营股份有限公司	其他内资企业	港、澳、台商投资企业	合资经营企业(港、澳、台资)	合作经营企业(港、澳、台资)	港、澳、台商独资经营企业
全 省	**2223180**		**32514422**	**10712925**	**600250**	**19725541**
杭州市	**659126**		**18805404**	**6052826**	**295443**	**11404933**
上城区			125505	51387		74117
下城区			615505			615505
江干区	294873		3264836	885466		2379370
拱墅区			2297322	375739		1921582
西湖区			2689337	1212574		1476764
滨江区			2459377	1523711		893123
萧山区	57774		2846297	1082896	295443	1409918
余杭区	265649		2258676	478344		1780332
富阳区	27886		514562	193549		321013
临安区			1266748	13628		396255
桐庐县	12944		192252	62670		129583
淳安县			194327	92200		7372
建德市			80661	80661		
宁波市	**421491**		**7873726**	**2271857**	**304808**	**5160049**
海曙区	15624		922376	365295		557081
江北区			722546	183436		539111
北仑区	41196		1558586	427855		1130731
镇海区	86079		614113	93244		520869
鄞州区	203882		3025108	671105	304808	1945111
奉化区	33051		53558			20631
象山县			69605	69605		
宁海县			48625	20645		27980
余姚市	41658		733017	314480		418536
慈溪市			126191	126191		
温州市	**332046**		**589586**	**248267**		**109271**
鹿城区	809		22996	22996		
龙湾区						
瓯海区						
洞头区			232048			
永嘉县						
平阳县	1876					
苍南县	231660		82257	64862		17395

单位：万元

港、澳、台商投资股份有限公司	其他港、澳、台投资企业	外商投资企业	中外合资经营企业	中外合作经营企业	独资企业	外商投资股份有限公司	其他外商投资企业
1461790	**13916**	**20777313**	**4173260**	**167297**	**15446749**	**163138**	**826870**
1052203		**15170714**	**2151443**	**167297**	**12510906**	**150573**	**190495**
		18247	5923				12324
		794572	84191	167297	538041	5044	
		294315	276680		17636		
		11664651	215088		11361341	62888	25334
42543		189560	189560				
58041		573559	302611		214811	56137	
		1528811	1001530		374445		152837
856864		51154	51154				
94754		55844	24707		4633	26504	
137012		**2916005**	**724184**		**1832393**		**359428**
		449755	35920		67774		346060
		765403			765403		
		10601	3175		7426		
		107951			107951		
104085		1178672	558215		620457		
32927		125982	38918		87064		
		65872	41822		24050		
		43870	30503				13368
		167899	15630		152269		
232048		**729051**	**575532**		**6599**	**12565**	**134355**
		487734	440677		5000		42058
		112483	112483				
		10105	8506		1599		
232048							
		92297					92297

3-3 续表 4

地　区	私营股份有限公司	其他内资企业	港、澳、台商投资企业	合资经营企业(港、澳、台资)	合作经营企业(港、澳、台资)	港、澳、台商独资经营企业
文成县						
泰顺县						
温州经济技术开发区	44					
瑞安市	97658					
乐清市			252285	160409		91876
嘉兴市	**137125**		**3401693**	**1142278**		**2248058**
南湖区	24051		1346425	417851		928574
秀洲区	19413		826667	4458		810851
嘉善县	47260		7551			7551
海盐县	23997		6574			6574
海宁市			675368	352872		322496
平湖市			339352	314250		25103
桐乡市	22404		199756	52847		146909
湖州市	**175459**		**746401**	**450473**		**295928**
吴兴区	19959		361756	122244		239513
南浔区			25897	25897		
德清县	6156		267193	267193		
长兴县	149344		74286	17871		56415
安吉县			17269	17269		
绍兴市	**25346**		**463472**	**28563**		**391823**
越城区			10156	10156		
柯桥区	6000		43085			
上虞区			29456	126		29330
新昌县	27					
诸暨市			18281	18281		
嵊州市	19319		362493			362493
金华市	**31269**		**47240**	**5676**		**41564**
婺城区						
金东区						
武义县						
浦江县			5676	5676		
磐安县	31269					
兰溪市			41564			41564
义乌市						
东阳市						
永康市						

单位：万元

港、澳、台商投资股份有限公司	其他港、澳、台投资企业	外商投资企业	中外合资经营企业	中外合作经营企业	独资企业	外商投资股份有限公司	其他外商投资企业
		13866	13866				
		12565				12565	
11358		**594392**	**101252**		**493140**		
		151187	16960		134228		
11358		74666	37579		37087		
		17678	5356		12323		
		64323			64323		
		223300	909		222392		
		21388	21388				
		41849	19061		22788		
		161061	**22768**		**120064**		**18228**
		57987			57987		
		7820	7820				
		24781			24781		
		70473	14948		37297		18228
29169	**13916**	**743633**	**261885**		**464884**		**16864**
		461818			444954		16864
29169	13916	65160	45230		19930		
		216654	216654				
		86699	**86699**				
		80371	80371				
		6328	6328				

3-3 续表 5

地 区			港、澳、台商投资企 业			
	私营股份有限公司	其他内资企 业		合资经营企业(港、澳、台资)	合作经营企业(港、澳、台资)	港、澳、台商独资经营企业
衢州市	**207350**					
柯城区	55513					
衢江区						
常山县						
开化县	36082					
龙游县						
江山市	115755					
舟山市	**53733**		**256893**	**256893**		
定海区	53733		256893	256893		
普陀区						
岱山县						
嵊泗县						
台州市	**88062**		**278771**	**256091**		**22679**
椒江区						
黄岩区						
路桥区	5583		223990	201327		22664
三门县						
天台县	29420					
仙居县						
温岭市	10582					
临海市			33927	33911		16
玉环市	42478		20853	20853		
丽水市	**92173**		**51236**			**51236**
莲都区	36159		51236			51236
青田县	80					
缙云县						
遂昌县						
松阳县	55934					
云和县						
庆元县						
景宁畲族自治县						
龙泉市						

单位：万元

港、澳、台商投资股份有限公司	其他港、澳、台投资企业	外商投资企业	中外合资经营企业	中外合作经营企业	独资企业	外商投资股份有限公司	其他外商投资企业
		122355			**14855**		**107500**
		107500					107500
		14855			14855		
		253404	**249497**		**3907**		
		3907			3907		
		18545	18545				
		230952	230952				

3-4 房地产开发企业主要指标情况

指　　标	计量单位	2018年	2017年	2018年比2017年增减(%)
企业个数	**个**	**6818**	**6336**	**7.6**
大型企业	个	71	68	4.4
中型企业	个	2367	2432	-2.7
小微型企业	个	4380	3836	14.2
资产总计	**亿元**	**59210**	**48101**	**23.1**
大型企业	亿元	1732	1748	-0.9
中型企业	亿元	27189	24398	11.4
小微型企业	亿元	30289	21955	38.0
房屋建筑面积				
施工面积	万平方米	44673	41236	8.3
#住宅	万平方米	27529	24760	11.2
#办公楼	万平方米	2826	2846	-0.7
#商业营业用房	万平方米	4830	5015	-3.7
新开工面积	万平方米	13008	10117	28.6
#住宅	万平方米	8856	6654	33.1
#办公楼	万平方米	494	467	5.7
#商业营业用房	万平方米	859	894	-3.8
竣工面积	万平方米	5256	6884	-23.7
#住宅	万平方米	3085	4339	-28.9
#办公楼	万平方米	384	392	-2.1
#商业营业用房	万平方米	650	740	-12.1
房屋竣工价值	**亿元**	**2235**	**2810**	**-20.4**
商品房销售				
商品房销售面积	万平方米	9763	9600	1.7
#住宅	万平方米	7946	7670	3.6
#办公楼	万平方米	420	493	-14.9
#商业营业用房	万平方米	642	698	-8.0
商品房销售额	亿元	14090	12340	14.2
#住宅	亿元	12106	10300	17.5
#办公楼	亿元	619	674	-8.2
#商业营业用房	亿元	985	971	1.4
商品房待售面积	万平方米	2593	3437	-24.6
#住宅	万平方米	850	1391	-38.9
#办公楼	万平方米	402	467	-13.9
#商业营业用房	万平方米	852	981	-13.2
负债合计	**亿元**	**47466**	**38401**	**23.6**

3-5　分地区按资质等级分房地产开发企业个数

单位：个

地　区	总　计	一　级	二　级	三　级	四　级	暂　定	其　他
全　省	**6818**	**107**	**396**	**1280**	**667**	**3038**	**1330**
杭州市	1726	41	96	169	54	872	494
宁波市	857	17	34	391	43	245	127
温州市	784	4	86	129	25	393	147
嘉兴市	661	6	21	59	83	276	216
湖州市	471	2	16	38	178	165	72
绍兴市	762	11	37	110	71	409	124
金华市	454	7	27	83	78	197	62
衢州市	234	7	22	41	74	85	5
舟山市	185	1	15	107	13	32	17
台州市	502	6	30	121	35	278	32
丽水市	182	5	12	32	13	86	34

3-6　分地区按资质等级分房地产开发企业年末从业人数

单位：人

地　区	总　计	一　级	二　级	三　级	四　级	暂　定	其　他
全　省	**124010**	**6367**	**9759**	**21153**	**8310**	**52732**	**25689**
杭州市	33712	2915	2352	2957	441	14548	10509
宁波市	16194	1088	797	7450	439	4130	2290
温州市	14497	42	1771	2022	212	7759	2691
嘉兴市	11156	255	899	974	1405	4233	3390
湖州市	8703	462	857	629	2278	2673	1804
绍兴市	10999	635	523	1217	877	5836	1911
金华市	8025	356	731	1398	888	3244	1398
衢州市	3149	162	297	354	883	1407	46
舟山市	3296	7	439	1626	137	862	225
台州市	10552	260	843	1941	511	6338	659
丽水市	3727	185	250	585	239	1702	766

3-7 分地区按资质等级分房地产开发企业资产总计

单位：万元

地 区	总 计	一 级	二 级	三 级	四 级	暂 定	其 他
全 省	**592102863**	**51308355**	**42732597**	**96578955**	**26395394**	**237538130**	**137549431**
杭州市	229447937	28626700	14279647	14084085	3135422	97911193	71410890
宁波市	95560838	7593379	4470039	48800824	709860	20792886	13193851
温州市	59315599	278559	9552120	5515915	339028	31225105	12404872
嘉兴市	44603743	1907536	2529159	4359806	2781309	17844637	15181297
湖州市	37121930	3412289	1925343	4475400	9452002	11167395	6689502
绍兴市	41048285	5672843	1360546	3070721	1888778	18306258	10749140
金华市	27887595	1247892	3429275	4234459	3796178	10843149	4336642
衢州市	9250472	545746	692559	579006	2592701	4811037	29423
舟山市	11998711	183065	1318913	5407792	772445	3825840	490656
台州市	27871834	1456296	2618027	5133180	702333	16396196	1565803
丽水市	7995918	384052	556971	917766	225338	4414436	1497356

3-8 分地区按用途分房地产开发企业房屋施工面积

单位：平方米

地 区	房屋施工面 积	住 宅	#别墅、高档公 寓	办公楼	商业营业用 房	其 他
全 省	**446725058**	**275288569**	**18331966**	**28264003**	**48302590**	**94869896**
杭州市	117503069	61557155	3469812	14567647	14600338	26777929
宁波市	74732282	42635662	2811618	4981697	8391649	18723274
温州市	48679667	33061284	963260	925615	4380057	10312711
嘉兴市	47064670	31718524	1658883	1906782	5192705	8246659
湖州市	28555031	20901108	2195260	558052	2824241	4271630
绍兴市	35046818	23710491	2852014	1885417	3357280	6093630
金华市	28055236	18048832	1695219	1430611	3379441	5196352
衢州市	9236614	6464864	649904	260380	824251	1687119
舟山市	6847405	5072063	173537	226486	562395	986461
台州市	37918744	23606733	1229582	1341978	3428167	9541866
丽水市	13085522	8511853	632877	179338	1362066	3032265

3-9 分地区按资质等级分房地产开发企业房屋施工面积

单位：平方米

地 区	总 计	一 级	二 级	三 级	四 级	暂 定	其 他
全 省	**446725058**	**10603675**	**27974062**	**75644829**	**22783592**	**210782124**	**98936776**
杭州市	117503069	2171535	6314520	6269319	484054	61781441	40569014
宁波市	74732282	2889498	1721238	39766690	830212	19323885	10200759
温州市	48679667	302194	5927097	3771393	313093	27967998	10397892
嘉兴市	47064670	1236682	3642517	4052389	4630170	18285299	15217613
湖州市	28555031	34413	1098266	2433526	7678644	11070875	6239307
绍兴市	35046818	613634	662639	2744117	1850190	22581067	6595171
金华市	28055236	776868	3124938	5856102	1817617	12311732	4081165
衢州市	9236614	280424	479181	640019	2811292	5025698	
舟山市	6847405		266668	3289620	688184	2100958	501975
台州市	37918744	2101479	3819622	4589708	1183978	23786611	2437346
丽水市	13085522	196948	917376	2231946	496158	6546560	2696534

3-10 分地区按用途分房地产开发企业房屋新开工面积

单位：平方米

地 区	房屋新开工面积	住 宅	#别墅、高档公寓	办公楼	商业营业用房	其 他
全 省	**130080600**	**88564320**	**4396842**	**4936386**	**8593254**	**27986640**
杭州市	27085266	15904198	804276	2525932	2367778	6287358
宁波市	22146092	14559770	635459	995579	1426901	5163842
温州市	14157248	10898945	215609	121531	548840	2587932
嘉兴市	13797547	9455932	455993	502962	892886	2945767
湖州市	11669339	8848967	727107	110347	797746	1912279
绍兴市	10143519	7118591	644499	239229	445484	2340215
金华市	9763917	7169711	208302	167941	608363	1817902
衢州市	3039076	2234744	232795	83701	245135	475496
舟山市	2191670	1759390	7228	15052	88873	328355
台州市	11730727	7675309	277283	97883	861660	3095875
丽水市	4356199	2938763	188291	76229	309588	1031619

3-11 分地区按资质等级分房地产开发企业房屋新开工面积

单位：平方米

地 区	总 计	一 级	二 级	三 级	四 级	暂 定	其 他
全 省	**130080600**	**3095305**	**3596975**	**15724124**	**5204690**	**62042351**	**40417155**
杭州市	27085266	547699	863464	358063	8842	11959441	13347757
宁波市	22146092	890292	488293	10097712	272410	5552475	4844910
温州市	14157248		478692	206887	14223	7604692	5852754
嘉兴市	13797547	327638	476616	537264	716566	5976225	5763238
湖州市	11669339	7000	3250	789673	2267618	5044028	3557770
绍兴市	10143519	127234	47166	838561	323973	6404019	2402566
金华市	9763917	414172	309149	1204150	643135	4697936	2495375
衢州市	3039076	47363	64683	129377	470738	2326915	
舟山市	2191670			424334	218222	1084183	464931
台州市	11730727	603621	662214	618390	230388	9081308	534806
丽水市	4356199	130286	203448	519713	38575	2311129	1153048

3-12 分地区按用途分房地产开发企业房屋竣工面积

单位：平方米

地 区	房屋竣工面 积	住 宅	#别墅、高档公 寓	办公楼	商业营业用 房	其 他
全 省	**52556294**	**30848737**	**1903283**	**3836821**	**6500176**	**11370560**
杭州市	16369291	8420211	358521	2181205	1962522	3805353
宁波市	7015502	3693418	175745	591467	973164	1757453
温州市	4780581	3361066	12502	30288	343005	1046222
嘉兴市	4308326	2460611	36901	93449	784129	970137
湖州市	1620735	1219421	136173	50079	217946	133289
绍兴市	5296180	3769617	668177	387928	390944	747691
金华市	3226113	1811100	192424	188509	647770	578734
衢州市	2425985	1508971	119052	94788	327268	494958
舟山市	826367	458693	47268	122714	132592	112368
台州市	3969418	2466970	86703	65852	317365	1119231
丽水市	2717796	1678659	69817	30542	403471	605124

3-13　分地区按资质等级分房地产开发企业房屋竣工面积

单位：平方米

地　区	总　计	一　级	二　级	三　级	四　级	暂　定	其　他
全　省	**52556294**	**1684980**	**5168267**	**9453465**	**4505313**	**25267561**	**6476708**
杭州市	16369291	144560	1848681	1333125	115086	9821987	3105852
宁波市	7015502	623580	136783	3457567	305472	2273314	218786
温州市	4780581	301757	1618754	563634		2060371	236065
嘉兴市	4308326	105800	244280	670326	724048	1814231	749641
湖州市	1620735		51072	59897	1176939	275157	57670
绍兴市	5296180		15870	764075	568382	3529704	418149
金华市	3226113	22807	352475	992309	300338	981663	576521
衢州市	2425985	220327	69802	189796	823561	1122499	
舟山市	826367			654595		159162	12610
台州市	3969418	266149	348153	306422	267955	2252006	528733
丽水市	2717796		482397	461719	223532	977467	572681

3-14　分地区按用途分房地产开发企业房屋竣工价值

单位：万元

地　区	房屋竣工价　值	住　宅	#别墅、高档公　寓	办公楼	商业营业用　房	其　他
全　省	**22354926**	**14010141**	**1102166**	**1736240**	**2953949**	**3654596**
杭州市	7785380	4286844	201352	1118695	1103422	1276419
宁波市	3457145	2088744	182049	246487	497456	624458
温州市	1946066	1393203	7558	7237	155365	390261
嘉兴市	1695458	1078223	17547	51061	340999	225175
湖州市	697163	536703	144631	36900	67327	56233
绍兴市	1891792	1451131	241804	102496	111068	227097
金华市	1043177	598620	109777	74829	199212	170516
衢州市	590481	387210	33101	22617	80868	99786
舟山市	335547	187899	25776	42262	65616	39770
台州市	2083932	1504547	114950	24487	192642	362256
丽水市	828785	497017	23621	9169	139974	182625

3-15 分地区按资质等级分房地产开发企业房屋竣工价值

单位：万元

地 区	总 计	一 级	二 级	三 级	四 级	暂 定	其 他
全 省	**22354926**	**705426**	**1919478**	**3990671**	**1678211**	**11492576**	**2568564**
杭州市	7785380	39115	666077	587607	43220	5045104	1404257
宁波市	3457145	315006	53435	1809354	147570	1048147	83633
温州市	1946066	195001	565265	219332		821841	144627
嘉兴市	1695458	28179	92577	178677	307599	790526	297900
湖州市	697163		34113	17673	453954	155594	35829
绍兴市	1891792		7065	237313	193124	1297877	156413
金华市	1043177	13857	113960	380163	35544	443063	56590
衢州市	590481	36579	15943	39024	174727	324208	
舟山市	335547			280541		45751	9255
台州市	2083932	77689	245180	90999	247030	1214029	209005
丽水市	828785		125863	149988	75443	306436	171055

3-16 分地区房地产开发企业建造的房屋面积和造价

地 区	房屋施工面积（平方米）	房屋竣工面积（平方米）	房屋竣工价值（万元）	房屋竣工造价（元/平方米）
全 省	**446725058**	**52556294**	**22354926**	**4254**
杭州市	117503069	16369291	7785380	4756
宁波市	74732282	7015502	3457145	4928
温州市	48679667	4780581	1946066	4071
嘉兴市	47064670	4308326	1695458	3935
湖州市	28555031	1620735	697163	4302
绍兴市	35046818	5296180	1891792	3572
金华市	28055236	3226113	1043177	3234
衢州市	9236614	2425985	590481	2434
舟山市	6847405	826367	335547	4061
台州市	37918744	3969418	2083932	5250
丽水市	13085522	2717796	828785	3049

3-17　分地区按用途分房地产开发企业商品房销售面积

单位：平方米

地　区	商品房销售面积	住　　宅	#别墅、高档公　　寓	办公楼	商业营业用　　房	其　　他
全　省	**97629444**	**79461019**	**4213449**	**4198797**	**6421600**	**7548028**
杭州市	16758613	13306903	605247	1727136	1589537	135037
宁波市	16215345	12975674	608655	1154845	948670	1136156
温州市	11657174	9760714	203260	136669	665088	1094703
嘉兴市	11585382	10284185	358711	204445	560922	535830
湖州市	8193350	7330532	729474	180228	469379	213211
绍兴市	10676092	8436197	728912	437394	523783	1278718
金华市	5319984	4648631	391181	99641	391730	179982
衢州市	2710569	2354700	175323	49545	138876	167448
舟山市	2010891	1802819	70157	42380	133327	32365
台州市	9334348	6124273	198236	153156	705962	2350957
丽水市	3167696	2436391	144293	13358	294326	423621

3-18　分地区按资质等级分房地产开发企业商品房销售面积

单位：平方米

地　区	总　计	一　　级	二　　级	三　　级	四　　级	暂　　定	其　　他
全　省	**97629444**	**2117500**	**4867684**	**14705002**	**5694347**	**46482652**	**23762259**
杭州市	16758613	304801	732835	648382	66838	8961885	6043872
宁波市	16215345	693789	449535	8433158	192230	3970974	2475659
温州市	11657174	31691	987061	319501	59325	6935324	3324272
嘉兴市	11585382	308058	596537	342641	702340	4739213	4896593
湖州市	8193350		250210	384239	2446720	3288850	1823331
绍兴市	10676092	216185	165479	1024216	402871	6240649	2626692
金华市	5319984	169602	395867	778891	529351	2487946	958327
衢州市	2710569	45132	148597	127950	707490	1681151	249
舟山市	2010891		175129	974893	167725	605083	88061
台州市	9334348	335715	748683	1241279	301840	6055587	651244
丽水市	3167696	12527	217751	429852	117617	1515990	873959

3-19 分地区按用途分房地产开发企业商品房期房销售面积

单位：平方米

地 区	商品房期房销售面积	住 宅	#别墅、高档公寓	办公楼	商业营业用房	其 他
全 省	**83205521**	**70985618**	**3410916**	**2398001**	**4139042**	**5682860**
杭州市	14377610	12083394	433466	1074119	1138328	81769
宁波市	13606604	11565403	486530	668402	607985	764814
温州市	10607159	8958755	172430	106465	520076	1021863
嘉兴市	10636632	9825397	336333	139939	317036	354260
湖州市	7145373	6681276	662061	35115	240282	188700
绍兴市	8751223	7393975	597557	126744	282221	948283
金华市	4227123	3828826	283821	82092	242249	73956
衢州市	2368953	2143783	114269	11955	100472	112743
舟山市	1547806	1399847	35290	36858	82879	28222
台州市	7739049	5321481	155177	111416	449368	1856784
丽水市	2197989	1783481	133982	4896	158146	251466

3-20 分地区按用途分房地产开发企业房屋出租面积

单位：平方米

地 区	房屋出租面积	住 宅	#别墅、高档公寓	办公楼	商业营业用房	其 他
全 省	**1271000**	**37**		**429755**	**739591**	**101617**
杭州市	487970			199042	243399	45529
宁波市	213948			152012	55620	6316
温州市	74105	37		36750	33874	3444
嘉兴市	86773				86773	
湖州市	72359				72359	
绍兴市	139186			24915	114271	
金华市	6598				3638	2960
衢州市	91938			17036	31534	43368
舟山市						
台州市	97281				97281	
丽水市	842				842	

3-21　分地区按用途分房地产开发企业商品房销售额

单位：万元

地　区	商品房销售额	住　宅	#别墅、高档公　寓	办公楼	商业营业用　房	其　他
全　省	**140904442**	**121056822**	**8466959**	**6188026**	**9852541**	**3807053**
杭州市	40084667	32422215	2105620	3584493	3907572	170387
宁波市	24507580	21005998	1154928	1407134	1338392	756056
温州市	15609528	14050444	395800	190744	911600	456740
嘉兴市	14934136	13678476	659789	181124	694573	379963
湖州市	8582036	7765136	1156894	182275	492209	142416
绍兴市	12100006	10607351	1297301	303334	561691	627630
金华市	6758432	6057227	670040	100179	511687	89339
衢州市	2997205	2755231	288489	38076	138382	65516
舟山市	2858821	2554819	109871	54943	214959	34100
台州市	9539001	7767312	377490	134743	817947	818999
丽水市	2933030	2392613	250737	10981	263529	265907

3-22　分地区按资质等级分房地产开发企业商品房销售额

单位：万元

地　区	总　计	一　级	二　级	三　级	四　级	暂　定	其　他
全　省	**140904442**	**3013648**	**5545479**	**20637668**	**5878387**	**67230503**	**38598757**
杭州市	40084667	622420	1077323	1283354	60590	21798110	15242870
宁波市	24507580	939521	502918	13336906	136796	5674134	3917305
温州市	15609528	5844	999585	370419	54943	9488889	4689848
嘉兴市	14934136	432854	792553	342497	852110	6168493	6345629
湖州市	8582036		73422	444010	2549437	3563458	1951709
绍兴市	12100006	241381	140906	1226018	375469	6739856	3376376
金华市	6758432	402435	598673	853080	491705	3112690	1299849
衢州市	2997205	31752	149363	117641	666153	2032120	176
舟山市	2858821		265583	1279582	264010	907359	142287
台州市	9539001	322923	794361	1089516	334904	6414617	582680
丽水市	2933030	14518	150792	294645	92270	1330777	1050028

3-23 分地区房地产开发企业商品房待售面积

单位：平方米

地 区	商品房待售面积	#待售1-3年面积	#待售3年以上面积
全 省	**25928788**	**10345974**	**8239736**
杭州市	5294690	2298471	1710944
宁波市	4713496	1416019	1912611
温州市	1262362	267465	503219
嘉兴市	2971912	1729036	725551
湖州市	1804997	967552	389429
绍兴市	4222730	1326492	1340260
金华市	1917124	786760	654850
衢州市	1048814	211745	363062
舟山市	807356	320119	183049
台州市	1408401	763613	404403
丽水市	476906	258702	52358

3-24 分地区按用途分房地产开发企业商品房待售面积

单位：平方米

地 区	商品房待售面积	住 宅	#别墅、高档公寓	办公楼	商业营业用房	其 他
全 省	**25928788**	**8498550**	**1783163**	**4024674**	**8517763**	**4887801**
杭州市	5294690	1536505	226827	1397982	1658860	701343
宁波市	4713496	1440411	247351	854627	1413923	1004535
温州市	1262362	491963	8874	115461	375674	279264
嘉兴市	2971912	981146	358701	358500	1138741	493525
湖州市	1804997	673951	119203	151569	787089	192388
绍兴市	4222730	1120557	233382	786772	1446646	868755
金华市	1917124	969981	305967	32291	570802	344050
衢州市	1048814	252711	104641	100629	374687	320787
舟山市	807356	360257	62290	173241	165891	107967
台州市	1408401	464501	75671	25642	458637	459621
丽水市	476906	206567	40256	27960	126813	115566

3-25 分地区房地产开发企业土地开发及其购置情况

地 区	待开发土地面积（平方米）	本年土地购置面积（平方米）	本年土地成交价款（万元）
全 省	**17865026**	**30569698**	**30157792**
杭州市	2619834	2129235	4571969
宁波市	3878007	5696002	3890058
温州市	701717	3204953	5082647
嘉兴市	2816174	3648112	3576339
湖州市	1898315	3304272	1920398
绍兴市	1368405	2585166	1987452
金华市	1734368	3380904	3419165
衢州市	619792	1359887	877124
舟山市	486666	596651	568286
台州市	1540738	3366727	3158803
丽水市	201010	1297789	1105551

3-26　分地区房地产开发企业主营业务收入及其构成

单位：万元

地　区	主营业务收入总计	土地转让收入	商品房销售收入	房屋出租收入	其他收入
全　省	**81766211**	**390737**	**79291072**	**755966**	**1328437**
杭州市	**29209082**	**2262**	**28206527**	**393500**	**606793**
上城区	846495		746297	24720	75478
下城区	632146		451263	114102	66782
江干区	6520940		6308302	75845	136793
拱墅区	2146363		2078473	26836	41053
西湖区	2237684		2171863	33616	32204
滨江区	1003812	1965	945779	42242	13826
萧山区	5746506		5624723	36636	85146
余杭区	7078201		7011929	29879	36393
富阳区	1032699	139	949461	2491	80609
临安区	1128232		1115687	1906	10639
桐庐县	347383	158	335487	469	11269
淳安县	244868		239497	2690	2681
建德市	243754		227766	2068	13921
宁波市	**11905088**	**81133**	**11524244**	**176716**	**122995**
海曙区	1487246	24886	1424151	7078	31130
江北区	861039		840059	19428	1551
北仑区	817068		794398	17979	4692
镇海区	1062129	88	1033656	8125	20260
鄞州区	4492635		4413435	37104	42096
奉化区	279705	7972	269120	67	2546
象山县	554478		551404	2228	847
宁海县	606714	31	531298	68040	7345
余姚市	1008083	48157	940634	10445	8847
慈溪市	735991		726089	6222	3680
温州市	**9548814**	**51095**	**9199684**	**59356**	**238679**
鹿城区	2477587	2427	2293196	41303	140660
龙湾区	653784	47108	580078	1725	24873
瓯海区	1574835		1555264	171	19400
洞头区	15584	1313	13367	583	321
永嘉县	582757	0	581628	65	1064
平阳县	502658		494145	294	8219
苍南县	337821		330223	3650	3948

3-26 续表 1 单位：万元

地 区	主营业务收入总计	土地转让收入	商品房销售收入	房屋出租收入	其他收入
文成县	119023		103396	3	15624
泰顺县	189457		188963	268	225
温州经济技术开发区	112165		97194	8939	6032
瑞安市	1486566		1472141	826	13598
乐清市	1496578	246	1490089	1528	4716
嘉兴市	**6422826**	**15337**	**6307837**	**13945**	**85708**
南湖区	1166469		1124184	1711	40575
秀洲区	937691		933696	576	3419
嘉善县	866385		864460	1695	230
海盐县	513676		509903	2397	1376
海宁市	1463149		1454554	1586	7009
平湖市	523653	15337	475019	1179	32119
桐乡市	951803		946022	4802	979
湖州市	**2929248**	**140442**	**2641029**	**19839**	**127938**
吴兴区	1360571	123686	1113329	11828	111727
南浔区	187680		186693	759	228
德清县	324891	4791	312252	511	7337
长兴县	435570	173	423640	5656	6102
安吉县	620536	11792	605115	1085	2544
绍兴市	**7223889**	**37**	**7137068**	**26928**	**59855**
越城区	2109314	37	2096168	8112	4997
柯桥区	1527764		1485132	8227	34404
上虞区	863027		860166	2442	420
新昌县	352161		347947	74	4139
诸暨市	1490004		1469334	7037	13633
嵊州市	881621		878321	1037	2262
金华市	**4627084**	**67183**	**4524600**	**19848**	**15454**
婺城区	793436		787795	2336	3305
金东区	431602		430930	619	53
武义县	102788		101414	936	439
浦江县	541658		541159	323	176
磐安县	54390		54276	114	
兰溪市	450920		442131	1380	7409
义乌市	880325	67183	801341	9974	1827
东阳市	776804		771428	3256	2120
永康市	595162		594127	910	125

3-26 续表 2

单位：万元

地 区	主营业务收入总计	土地转让收入	商品房销售收入	房屋出租收入	其他收入
衢州市	**1596577**		**1578401**	**11669**	**6508**
柯城区	789250		782462	5276	1513
衢江区	105289		101355	198	3737
常山县	124699		124603	79	18
开化县	179358		178394	383	581
龙游县	174241		173254	686	301
江山市	223740		218334	5048	359
舟山市	**1224979**	**33248**	**1154522**	**8288**	**28922**
定海区	850371	1743	837208	5328	6092
普陀区	245921	31505	188945	2918	22553
岱山县	89878		89626		252
嵊泗县	38809		38743	41	24
台州市	**4920196**		**4871914**	**22658**	**25624**
椒江区	1195003		1186489	7097	1416
黄岩区	595695		585044	430	10221
路桥区	812523		801358	2121	9044
三门县	205486		202565	1204	1717
天台县	227247		223417	3569	261
仙居县	202661		202180	419	61
温岭市	724243		720760	2826	657
临海市	638867		633338	4476	1054
玉环市	318472		316762	516	1194
丽水市	**2158428**		**2145246**	**3220**	**9963**
莲都区	938156		925762	2607	9788
青田县	447749		447616	133	
缙云县	113497		113446	50	
遂昌县	149146		149022	124	0
松阳县	107337		107033	280	24
云和县	26696		26696		
庆元县	46038		46038		
景宁畲族自治县	13134		13134		
龙泉市	316676		316499	26	151

3-27 分地区按登记注册类型

地　区	总　计	内资企业					
			国有企业	集体企业	股份合作企　业	国有联营企　业	集体联营企　业
全　省	**81766211**	**75829691**	**207967**	**3638**	**17256**	**2839**	
杭州市	**29209082**	**25560514**	**34843**			**2839**	
上城区	846495	846378	596			2839	
下城区	632146	495443					
江干区	6520940	5757101	34109				
拱墅区	2146363	1933373	138				
西湖区	2237684	1799624					
滨江区	1003812	847518					
萧山区	5746506	4638128					
余杭区	7078201	6548939					
富阳区	1032699	965727					
临安区	1128232	919483					
桐庐县	347383	327930					
淳安县	244868	244469					
建德市	243754	236401					
宁波市	**11905088**	**10643231**					
海曙区	1487246	1185559					
江北区	861039	752983					
北仑区	817068	791860					
镇海区	1062129	1027829					
鄞州区	4492635	3837712					
奉化区	279705	279592					
象山县	554478	553771					
宁海县	606714	606224					
余姚市	1008083	954427					
慈溪市	735991	653273					
温州市	**9548814**	**9429796**	**46576**	**3193**	**17256**		
鹿城区	2477587	2475691	815				
龙湾区	653784	627427					
瓯海区	1574835	1574835		2905			
洞头区	15584	15584					
永嘉县	582757	582757	76				
平阳县	502658	502658			17256		
苍南县	337821	337821					

分房地产开发企业主营业务收入

单位：万元

国有与集体联营企业	其他联营企业	国有独资公司	其他有限责任公司	股份有限公司	私营独资企业	私营合伙企业	私营有限责任公司
		3009890	**37260759**	**1553577**			**33553869**
		593489	**17299141**	**105505**			**7518052**
		162165	677705	1859			1215
		1294	338027	19940			136182
		213282	5185302	42134			282275
			1585491	69			347676
		22898	1736612	2892			37222
		5473	573611	489			267944
		71108	2148561				2418275
		6395	3650879	12841			2878811
		868	637642				326020
		74214	345267	2489			497513
		1	173418	22792			126469
		21855	144533				78081
		13937	102095				120369
		867466	**4128273**	**634153**			**4970060**
		243812	413404	84661			442010
			251643				501340
		189298	127002				443306
		77019	461632				485580
		42029	1666762	543564			1580838
		112426	121370				45795
		56111	379329	5159			113172
		130794	25512				449918
		15977	469780				467436
			211839	769			440665
		323611	**5390881**	**162368**			**3479558**
		259283	1780930	2098			432565
			477161	20877			129389
			1247581				324349
		2455	467				12662
		65	113202				469414
			255762	6838			222802
			218011				119809

3-27 续表 1

地 区	总 计	内资企业	国有企业	集体企业	股份合作企业	国有联营企业	集体联营企业
文成县	119023	119023		231			
泰顺县	189457	189457					
温州经济技术开发区	112165	111628					
瑞安市	1486566	1486566	45685				
乐清市	1496578	1406351		57			
嘉兴市	**6422826**	**6095234**	**46592**				
南湖区	1166469	1123398					
秀洲区	937691	791682					
嘉善县	866385	865192					
海盐县	513676	511291					
海宁市	1463149	1435742	46592				
平湖市	523653	493364					
桐乡市	951803	874565					
湖州市	**2929248**	**2868128**	**42896**	**124**			
吴兴区	1360571	1339014	41054	124			
南浔区	187680	187680	1842				
德清县	324891	300757					
长兴县	435570	432543					
安吉县	620536	608135					
绍兴市	**7223889**	**6904850**	**22212**	**321**			
越城区	2109314	2101159	22163				
柯桥区	1527764	1523677					
上虞区	863027	863027	49	219			
新昌县	352161	352161					
诸暨市	1490004	1478187					
嵊州市	881621	586640		101			
金华市	**4627084**	**4599790**	**12526**				
婺城区	793436	768026					
金东区	431602	431602					
武义县	102788	102080					
浦江县	541658	541658					
磐安县	54390	54390					
兰溪市	450920	449743					
义乌市	880325	880325					
东阳市	776804	776804					
永康市	595162	595162	12526				

单位：万元

国有与集体联营企业	其他联营企业	国有独资公司	其他有限责任公司	股份有限公司	私营独资企业	私营合伙企业	私营有限责任公司
		1313	50529				66949
			46072				143385
		13499	56837				41293
		30717	25946	132555			1245309
		16280	1118383				271631
		238515	**1622423**	**97704**			**4072638**
		163222	385979	13051			561146
			383257				408426
		1380	89754				771775
		32622	265080	73345			140244
		18315	363038				1007796
		290	37361				455714
		22685	97955	11308			727538
		99672	**1443846**	**290007**			**991268**
		61748	713005	207079			316004
		7915	80851				97072
		30009	60281	1661			208490
			173790	52570			206183
			415919	28698			163518
		482540	**2377937**	**160811**			**3856141**
		403634	762228				913134
		44879	588022	52475			838302
		34027	511882	48			316801
			2437	24584			325140
			238924	17927			1221336
			274444	65778			241429
		253797	**1297068**	**17157**			**3016814**
			341719				426307
			219689	48			211865
				4213			97867
		23804	53167				464687
			10271				41691
		57655	273514	12896			105678
		121117	223193				536016
		1664	165385				609755
		49557	10131				522947

3-27 续表 2

地　区	总　计	内资企业	国有企业	集体企业	股份合作企　业	国有联营企　业	集体联营企　业
衢州市	**1596577**	**1596577**	**2272**				
柯城区	789250	789250	2272				
衢江区	105289	105289					
常山县	124699	124699					
开化县	179358	179358					
龙游县	174241	174241					
江山市	223740	223740					
舟山市	**1224979**	**1224979**					
定海区	850371	850371					
普陀区	245921	245921					
岱山县	89878	89878					
嵊泗县	38809	38809					
台州市	**4920196**	**4766903**	**50**				
椒江区	1195003	1195003					
黄岩区	595695	595673	50				
路桥区	812523	674200					
三门县	205486	205486					
天台县	227247	227247					
仙居县	202661	202661					
温岭市	724243	723485					
临海市	638867	631865					
玉环市	318472	311285					
丽水市	**2158428**	**2139689**					
莲都区	938156	919417					
青田县	447749	447749					
缙云县	113497	113497					
遂昌县	149146	149146					
松阳县	107337	107337					
云和县	26696	26696					
庆元县	46038	46038					
景宁畲族自治县	13134	13134					
龙泉市	316676	316676					

单位：万元

国有与集体联营企业	其他联营企业	国有独资公司	其他有限责任公司	股份有限公司	私营独资企业	私营合伙企业	私营有限责任公司
		8675	**283113**	**3788**			**1165752**
			170740				486803
		62	43881	3486			57861
			58343				66356
			9534	302			169522
		8613	616				165012
							220199
		106920	**805195**				**311721**
		106920	563697				178611
			206439				39482
			20208				69670
			14852				23957
		35206	**2529820**	**32576**			**2166371**
		3332	836328				355343
			466880				128743
		82	596841	4155			72649
		22380	52991				130115
		3673	39225				184349
		4138	102262				96260
		1108	199951	28421			493485
		22	197364				434480
		472	37978				270948
			83063	**49508**			**2005494**
			76	12657			905214
				36851			410898
							113497
			74411				74736
			7536				99647
							26696
							46038
			1				13133
			1040				315636

3-27 续表 3

地 区	私营股份有限公司	其他内资企业	港、澳、台商投资企业	合资经营企业(港、澳、台资)	合作经营企业(港、澳、台资)	港、澳、台商独资经营企业
全 省	**219895**		**5051157**	**1588051**	**315114**	**2777119**
杭州市	**6645**		**3131694**	**962785**	**315114**	**1682947**
上城区			70			70
下城区			136704			136704
江干区			658157	406151		252006
拱墅区			212990	15818		197171
西湖区			432951	85457		347495
滨江区			155201	20521		132497
萧山区	183		932668	352102	315114	256709
余杭区	14		315671	17422		298249
富阳区	1198		66972	35835		31138
临安区			193106	22076		11108
桐庐县	5250		19452	50		19402
淳安县			399			399
建德市			7353	7353		
宁波市	**43279**		**994971**	**299411**		**500827**
海曙区	1672		293345			293345
江北区			68507	66938		1569
北仑区	32254		25208	7557		17651
镇海区	3598		363			363
鄞州区	4520		553396	217155		141514
奉化区	1		6			
象山县						
宁海县			490	490		
余姚市	1234		53656	7270		46385
慈溪市						
温州市	**6353**		**92123**	**92123**		
鹿城区			1896	1896		
龙湾区						
瓯海区						
洞头区						
永嘉县						
平阳县						
苍南县						

单位：万元

港、澳、台商投资股份有限公司	其他港、澳、台投资企业	外商投资企业	中外合资经营企业	中外合作经营企业	独资企业	外商投资股份有限公司	其他外商投资企业
367138	**3735**	**885363**	**475774**		**400419**		**9171**
170848		**516874**	**300929**		**215945**		
		47	47				
		105682			105682		
		5108			5108		
2183		1093	1093				
8743		175710	70555		105155		
		213591	213591				
159922		15643	15643				
194733		**266887**	**90392**		**168153**		**8342**
		8342					8342
		39549			39549		
		33938			33938		
194727		101527	88745		12782		
6		107	107				
		707	593		115		
		82717	948		81770		
		26894	**26894**				
		26358	26358				

3-27 续表 4

地 区	私营股份有限公司	其他内资企业	港、澳、台商投资企业	合资经营企业(港、澳、台资)	合作经营企业(港、澳、台资)	港、澳、台商独资经营企业
文成县						
泰顺县						
温州经济技术开发区						
瑞安市	6353					
乐清市			90227	90227		
嘉兴市	**17362**		**311465**	**53016**		**256892**
南湖区			40878	8045		32833
秀洲区			139229			137672
嘉善县	2283		604			604
海盐县			2385			2385
海宁市			27408	15355		12052
平湖市			30289	29616		674
桐乡市	15079		70672			70672
湖州市	**316**		**58079**	**36522**		**21557**
吴兴区			21557			21557
南浔区						
德清县	316		24134	24134		
长兴县			3028	3028		
安吉县			9360	9360		
绍兴市	**4889**		**298715**			**294980**
越城区						
柯桥区			3735			
上虞区						
新昌县						
诸暨市						
嵊州市	4889		294980			294980
金华市	**2428**		**1176**			**1176**
婺城区						
金东区						
武义县						
浦江县						
磐安县	2428					
兰溪市			1176			1176
义乌市						
东阳市						
永康市						

单位：万元

港、澳、台商投资股份有限公司	其他港、澳、台投资企业	外商投资企业	中外合资经营企业	中外合作经营企业	独资企业	外商投资股份有限公司	其他外商投资企业
		537	537				
1557		**16127**	**7155**		**8972**		
		2193			2193		
1557		6780			6780		
		589	589				
		6566	6566				
		3041	**3041**				
		3041	3041				
	3735	**20324**	**12169**		**7326**		**829**
		8155			7326		829
	3735	352	352				
		11817	11817				
		26118	**26118**				
		25409	25409				
		709	709				

3-27 续表 5

地 区	私营股份有限公司	其他内资企业	港、澳、台商投资企业	合资经营企业(港、澳、台资)	合作经营企业(港、澳、台资)	港、澳、台商独资经营企业
衢州市	**132977**					
柯城区	129436					
衢江区						
常山县						
开化县						
龙游县						
江山市	3541					
舟山市	**1144**					
定海区	1144					
普陀区						
岱山县						
嵊泗县						
台州市	**2880**		**144195**	**144195**		
椒江区						
黄岩区						
路桥区	473		130006	130006		
三门县						
天台县						
仙居县						
温岭市	520					
临海市			7002	7002		
玉环市	1888		7187	7187		
丽水市	**1624**		**18739**			**18739**
莲都区	1470		18739			18739
青田县						
缙云县						
遂昌县						
松阳县	154					
云和县						
庆元县						
景宁畲族自治县						
龙泉市						

单位：万元

港、澳、台商投资股份有限公司	其他港、澳、台投资企业	外商投资企业	中外合资经营企业	中外合作经营企业	独资企业	外商投资股份有限公司	其他外商投资企业
		9098	**9076**		**22**		
		22			22		
		8317	8317				
		759	759				

3-28 分地区按登记注册类型

地 区	总 计	内资企业	国有企业	集体企业	股份合作企 业	国有联营企 业	集体联营企 业
全 省	**474664064**	**443507607**	**3641106**	**99043**	**9745**	**36899**	
杭州市	**177823658**	**156945573**	**693643**	**56639**		**36899**	
上城区	6204761	6109456	210137			36899	
下城区	10998117	10725528	78627				
江干区	28664006	26725781	332921	56639			
拱墅区	13812938	12690130	12				
西湖区	22749552	12306085					
滨江区	8756661	7405681					
萧山区	35900324	33955911					
余杭区	30939434	28540552					
富阳区	7811969	7579132					
临安区	6695235	5917862					
桐庐县	1709890	1557794	71947				
淳安县	2003509	1857303					
建德市	1577261	1574360					
宁波市	**76609512**	**70349348**					
海曙区	8474673	7589887					
江北区	8386730	7431015					
北仑区	6072066	4800569					
镇海区	4741770	4440939					
鄞州区	20966236	18979235					
奉化区	4152452	4122417					
象山县	4722692	4622776					
宁海县	5101923	5051125					
余姚市	6498706	6023473					
慈溪市	7492264	7287912					
温州市	**50556577**	**49922294**	**106125**	**20632**	**9745**		
鹿城区	18564304	18433472	26212	1495			
龙湾区	5434734	5357593					
瓯海区	4290666	4290666		10811			
洞头区	920346	770304					
永嘉县	2721328	2721328	498	15			
平阳县	2207763	2122081			9745		
苍南县	3967527	3897136					

分房地产开发企业负债合计

单位：万元

国有与集体联营企业	其他联营企业	国有独资公司	其他有限责任公司	股份有限公司	私营独资企业	私营合伙企业	私营有限责任公司
		44798071	**182514650**	**10560870**			**200515844**
		11956926	**80948606**	**5018481**			**57926728**
		1510191	2429036	159578			1763615
		4272516	5786647	234811			352927
		1211274	20068208	2650304			2406435
			7769859	396704			4523556
		575199	9087937	134369			2508580
		80092	2681534	2214			4641841
		3318675	9801753	1996			20771853
		117606	14411722	1410556			12376337
		241038	4847726				2480622
		339308	1942665	9696			3626193
		77713	364215	9781			1022198
		175444	933281				748577
		37871	824024	8474			703991
		9435495	**30609120**	**1549539**			**28653236**
		504148	3208619	702331			3166693
		367703	3996109				3067204
		1013943	1526064				2253560
		913478	1173934				2342165
		1145740	10614738	446603			6734614
		1302311	566540				2228708
		483068	2862126	101079			1176503
		2883109	390379				1777637
		812410	3786682				1411282
		9584	2483932	299526			4494870
		6714218	**20077916**	**860430**			**21853440**
		6010892	8447445	264450			3682977
			2627269	22698			2707626
			1523359				2756496
		116098	407228				246977
		1291	403743	189815			2125967
			982204	32814			1097317
			1772950	7511			1905554

3-28 续表 1

地 区	总 计	内资企业	国有企业	集体企业	股份合作企业	国有联营企业	集体联营企业
文成县	393576	393576		7399			
泰顺县	306634	306634					
温州经济技术开发区	1346897	1333717					
瑞安市	5131932	5129693	79416				
乐清市	5270872	5166095		912			
嘉兴市	**36593819**	**34921634**	**74932**				
南湖区	7477292	6574035					
秀洲区	4132822	4079888					
嘉善县	4387734	4385512					
海盐县	3595168	3530709					
海宁市	6803408	6487410	74932				
平湖市	4794703	4568561					
桐乡市	5402692	5295520					
湖州市	**28326743**	**27857532**	**2190188**	**20191**			
吴兴区	16117164	15992249	2105682	20191			
南浔区	1924443	1923101	84506				
德清县	4354861	4084110					
长兴县	3296228	3238570					
安吉县	2634049	2619502					
绍兴市	**32704049**	**31991117**	**38283**	**1581**			
越城区	10096143	9791646	34192				
柯桥区	6482247	6470739					
上虞区	2867668	2867668	4092	1519			
新昌县	1234145	1234145					
诸暨市	8806179	8615836					
嵊州市	3217668	3011084		61			
金华市	**22953196**	**22879168**	**460095**				
婺城区	3468394	3441764	195136				
金东区	2384523	2384523					
武义县	829061	822799					
浦江县	1283873	1283119	80				
磐安县	288791	288791					
兰溪市	1775892	1735511					
义乌市	7602648	7602648					
东阳市	3300712	3300712					
永康市	2019302	2019302	264880				

单位：万元

国有与集体联营企业	其他联营企业	国有独资公司	其他有限责任公司	股份有限公司	私营独资企业	私营合伙企业	私营有限责任公司
		23090	98634				264454
			38572				268061
		154310	339840				839568
		75850	1079271	338040			3488450
		332687	2357403	5103			2469991
		2181299	**9129509**	**775803**			**22696212**
		189179	2244870	651734			3488252
		109730	1249657				2704854
		63841	736755				3537460
		1004213	993511	118646			1414338
		134687	1267839				5009953
		52425	1545868				2970268
		627225	1091010	5423			3571088
		3643098	**9153649**	**1194247**			**11519249**
		2741309	5216282	589582			5319203
		40233	371325				1427037
		861556	1422752	55978			1742269
			1195879	485612			1421724
			947411	63075			1609016
		3386501	**11225800**	**633956**			**16690001**
		2868454	2371227	3794			4513979
		113967	3369978	192820			2793974
		404080	774235	139347			1544395
			32557	71298			1130290
			4438993	102648			4074195
			238809	124049			2633169
		3301747	**6485489**	**124105**			**12480821**
			1656800				1589829
			341616	108942			1933965
				8518			814281
		84655	110186				1088198
			154836				107044
		895201	423641	6645			410023
		1738108	2799315				3065225
		366141	770843				2163729
		217643	228252				1308528

3-28 续表 2

地 区	总 计	内资企业					
			国有企业	集体企业	股份合作企业	国有联营企业	集体联营企业
衢州市	**7820328**	**7820328**	**437**				
柯城区	3692769	3692769	437				
衢江区	924540	924540					
常山县	618644	618644					
开化县	642196	642196					
龙游县	609639	609639					
江山市	1332539	1332539					
舟山市	**10222350**	**10058437**					
定海区	6842218	6678305					
普陀区	2677750	2677750					
岱山县	471219	471219					
嵊泗县	231163	231163					
台州市	**23945364**	**23680294**	**77402**				
椒江区	5316004	5316004	70469				
黄岩区	3174656	3166105	6933				
路桥区	2074754	1991973					
三门县	651423	651423					
天台县	1436538	1436538					
仙居县	1935830	1935830					
温岭市	4550370	4410487					
临海市	3340418	3312205					
玉环市	1465371	1459731					
丽水市	**7108470**	**7081881**					
莲都区	4159415	4132826					
青田县	850449	850449					
缙云县	407466	407466					
遂昌县	413653	413653					
松阳县	334254	334254					
云和县	163663	163663					
庆元县	245644	245644					
景宁畲族自治县	275100	275100					
龙泉市	258826	258826					

单位：万元

国有与集体联营企业	其他联营企业	国有独资公司	其他有限责任公司	股份有限公司	私营独资企业	私营合伙企业	私营有限责任公司
		180111	**992182**	**108782**			**6334203**
		146296	656175				2838233
		437	241307	87528			595267
			83708				534937
			10638	21254			576638
		33378	354				575907
							1213220
		2857914	**4190331**	**99214**			**2861558**
		2857914	1998505	99214			1673252
			1804296				873454
			276013				195207
			111517				119646
		1140763	**8793101**	**36951**			**13561066**
		323169	1897336				3025030
			1441997				1717176
		285372	879371	14220			812668
		32553	404449				214421
		50989	575222				781934
		28750	1089444				817636
		391437	1142579	22731			2844939
		28086	917192				2366926
		407	445512				980337
			908946	**159364**			**5939332**
			706946	35933			3353211
				123431			727018
			107531				299936
			47982				365671
			33900				262851
							163663
							245644
			7058				268042
			5530				253297

3-28 续表 3

地　区	私营股份有限公司	其他内资企　业	港、澳、台商投资企　业	合资经营企业(港、澳、台资)	合作经营企业(港、澳、台资)	港、澳、台商独资经营企业
全　省	**1331379**		**16577478**	**5720080**	**285110**	**9703608**
杭州市	**307651**		**9417696**	**3168913**	**285110**	**5349831**
上城区			81806	47276		34530
下城区			272589			272589
江干区			1482551	393499		1089052
拱墅区			1001805	174426		827379
西湖区			1229745	554901		674845
滨江区			1209438	1054314		119221
萧山区	61634		1655145	423571	285110	906140
余杭区	224331		1235636	339084		896552
富阳区	9746		232837	81489		151349
临安区			754129	4057		283197
桐庐县	11940		152097	57197		94899
淳安县			107018	36199		78
建德市			2901	2901		
宁波市	**101959**		**4458380**	**1257203**		**3096950**
海曙区	8096		493089	338631		154458
江北区			415003	59665		355338
北仑区	7002		1271497	242102		1029395
镇海区	11362		250241			250241
鄞州区	37541		1329502	185635		1065631
奉化区	24858		25990			
象山县			41246	41246		
宁海县			23267	15590		7677
余姚市	13100		475233	241024		234209
慈溪市			133311	133311		
温州市	**279788**		**330476**	**140012**		**40422**
鹿城区			5267	5267		
龙湾区						
瓯海区						
洞头区			150042			
永嘉县						
平阳县						
苍南县	211122		70390	52614		17776

单位：万元

港、澳、台商投资股份有限公司	其他港、澳、台投资企业	外商投资企业	中外合资经营企业	中外合作经营企业	独资企业	外商投资股份有限公司	其他外商投资企业
868316	**365**	**14578979**	**2241542**	**145092**	**11447686**	**23057**	**721601**
613842		**11460388**	**1210264**	**145092**	**9931842**	**20818**	**152372**
		13500	5449				8051
		455674		145092	310582		
		121002	121002				
		9213722	149422		9064300		
35902		141543	141543				
40325		289268	78876		210392		
		1163247	672369		346557		144321
466875		23245	23245				
70741		39188	18358		12	20818	
104227		**1801784**	**423598**		**1028219**		**349968**
		391698	34920		9172		347605
		540712			540712		
		50590			50590		
78237		657498	313002		344496		
25990		4045	4045				
		58670	42418		16252		
		27531	25168				2362
		71041	4044		66997		
150042		**303808**	**215886**			**2239**	**85682**
		125566	125566				
		77141	77141				
150042							
		85682					85682

3-28 续表 4

地　区	私营股份有限公司	其他内资企　业	港、澳、台商投资企　业	合资经营企业(港、澳、台资)	合作经营企业(港、澳、台资)	港、澳、台商独资经营企业
文成县						
泰顺县						
温州经济技术开发区						
瑞安市	68666					
乐清市			104777	82131		22645
嘉兴市	**63879**		**1501664**	**705741**		**795718**
南湖区			829700	189912		639788
秀洲区	15648		48755	1924		46626
嘉善县	47456		1517			1517
海盐县			2295			2295
海宁市			315998	272177		43821
平湖市			226142	222363		3780
桐乡市	775		77259	19367		57892
湖州市	**136911**		**419727**	**272593**		**147134**
吴兴区			113217			113217
南浔区			1342	1342		
德清县	1556		270750	270750		
长兴县	135355		32930	-987		33917
安吉县			1488	1488		
绍兴市	**14996**		**210637**	**3688**		**206584**
越城区						
柯桥区			365			
上虞区						
新昌县						
诸暨市			3688	3688		
嵊州市	14996		206584			206584
金华市	**26911**		**41135**	**754**		**40382**
婺城区						
金东区						
武义县						
浦江县			754	754		
磐安县	26911					
兰溪市			40382			40382
义乌市						
东阳市						
永康市						

单位：万元

港、澳、台商投资股份有限公司	其他港、澳、台投资企业	外商投资企业	中外合资经营企业	中外合作经营企业	独资企业	外商投资股份有限公司	其他外商投资企业
		13180	13180				
		2239				2239	
205		**170521**	**13097**		**157424**		
		73557			73557		
205		4179	406		3773		
		706	706				
		62165			62165		
		29913	11985		17929		
		49484	**1830**		**36426**		**11228**
		11698			11698		
		24728			24728		
		13058	1830				11228
	365	**502295**	**197798**		**285224**		**19273**
		304497			285224		19273
	365	11144	11144				
		186654	186654				
		32892	**32892**				
		26630	26630				
		6262	6262				

3-28 续表 5

地 区						
	私营股份有限公司	其他内资企业	港、澳、台商投资企业	合资经营企业(港、澳、台资)	合作经营企业(港、澳、台资)	港、澳、台商独资经营企业
衢州市	**204613**					
柯城区	51628					
衢江区						
常山县						
开化县	33667					
龙游县						
江山市	119319					
舟山市	**49420**		**60835**	**60835**		
定海区	49420		60835	60835		
普陀区						
岱山县						
嵊泗县						
台州市	**71012**		**110341**	**110341**		
椒江区						
黄岩区						
路桥区	342		76488	76488		
三门县						
天台县	28392					
仙居县						
温岭市	8802					
临海市			28213	28213		
玉环市	33475		5640	5640		
丽水市	**74240**		**26588**			**26588**
莲都区	36736		26588			26588
青田县						
缙云县						
遂昌县						
松阳县	37504					
云和县						
庆元县						
景宁畲族自治县						
龙泉市						

单位：万元

港、澳、台商投资股份有限公司	其他港、澳、台投资企业	外商投资企业	中外合资经营企业	中外合作经营企业	独资企业	外商投资股份有限公司	其他外商投资企业
		103078					**103078**
		103078					103078
		154728	**146177**		**8551**		
		8551			8551		
		6293	6293				
		139884	139884				

第4篇

服务业企业财务状况篇

4-1　服务业法人单位基本情况

行　　业	单位数（个）	从业人员（万人）
总　计	**540962**	**710.5**
交通运输、仓储和邮政业	**32127**	**69.0**
企业	31887	67.5
行政事业及非企业法人	240	1.5
信息传输、软件和信息技术服务业	**55056**	**58.1**
企业	54713	57.4
行政事业及非企业法人	343	0.7
房地产业	**35337**	**50.9**
企业	35147	50.6
行政事业及非企业法人	190	0.3
租赁和商务服务业	**157596**	**149.4**
企业	155262	147.5
行政事业及非企业法人	2334	1.8
科学研究和技术服务业	**61563**	**56.1**
企业	58585	51.5
行政事业及非企业法人	2978	4.5
水利、环境和公共设施管理业	**8550**	**19.6**
企业	7259	14.8
行政事业及非企业法人	1291	4.8
居民服务、修理和其他服务业	**26468**	**22.4**
企业	24838	21.6
行政事业及非企业法人	1630	0.9
教育	**37909**	**103.4**
企业	21323	19.4
行政事业及非企业法人	16586	84.0
卫生和社会工作	**12370**	**58.8**
企业	4967	11.8
行政事业及非企业法人	7403	47.0
文化、体育和娱乐业	**36465**	**22.5**
企业	32975	18.3
行政事业及非企业法人	3490	4.2
公共管理、社会保障和社会组织	**77521**	**100.5**
企业		
行政事业及非企业法人	77521	100.5

4-2　交通运输、仓储和邮政业企业法人单位主要指标

单位：亿元

行　业	单位数（个）	资产总计	负债合计	营业收入	从业人员（万人）
总　计	**31887**	**12749.4**	**7918.7**	**4878.6**	**67.5**
铁路运输业	13	846.9	626.4	173.0	3.3
道路运输业	19339	7325.7	4647.5	2164.2	37.1
城市公共交通运输	573	2012.9	1371.7	111.3	8.5
公路旅客运输	482	637.3	457.7	98.2	4.5
道路货物运输	17213	1381.5	813.5	1591.9	20.6
道路运输辅助活动	1071	3294.0	2004.6	362.7	3.6
水上运输业	1302	1680.2	825.2	537.6	5.2
水上旅客运输	91	46.4	18.5	19.8	0.7
水上货物运输	836	641.7	473.0	352.6	2.8
水上运输辅助活动	375	992.1	333.6	165.2	1.7
航空运输业	130	498.0	249.0	108.2	1.5
航空客货运输	56	111.1	84.9	55.9	0.5
通用航空服务	40	23.7	17.7	2.0	
航空运输辅助活动	34	363.2	146.4	50.3	1.0
管道运输业	4	11.0	4.9	1.5	
海底管道运输	1	0.2	0.1	0.1	
陆地管道运输	3	10.9	4.9	1.4	
多式联运和运输代理业	6918	525.5	294.3	1082.2	6.6
多式联运	19	42.0	25.8	26.2	
运输代理业	6899	483.4	268.5	1056.0	6.6
装卸搬运和仓储业	2673	1589.0	1072.7	343.1	5.4
装卸搬运	1286	279.9	143.5	70.4	2.3
通用仓储	576	273.1	158.9	96.5	1.2
低温仓储	102	23.3	10.9	4.2	0.1
危险品仓储	73	609.9	507.8	46.1	0.3
谷物、棉花等农产品仓储	146	186.9	134.8	48.8	0.4
中药材仓储	1	1.2	0.6	0.3	
其他仓储业	489	214.6	116.1	76.9	1.2
邮政业	1508	273.1	198.7	468.8	8.3
邮政基本服务	31	74.1	48.0	92.5	1.5
快递服务	1465	193.3	145.0	356.0	6.2
其他寄递服务	12	5.8	5.7	20.2	0.6

4-3 交通运输、仓储和邮政业企业法人单位分地区主要指标

单位：亿元

地 区	单位数（个）	资产总计	负债合计	营业收入	从业人员（人）
全 省	**31875**	**11902.6**	**7292.4**	**4705.7**	**642001**
杭州市	**6720**	**3088.3**	**1922.3**	**1541.2**	**175993**
上城区	128	44.8	23.2	46.5	6090
下城区	593	409.1	279.8	106.3	22814
江干区	864	361.1	264.0	152.2	20736
拱墅区	423	136.9	70.0	90.4	9701
西湖区	289	511.3	204.6	119.9	8592
滨江区	124	123.9	135.8	332.6	31454
萧山区	1243	1024.2	635.4	307.8	34941
余杭区	1101	157.3	100.2	93.1	15227
富阳区	440	96.8	64.6	35.0	6250
临安区	165	20.4	14.5	13.3	3524
桐庐县	344	83.0	47.2	130.8	8284
淳安县	497	46.8	28.7	35.8	3525
建德市	509	72.7	54.3	77.4	4855
宁波市	**7888**	**3336.9**	**1829.5**	**1578.2**	**161906**
海曙区	1002	166.1	81.9	279.8	20469
江北区	956	251.6	140.4	356.1	21901
北仑区	1786	1179.5	375.0	396.0	49943
镇海区	537	250.1	198.4	101.2	10584
鄞州区	2210	1154.6	792.7	341.9	34716
奉化区	187	48.6	39.2	11.3	3411
象山县	240	70.4	75.3	21.6	4448
宁海县	200	34.5	23.6	12.6	4767
余姚市	285	24.1	18.2	11.1	4212
慈溪市	485	157.5	84.6	46.8	7455
温州市	**3471**	**907.6**	**498.9**	**235.6**	**68042**
鹿城区	452	600.9	336.6	87.9	20784
龙湾区	284	108.5	58.5	41.0	11691
瓯海区	496	16.5	8.1	23.8	5224
洞头区	119	15.7	11.1	8.2	2059
永嘉县	236	8.5	4.5	7.3	3620
平阳县	390	11.3	4.6	9.9	3117
苍南县	508	20.0	11.1	15.2	7344
文成县	45	10.1	2.8	1.2	780
泰顺县	53	2.3	1.1	1.1	757
瑞安市	471	64.2	32.1	14.4	6040
乐清市	417	49.7	28.4	25.5	6626
嘉兴市	**2558**	**996.1**	**619.2**	**299.7**	**37743**
南湖区	480	552.7	371.9	48.9	8108
秀洲区	722	136.0	70.7	115.1	7482
嘉善县	283	81.4	54.6	34.7	3959
海盐县	188	34.2	17.4	11.6	2832
海宁市	226	35.3	20.3	18.4	4231
平湖市	400	130.0	65.6	45.1	7304
桐乡市	259	26.5	18.7	25.8	3827
湖州市	**1477**	**729.8**	**415.1**	**131.7**	**20549**
吴兴区	340	123.2	75.9	49.9	8746
南浔区	165	6.1	2.3	4.2	914
德清县	187	82.8	63.3	20.0	2868
长兴县	624	487.7	254.8	46.0	5370
安吉县	161	30.0	18.9	11.6	2651

注：不含部门的铁路运输业数据。

4-3　续表　　单位：亿元

地　区	单位数(个)	资产总计	负债合计	营业收入	从业人员(人)
绍兴市	**1708**	**302.7**	**187.4**	**120.2**	**29582**
越城区	424	51.9	37.7	42.4	10887
柯桥区	476	123.5	64.5	17.2	4026
上虞区	293	39.2	25.7	15.2	4292
新昌县	87	10.6	8.4	5.0	2586
诸暨市	278	44.5	25.4	27.5	5528
嵊州市	150	33.1	25.7	13.0	2263
金华市	**3121**	**631.6**	**449.7**	**233.3**	**47594**
婺城区	264	173.5	123.7	44.5	8802
金东区	303	42.8	27.8	19.7	3786
武义县	91	5.7	4.5	4.1	1155
浦江县	64	7.2	5.7	4.0	1279
磐安县	141	12.2	9.1	20.0	800
兰溪市	146	26.9	22.0	17.1	2299
义乌市	1732	191.0	125.9	84.3	22181
东阳市	142	131.9	103.8	23.8	3490
永康市	238	40.4	27.0	15.8	3802
衢州市	**1032**	**229.7**	**168.6**	**112.1**	**14893**
柯城区	326	131.8	88.0	28.2	4546
衢江区	187	29.3	23.8	20.2	3674
常山县	105	31.8	28.6	42.7	1394
开化县	105	7.9	5.4	4.8	997
龙游县	131	18.6	13.7	6.6	1244
江山市	178	10.2	9.0	9.5	3038
舟山市	**1277**	**1152.4**	**841.0**	**249.9**	**38278**
定海区	633	786.2	607.3	138.6	20104
普陀区	331	217.1	152.4	63.0	10465
岱山县	221	96.5	54.1	26.8	5077
嵊泗县	92	52.6	27.2	21.5	2632
台州市	**2165**	**473.6**	**322.5**	**177.7**	**37687**
椒江区	366	191.5	133.1	64.1	11003
黄岩区	238	36.1	21.2	18.8	3160
路桥区	297	40.8	26.9	15.6	3679
三门县	100	9.8	7.0	4.6	1252
天台县	99	10.0	5.2	6.5	2075
仙居县	78	3.8	2.1	2.2	1209
温岭市	445	25.3	18.0	17.9	4570
临海市	316	119.5	78.5	30.8	6422
玉环市	226	36.8	30.4	17.1	4317
丽水市	**458**	**53.8**	**38.1**	**26.1**	**9734**
莲都区	112	19.6	14.7	11.0	2969
青田县	95	4.5	2.4	2.7	1167
缙云县	57	3.7	2.6	2.8	1607
遂昌县	36	2.7	2.6	1.5	621
松阳县	34	9.5	6.6	1.8	790
云和县	34	2.1	1.3	1.5	623
庆元县	32	2.0	1.5	1.4	780
景宁畲族自治县	26	3.8	2.6	1.4	437
龙泉市	32	5.8	3.8	2.1	740

4-4 交通运输、仓储和邮政业企业法人单位分登记注册类型主要指标

单位：亿元

登记注册类型	单位数（个）	资产总计	负债合计	营业收入	从业人员（人）
总　计	**31875**	**11902.6**	**7292.4**	**4705.7**	**64.2**
内资企业	**31635**	**10553.8**	**6892.6**	**4351.4**	**60.8**
国有企业	109	178.5	117.4	110.7	2.1
集体企业	246	10.4	4.6	7.8	0.4
股份合作企业	124	1.9	0.9	2.0	0.1
联营企业	6	0.3	0.2	0.1	
有限责任公司	2493	7546.7	5051.0	1527.2	20.8
股份有限公司	219	441.0	182.5	117.3	1.4
私营企业	28421	2374.7	1536.1	2586.1	36.0
其他企业	17	0.4	0.1	0.2	
港、澳、台商投资企业	**133**	**1000.8**	**276.2**	**253.2**	**2.5**
外商投资企业	**107**	**348.0**	**123.6**	**101.0**	**0.9**

备注：不含部门的铁路运输业数据。

4-5 信息传输、软件和信息技术服务业企业法人单位主要指标

单位：亿元

行　业	单位数（个）	资产总计	负债合计	营业收入	从业人员（人）
总　计	**54713**	**12268.9**	**6294.5**	**8445.6**	**57.4**
电信、广播电视和卫星传输服务	898	2474.4	1161.2	1036.1	6.4
电信	754	2032.7	961.2	944.2	4.8
广播电视传输服务	132	439.9	199.6	91.0	1.5
卫星传输服务	12	1.8	0.5	0.8	
互联网和相关服务	5488	5326.4	2694.3	4729.2	9.4
互联网接入及相关服务	331	9.3	5.4	9.0	0.2
互联网信息服务	2957	4456.9	2057.1	3661.7	4.9
互联网平台	764	592.8	432.8	746.9	2.4
互联网安全服务	62	1.8	0.8	1.4	
互联网数据服务	213	229.0	173.5	288.2	1.0
其他互联网服务	1161	36.6	24.7	21.9	0.8
软件和信息技术服务业	48327	4468.2	2439.0	2680.4	41.6
软件开发	34221	3227.3	1854.1	1683.5	30.5
集成电路设计	259	27.1	11.6	17.4	0.2
信息系统集成和物联网技术服务	1865	567.4	213.1	464.8	3.3
运行维护服务	313	40.2	16.0	28.6	0.4
信息处理和存储支持服务	320	74.2	35.1	20.8	0.5
信息技术咨询服务	7673	402.1	215.7	201.4	4.5
数字内容服务	536	49.9	33.7	213.0	0.8
其他信息技术服务业	3140	80.1	59.8	50.9	1.3

4-6　信息传输、软件和信息技术服务业企业法人单位分地区主要指标

单位：亿元

地　区	单位数（个）	资产总计	负债合计	营业收入	从业人员（人）
全　省	**54713**	**12268.9**	**6294.5**	**8445.6**	**573650**
杭州市	**29670**	**9896.7**	**5304.2**	**7179.2**	**397483**
上城区	836	315.2	104.1	129.4	11076
下城区	1827	478.1	179.2	280.3	21978
江干区	3403	317.0	401.6	195.2	33352
拱墅区	2596	185.5	85.7	92.6	20256
西湖区	6118	1147.9	870.3	777.3	76620
滨江区	6257	3094.4	1516.3	1576.1	150457
萧山区	2767	177.0	134.2	83.1	15287
余杭区	3900	4080.4	1955.6	3988.4	57979
富阳区	551	31.1	12.2	17.0	3019
临安区	321	11.0	5.7	6.5	1784
桐庐县	404	10.8	5.6	4.9	944
淳安县	436	37.3	29.6	23.7	3852
建德市	254	11.1	4.1	4.7	879
宁波市	**8429**	**581.1**	**307.5**	**339.3**	**55108**
海曙区	1315	116.5	45.0	59.5	8373
江北区	1094	35.5	25.9	25.8	6630
北仑区	632	54.7	22.5	45.1	4836
镇海区	609	29.4	14.6	11.3	3995
鄞州区	3672	305.0	176.0	174.3	26472
奉化区	128	9.0	5.3	1.9	591
象山县	226	19.8	12.7	12.6	878
宁海县	202	3.3	2.0	3.1	883
余姚市	184	4.7	2.0	3.0	1079
慈溪市	367	3.3	1.5	2.7	1371
温州市	**4582**	**313.1**	**72.3**	**199.6**	**26000**
鹿城区	1477	255.1	44.0	144.1	11988
龙湾区	631	24.5	15.8	26.3	4156
瓯海区	418	2.8	1.1	3.6	1507
洞头区	71	1.0	0.9	1.4	236
永嘉县	240	3.9	1.3	2.3	556
平阳县	210	3.6	1.3	3.0	764
苍南县	423	4.4	0.7	2.4	1903
文成县	28	0.8	0.2	0.4	188
泰顺县	82	1.3	0.8	0.7	264
瑞安市	490	5.2	2.5	3.1	1260
乐清市	512	10.6	3.7	12.6	3178
嘉兴市	**2379**	**309.2**	**116.5**	**131.7**	**18041**
南湖区	854	194.1	62.1	72.1	9610
秀洲区	368	44.6	10.3	28.4	3136
嘉善县	264	10.9	6.0	9.0	1150
海盐县	97	6.3	3.5	1.7	515
海宁市	210	7.7	3.1	3.4	940
平湖市	157	6.1	3.1	3.6	880
桐乡市	429	39.5	28.4	13.4	1810
湖州市	**1091**	**147.9**	**71.6**	**78.4**	**9864**
吴兴区	401	90.3	30.8	48.4	4832
南浔区	55	2.0	0.2	0.6	167
德清县	198	18.8	14.1	14.1	2639
长兴县	292	21.8	13.4	4.1	1313
安吉县	145	14.9	13.1	11.3	913

4-6 续表　　　　单位：亿元

地 区	单位数(个)	资产总计	负债合计	营业收入	从业人员(人)
绍兴市	**2181**	**320.9**	**132.7**	**139.5**	**14124**
越城区	578	165.6	58.3	68.0	5332
柯桥区	478	91.0	43.0	3.7	1367
上虞区	457	18.1	13.1	33.6	3289
新昌县	86	2.8	2.1	2.1	422
诸暨市	410	31.1	9.5	13.0	2325
嵊州市	172	12.4	6.7	19.1	1389
金华市	**3209**	**278.5**	**103.3**	**174.0**	**24441**
婺城区	943	120.3	44.8	76.0	9740
金东区	298	120.2	44.8	59.5	2919
武义县	39	2.1	1.0	0.9	323
浦江县	39	1.8	0.6	0.7	259
磐安县	82	4.4	2.9	1.7	502
兰溪市	72	3.6	1.2	1.3	349
义乌市	1371	16.3	3.2	25.5	8561
东阳市	135	6.0	4.3	3.8	686
永康市	230	3.7	0.5	4.3	1102
衢州市	**732**	**64.6**	**36.6**	**36.9**	**5641**
柯城区	423	55.8	27.0	29.3	4196
衢江区	81	1.4	0.6	1.3	341
常山县	34	1.3	0.6	1.0	203
开化县	22	1.0	0.4	0.6	153
龙游县	57	1.8	1.3	2.6	313
江山市	115	3.3	6.8	2.2	435
舟山市	**523**	**77.3**	**39.1**	**33.0**	**4144**
定海区	386	68.4	36.6	30.2	3384
普陀区	112	7.4	1.8	2.5	578
岱山县	17	1.2	0.3	0.3	134
嵊泗县	8	0.3	0.3		48
台州市	**1400**	**214.0**	**77.6**	**100.2**	**11477**
椒江区	396	193.4	69.5	83.1	6589
黄岩区	150	3.5	1.9	2.6	875
路桥区	213	2.6	1.6	3.2	851
三门县	71	0.9	0.4	0.5	272
天台县	85	1.1	0.7	1.0	328
仙居县	80	1.0	0.1	0.4	191
温岭市	194	5.2	1.0	3.9	942
临海市	142	2.9	1.2	2.9	950
玉环市	69	3.3	1.3	2.6	479
丽水市	**517**	**65.6**	**33.1**	**33.9**	**7327**
莲都区	248	56.7	28.4	28.7	4602
青田县	87	1.5	0.3	0.6	210
缙云县	51	2.0	1.2	1.0	529
遂昌县	50	1.9	2.0	1.6	1360
松阳县	12	0.6	0.2	0.2	112
云和县	9	0.5	0.2	0.2	63
庆元县	14	0.6	0.3	0.1	53
景宁畲族自治县	7	0.7	0.2	0.4	65
龙泉市	39	1.2	0.3	1.0	333

4-7　信息传输、软件和信息技术服务业企业法人单位分登记注册类型主要指标

单位：亿元

登记注册类型	单位数(个)	资产总计	负债合计	营业收入	从业人员(万人)
总　计	**54713**	**12268.9**	**6294.5**	**8445.6**	**57.4**
内资企业	**54130**	**6828.5**	**3483.2**	**4007.2**	**50.1**
国有企业	30	317.0	90.0	137.8	0.5
集体企业	35	2.8	1.7	1.3	0.1
股份合作企业	1				
联营企业	1				
有限责任公司	3156	2145.3	1051.6	1058.3	12.0
股份有限公司	462	1402.1	476.0	502.4	4.5
私营企业	50427	2961.2	1863.9	2307.3	33.1
其他企业	18	0.1		0.1	
港、澳、台商投资企业	**250**	**4785.1**	**2030.6**	**2708.4**	**5.7**
外商投资企业	**333**	**655.3**	**780.7**	**1730.1**	**1.6**

4-8　金融业企业法人单位主要指标

单位：亿元

行　　业	单位数(个)	资产总计	负债合计	营业收入	从业人员(万人)
总　计	**16638**	**170239.1**	**13467.4**	**7438.2**	**76.4**
货币金融服务	1653	147450.4	355.0	4313.5	25.4
其中：系统内	573	146255.3		4210.1	24.5
资本市场服务	13085	13566.5	4882.0	666.3	2.7
其中：系统内	1952	2447.6	1622.1	389.8	2.2
保险业	797	4875.2	5972.0	2266.4	46.8
其中：系统内	709	4863.5	5964.6	2261.0	46.8
其他金融业	1103	4347.0	2258.3	192.0	1.5
其中：系统内	18	440.9		76.7	0.3

注：1.系统内为金融部门提供数据。
2.金融部门未提供货币金融服务和其他金融业的负债合计数据。

4-9　房地产业企业法人单位主要指标

单位：亿元

行　　业	单位数(个)	资产总计	负债合计	营业收入	从业人员(万人)
总　计	**35147**	**11096.1**	**6996.9**	**1153.7**	**50.6**
物业管理	8636	1515.4	1036.1	462.9	35.4
房地产中介服务	16035	602.1	452.6	240.8	9.0
房地产租赁经营	9826	7673.3	4707.2	409.2	5.6
其他房地产业	650	1305.3	801.0	40.8	0.5

4-10 房地产企业法人单位分地区主要指标

单位：亿元

地　区	单位数(个)	资产总计	负债合计	营业收入	从业人员(人)
全　省	**35147**	**11096.1**	**6996.9**	**1153.7**	**505576**
杭州市	**11057**	**3624.9**	**2303.2**	**516.1**	**201352**
上城区	357	188.7	81.1	23.3	6938
下城区	763	337.8	224.9	51.6	17260
江干区	1376	543.3	323.8	70.4	20124
拱墅区	724	313.0	227.3	44.3	25680
西湖区	1216	514.1	294.2	140.7	62462
滨江区	592	544.4	368.6	34.6	10461
萧山区	1872	344.9	175.4	45.8	21157
余杭区	2567	676.0	486.1	83.1	26351
富阳区	618	87.2	65.0	7.7	3896
临安区	265	10.5	7.5	6.1	2421
桐庐县	362	36.1	28.9	3.1	1761
淳安县	219	26.7	19.1	3.6	2012
建德市	126	2.2	1.3	1.9	829
宁波市	**4656**	**1789.4**	**1295.6**	**173.3**	**102718**
海曙区	733	418.6	290.1	39.9	24253
江北区	438	131.7	108.4	13.9	11909
北仑区	330	137.3	63.5	15.4	11689
镇海区	309	144.6	125.9	8.6	4515
鄞州区	1648	661.2	497.8	66.1	32388
奉化区	92	31.6	27.9	2.0	1372
象山县	230	73.2	52.6	3.2	2362
宁海县	151	16.3	12.8	2.9	2270
余姚市	174	32.1	30.8	5.1	4064
慈溪市	551	142.8	85.8	16.2	7896
温州市	**4686**	**1943.4**	**1183.9**	**108.2**	**51590**
鹿城区	886	979.2	600.4	41.5	23824
龙湾区	323	77.6	53.3	10.5	2860
瓯海区	539	145.2	96.6	17.4	4620
洞头区	49	560.9	343.3	1.0	379
永嘉县	426	28.0	17.5	3.6	1299
平阳县	624	4.8	1.0	3.3	1462
苍南县	749	32.5	13.5	4.7	4726
文成县	65	2.3	1.1	0.6	411
泰顺县	234	3.5	2.4	8.2	2875
瑞安市	496	34.3	20.2	7.2	4762
乐清市	295	75.1	34.7	10.1	4372
嘉兴市	**4253**	**1372.6**	**708.5**	**132.9**	**49430**
南湖区	1114	449.5	145.9	38.5	15199
秀洲区	507	92.5	46.5	16.4	7711
嘉善县	599	86.2	49.7	10.2	4455
海盐县	261	101.0	73.0	8.7	1758
海宁市	621	365.9	202.7	33.1	7556
平湖市	517	120.7	86.5	8.5	4071
桐乡市	634	156.9	104.2	17.5	8680
湖州市	**1415**	**328.9**	**200.1**	**20.0**	**11570**
吴兴区	288	137.3	91.5	9.6	4623
南浔区	85	19.8	8.4	1.1	479
德清县	250	35.3	27.9	2.0	1421
长兴县	468	124.2	74.9	4.7	3939
安吉县	324	12.3	-2.5	2.7	1108

4-10 续表　　单位：亿元

地　区	单位数（个）	资产总计	负债合计	营业收入	从业人员（人）
绍兴市	**2085**	**398.7**	**310.6**	**54.7**	**22598**
越城区	444	146.6	132.2	13.6	6042
柯桥区	470	65.7	51.5	8.9	6288
上虞区	285	16.8	11.6	6.9	2133
新昌县	186	6.8	4.0	1.7	1357
诸暨市	552	148.8	100.4	19.8	5659
嵊州市	148	14.1	10.9	3.8	1119
金华市	**3211**	**837.9**	**517.8**	**82.8**	**24302**
婺城区	551	99.5	74.6	5.9	7020
金东区	229	27.9	15.9	4.0	863
武义县	211	22.3	17.7	1.9	872
浦江县	228	47.9	22.3	4.6	842
磐安县	46	10.6	7.0	0.4	282
兰溪市	190	23.2	14.2	1.1	926
义乌市	1051	484.3	296.4	50.8	9017
东阳市	404	86.8	60.7	7.8	1807
永康市	301	35.4	9.1	6.3	2673
衢州市	**511**	**28.8**	**27.3**	**6.6**	**5043**
柯城区	193	21.2	22.4	4.1	2728
衢江区	38	1.4	1.0	0.6	356
常山县	39	0.3	0.1	0.2	298
开化县	80	0.6	0.4	0.4	465
龙游县	37	2.3	1.5	0.4	441
江山市	124	2.9	1.8	0.9	755
舟山市	**354**	**289.4**	**138.2**	**9.8**	**8146**
定海区	163	254.4	113.9	6.6	4555
普陀区	122	14.3	8.2	2.4	2468
岱山县	25	0.8	0.2	0.2	518
嵊泗县	44	19.9	15.9	0.7	605
台州市	**2537**	**305.8**	**195.7**	**42.0**	**21508**
椒江区	324	78.2	49.9	7.1	5466
黄岩区	369	27.0	12.4	4.5	2732
路桥区	230	42.1	34.4	5.7	2206
三门县	115	12.0	6.7	1.7	1013
天台县	97	6.8	3.9	2.4	1235
仙居县	100	7.1	5.4	1.0	810
温岭市	994	107.2	69.7	12.1	4357
临海市	241	21.7	10.8	5.9	2373
玉环市	67	3.6	2.5	1.6	1316
丽水市	**382**	**176.2**	**115.9**	**7.5**	**7319**
莲都区	106	130.0	94.1	5.2	4871
青田县	68	27.3	6.1	0.7	769
缙云县	56	3.9	2.7	0.4	263
遂昌县	63	3.2	2.5	0.3	350
松阳县	13	1.8	1.8	0.1	97
云和县	23	6.2	5.7	0.2	246
庆元县	18	0.1		0.2	247
景宁畲族自治县	13	3.4	2.8	0.1	132
龙泉市	22	0.2	0.1	0.2	344

4-11 房地产业企业法人单位分登记注册类型主要指标

单位：亿元

登记注册类型	单位数（个）	资产总计	负债合计	营业收入	从业人员（万人）
总 计	**35147**	**11096.1**	**6996.9**	**1153.7**	**50.6**
内资企业	**34762**	**10545.3**	**6687.5**	**1044.4**	**46.9**
国有企业	182	128.0	93.7	7.0	0.5
集体企业	445	183.7	143.0	9.1	0.4
股份合作企业	426	14.3	6.4	3.1	0.1
联营企业	10	27.0	26.9	0.1	
有限责任公司	2815	6253.9	3762.0	329.0	13.7
股份有限公司	239	672.8	348.2	60.3	1.8
私营企业	30619	3265.4	2307.2	635.9	30.4
其他企业	26	0.3		0.1	0.0
港、澳、台商投资企业	**208**	**321.6**	**180.2**	**81.4**	**3.4**
外商投资企业	**177**	**229.1**	**129.2**	**27.9**	**0.2**

4-12 租赁和商务服务业企业法人单位主要指标

单位：亿元

行 业	单位数（个）	资产总计	负债合计	营业收入	从业人员（万人）
总 计	**155262**	**91560.2**	**49486.9**	**5886.9**	**147.5**
租赁业	9227	1297.0	928.2	300.3	5.1
机械设备经营租赁	8746	1254.4	889.7	290.9	4.8
文体设备和用品出租	412	14.6	9.3	5.3	0.2
日用品出租	69	28.1	29.2	4.0	0.1
商务服务业	146035	90263.1	48558.8	5586.6	142.4
组织管理服务	59460	78717.2	41896.8	1781.8	31.1
综合管理服务	3734	2917.0	1972.5	347.3	5.4
法律服务	2206	69.8	43.9	106.2	2.8
咨询与调查	37814	5274.2	2830.1	671.9	17.1
广告业	19672	750.0	340.8	535.5	9.0
人力资源服务	5816	330.8	227.5	1393.0	48.3
安全保护服务	1346	128.9	54.4	164.8	19.5
会议、展览及相关服务	2352	354.8	203.6	80.2	1.3
其他商务服务业	13635	1720.6	989.2	505.9	7.8

4-13　租赁和商务服务业企业法人单位分地区主要指标

单位：亿元

地　区	单位数（个）	资产总计	负债合计	营业收入	从业人员（人）
全　省	**155262**	**91560.2**	**49486.9**	**5886.9**	**1475267**
杭州市	**46781**	**29834.7**	**15900.9**	**2472.7**	**395820**
上城区	2982	4309.9	1894.0	405.0	40756
下城区	4039	4250.8	1932.5	288.2	42173
江干区	6447	3175.8	1882.9	299.0	59297
拱墅区	4572	1111.8	743.6	140.1	32132
西湖区	6443	4529.7	2185.4	382.6	79990
滨江区	4035	1525.0	873.2	219.3	28210
萧山区	5129	4457.3	2465.1	371.4	36320
余杭区	5726	2623.3	1533.4	215.0	37505
富阳区	1778	530.6	330.2	30.5	9390
临安区	1004	1432.1	787.4	35.1	7299
桐庐县	1201	785.6	554.5	17.4	8790
淳安县	2071	461.4	331.1	38.3	8318
建德市	1354	641.4	387.6	30.8	5640
宁波市	**32044**	**18949.0**	**9544.1**	**1505.7**	**399598**
海曙区	3935	1513.6	826.7	118.4	33588
江北区	3102	1119.7	558.6	192.0	64069
北仑区	7340	4970.3	2106.1	479.2	38225
镇海区	1145	882.5	533.0	39.8	16124
鄞州区	9813	5356.4	2309.7	492.3	138247
奉化区	938	886.8	558.6	34.9	27758
象山县	1652	1149.2	753.7	27.7	14528
宁海县	1118	509.4	270.2	37.7	12027
余姚市	1001	1235.7	891.8	24.6	12832
慈溪市	2000	1325.4	735.6	59.3	42200
温州市	**17390**	**5791.4**	**3802.5**	**349.1**	**128281**
鹿城区	3602	1236.6	722.3	98.6	30532
龙湾区	1627	1835.9	1565.4	52.9	18396
瓯海区	1199	811.1	636.0	19.0	9463
洞头区	315	226.6	131.6	7.4	1670
永嘉县	1723	358.7	226.6	17.5	8160
平阳县	1580	193.9	112.3	25.2	6710
苍南县	1857	294.0	130.6	17.7	13075
文成县	598	57.5	24.3	7.5	4242
泰顺县	447	43.4	19.1	21.4	3987
瑞安市	2204	446.6	151.9	29.8	16112
乐清市	2238	286.9	82.3	52.2	15934
嘉兴市	**9606**	**10541.2**	**5335.1**	**357.5**	**176557**
南湖区	3050	3648.1	1449.4	105.7	27810
秀洲区	1263	948.2	569.2	43.3	24170
嘉善县	933	579.5	371.0	25.2	9491
海盐县	683	923.8	577.2	20.8	9697
海宁市	1391	1776.9	913.0	70.8	73814
平湖市	1042	1516.6	825.2	49.3	20349
桐乡市	1244	1148.1	630.1	42.3	11226
湖州市	**5793**	**3984.0**	**2369.6**	**159.1**	**39099**
吴兴区	1404	1178.5	801.3	53.7	10709
南浔区	497	606.0	370.8	24.3	3790
德清县	864	985.4	518.3	32.1	9211
长兴县	2160	620.2	365.9	23.0	9623
安吉县	868	593.9	313.4	26.0	5766

4-13 续表

单位：亿元

地　区	单位数（个）	资产总计	负债合计	营业收入	从业人员（人）
绍兴市	**8914**	**7682.8**	**4679.9**	**313.9**	**64739**
越城区	2038	1947.5	1211.4	73.2	17810
柯桥区	1867	2144.5	1396.7	68.7	9596
上虞区	1462	1210.9	646.3	55.2	9495
新昌县	532	658.9	389.7	38.7	3695
诸暨市	2186	933.2	538.7	54.5	16792
嵊州市	829	787.7	497.2	23.5	7351
金华市	**12179**	**3795.9**	**2252.7**	**265.9**	**106858**
婺城区	1879	712.1	497.8	49.8	15143
金东区	1128	520.8	228.5	26.0	18816
武义县	809	176.8	109.0	7.7	6122
浦江县	737	146.2	56.5	9.0	3619
磐安县	666	164.4	83.2	20.2	15086
兰溪市	702	293.5	154.3	9.5	4848
义乌市	3881	980.8	642.2	79.5	26665
东阳市	1497	420.2	196.9	32.5	10824
永康市	880	381.2	284.3	31.7	5735
衢州市	**3904**	**1498.8**	**820.3**	**89.0**	**27179**
柯城区	1377	631.3	348.5	32.0	13452
衢江区	513	104.7	47.3	21.0	3849
常山县	304	134.6	69.7	6.1	3595
开化县	478	142.5	74.1	3.2	1192
龙游县	577	220.3	103.2	18.6	2290
江山市	655	265.4	177.5	8.1	2801
舟山市	**3672**	**3226.8**	**1984.8**	**104.9**	**25504**
定海区	2207	1835.7	1001.0	73.5	14441
普陀区	947	949.2	672.2	23.8	6908
岱山县	312	244.0	161.1	4.6	2694
嵊泗县	206	197.9	150.5	3.0	1461
台州市	**10534**	**5009.3**	**2250.0**	**233.4**	**94523**
椒江区	1629	1820.1	743.0	57.0	18317
黄岩区	960	258.1	124.7	26.5	17613
路桥区	1250	605.0	351.3	31.4	7892
三门县	625	313.9	121.6	8.2	6554
天台县	1024	424.3	227.1	14.9	4454
仙居县	727	135.4	35.2	6.3	3478
温岭市	1680	687.9	293.3	38.2	13610
临海市	1814	361.3	160.6	29.9	14889
玉环市	825	403.2	193.0	21.0	7716
丽水市	**4445**	**1246.4**	**547.1**	**35.7**	**17109**
莲都区	801	656.8	298.4	13.6	7018
青田县	630	37.6	28.3	4.0	1831
缙云县	421	94.9	14.0	2.1	1051
遂昌县	418	123.3	47.0	3.5	1550
松阳县	532	71.0	40.6	2.5	762
云和县	256	54.1	32.0	1.0	843
庆元县	445	34.8	17.3	2.9	796
景宁畲族自治县	347	93.4	43.9	2.5	1798
龙泉市	595	80.6	25.6	3.4	1460

4-14　租赁和商务服务业企业法人单位分登记注册类型主要指标

单位：亿元

登记注册类型	单位数（个）	资产总计	负债合计	营业收入	从业人员（万人）
总　计	**155262**	**91560.2**	**49486.9**	**5886.9**	**147.5**
内资企业	**154545**	**90100.9**	**48647.8**	**5701.4**	**145.8**
国有企业	394	1256.9	366.9	115.5	4.4
集体企业	27152	5062.1	2096.8	312.8	14.1
股份合作企业	117	90.0	22.5	10.8	0.1
联营企业	26	20.9	3.1	2.1	0.5
有限责任公司	10093	54656.8	31358.4	1518.4	24.9
股份有限公司	807	4181.7	1655.6	198.7	2.0
私营企业	114795	24811.1	13130.9	3522.3	98.8
其他企业	1161	21.6	13.7	20.8	0.8
港、澳、台商投资企业	**319**	**945.6**	**562.8**	**128.4**	**1.3**
外商投资企业	**398**	**513.8**	**276.3**	**57.1**	**0.4**

4-15　科学研究和技术服务业企业法人单位主要指标

单位：亿元

行　　业	单位数（个）	资产总计	负债合计	营业收入	从业人员（万人）
总　计	**58585**	**6798.2**	**4037.0**	**2415.7**	**51.5**
研究和试验发展	9416	1018.0	602.2	338.2	7.1
自然科学研究和试验发展	362	19.4	9.4	6.1	0.1
工程和技术研究和试验发展	7251	792.8	498.5	278.7	5.6
农业科学研究和试验发展	436	29.5	18.3	4.8	0.2
医学研究和试验发展	1310	175.2	75.7	48.0	1.2
社会人文科学研究	57	1.0	0.3	0.5	
专业技术服务业	28788	4003.0	2483.2	1587.2	34.4
气象服务	40	0.7	0.2	0.6	
地震服务	5				
海洋服务	54	29.2	16.0	1.6	
测绘地理信息服务	526	37.6	10.9	29.3	0.9
质检技术服务	2428	212.3	78.3	143.9	4.9
环境与生态监测检测服务	569	24.9	11.0	22.7	0.7
地质勘查	84	16.0	7.5	5.6	0.2
工程技术与设计服务	13818	3290.8	2142.5	1144.4	21.5
工业与专业设计及其他专业技术服务	11264	391.6	216.7	239.1	6.3
科技推广和应用服务业	20381	1777.2	951.6	490.3	9.9
技术推广服务	15384	1414.2	754.7	418.7	7.7
知识产权服务	1727	25.3	15.5	23.5	0.9
科技中介服务	553	106.8	47.1	10.2	0.3
创业空间服务	181	146.5	74.6	2.8	0.1
其他科技推广服务业	2536	84.4	59.8	35.1	1.0

4-16 科学研究和技术服务业企业法人单位分地区主要指标

单位：亿元

地　区	单位数（个）	资产总计	负债合计	营业收入	从业人员（人）
全　省	**58585**	**6798.2**	**4037.0**	**2415.7**	**515044**
杭州市	**24046**	**3620.7**	**2203.3**	**1418.5**	**237287**
上城区	812	111.9	65.3	80.9	15666
下城区	1790	468.1	351.4	307.0	23318
江干区	3725	491.1	292.0	147.6	28359
拱墅区	1797	284.0	159.1	96.6	19281
西湖区	4194	561.4	350.2	340.3	58707
滨江区	2925	653.6	345.1	188.7	35357
萧山区	2993	337.4	190.0	75.6	17395
余杭区	2991	482.4	323.7	115.2	26140
富阳区	823	102.6	63.5	24.3	4771
临安区	551	41.5	17.2	18.5	3908
桐庐县	386	35.0	21.5	3.7	1352
淳安县	351	7.9	4.1	5.2	1150
建德市	708	43.6	20.1	15.0	1883
宁波市	**10696**	**958.7**	**603.1**	**361.7**	**97782**
海曙区	1633	46.4	32.4	36.1	11103
江北区	976	45.7	29.4	23.9	6767
北仑区	928	88.5	45.7	63.0	9979
镇海区	749	70.9	41.6	14.4	6060
鄞州区	4416	256.6	118.2	130.1	38119
奉化区	356	13.7	6.1	4.0	2429
象山县	372	19.2	11.2	5.1	1946
宁海县	281	81.9	50.5	6.1	2303
余姚市	307	18.5	8.6	8.0	2892
慈溪市	678	317.3	259.4	71.0	16184
温州市	**5254**	**304.9**	**173.8**	**128.1**	**40413**
鹿城区	1300	69.4	45.7	48.4	11446
龙湾区	639	125.1	81.1	18.6	5419
瓯海区	557	16.1	6.3	11.0	3763
洞头区	80	18.4	12.0	0.7	332
永嘉县	243	10.9	4.9	3.9	1290
平阳县	392	3.6	0.8	5.9	1555
苍南县	556	5.6	1.0	4.4	2844
文成县	49	0.8	0.1	0.6	324
泰顺县	78	1.3	0.5	0.5	389
瑞安市	692	31.6	11.9	15.3	8370
乐清市	668	22.3	9.3	18.8	4681
嘉兴市	**4047**	**655.9**	**371.1**	**134.1**	**35955**
南湖区	1231	84.7	50.9	48.4	12184
秀洲区	601	195.5	112.9	16.0	4725
嘉善县	647	57.0	40.3	14.5	3828
海盐县	237	79.5	31.0	27.0	7542
海宁市	512	126.3	63.0	11.1	3018
平湖市	357	28.0	12.2	4.7	1703
桐乡市	462	84.9	60.7	12.4	2955
湖州市	**1953**	**262.2**	**147.7**	**57.3**	**13427**
吴兴区	760	103.7	68.1	27.2	5337
南浔区	119	7.7	4.1	3.8	624
德清县	352	99.0	46.3	9.0	2578
长兴县	486	39.1	22.0	13.1	3394
安吉县	236	12.6	7.1	4.2	1494

4-16　续表　　　　单位：亿元

地　区	单位数（个）	资产总计	负债合计	营业收入	从业人员（人）
绍兴市	**4212**	**221.1**	**100.1**	**112.3**	**26706**
越城区	1054	61.7	25.3	44.2	8719
柯桥区	1299	50.0	25.9	20.8	5473
上虞区	480	27.4	10.7	12.4	4010
新昌县	243	22.5	14.7	2.9	1295
诸暨市	862	48.7	19.0	24.4	5516
嵊州市	274	10.8	4.6	7.5	1693
金华市	**3512**	**327.6**	**211.1**	**74.0**	**23070**
婺城区	725	56.0	35.7	18.9	6029
金东区	256	8.1	3.9	7.0	2193
武义县	142	4.2	2.5	1.6	820
浦江县	95	17.2	9.6	1.0	638
磐安县	100	14.6	8.0	2.9	645
兰溪市	175	4.1	1.8	2.4	689
义乌市	1366	210.6	145.4	30.7	9407
东阳市	311	7.3	3.1	5.1	1262
永康市	342	5.7	1.1	4.3	1387
衢州市	**1215**	**75.5**	**37.1**	**30.8**	**7402**
柯城区	556	28.9	14.3	15.2	3628
衢江区	170	8.0	3.8	6.2	1041
常山县	89	11.3	7.1	1.9	477
开化县	48	3.0	0.8	0.6	221
龙游县	149	12.9	6.4	3.7	850
江山市	203	11.4	4.7	3.3	1185
舟山市	**780**	**58.2**	**32.8**	**26.0**	**5706**
定海区	496	35.3	17.4	18.2	3723
普陀区	221	20.1	14.7	6.5	1399
岱山县	39	1.1	0.3	0.9	411
嵊泗县	24	1.6	0.3	0.4	173
台州市	**2274**	**160.7**	**88.9**	**55.6**	**18811**
椒江区	495	71.5	49.9	13.7	5820
黄岩区	207	21.9	6.9	3.0	1179
路桥区	288	10.1	5.1	5.1	1477
三门县	130	10.3	3.4	1.2	736
天台县	171	2.6	1.2	1.9	841
仙居县	158	2.7	0.6	2.1	734
温岭市	301	9.6	4.7	7.5	2861
临海市	308	24.1	14.1	14.6	3216
玉环市	216	7.8	3.1	6.5	1947
丽水市	**596**	**152.9**	**68.2**	**17.3**	**8485**
莲都区	198	69.6	48.7	12.5	5946
青田县	70	4.1	2.0	0.7	270
缙云县	63	41.5	9.4	0.9	535
遂昌县	95	14.5	4.7	1.0	480
松阳县	30	0.4	0.1	0.4	211
云和县	39	0.5	0.2	0.3	216
庆元县	31	16.5	0.7	0.4	169
景宁畲族自治县	21	2.0	0.3	0.4	230
龙泉市	49	3.8	2.1	0.7	428

4-17 科学研究和技术服务业企业法人单位分登记注册类型主要指标

单位：亿元

登记注册类型	单位数（个）	资产总计	负债合计	营业收入	从业人员（万人）
总　计	**58585**	**6798.2**	**4037.0**	**2415.7**	**51.5**
内资企业	**57869**	**6431.3**	**3852.6**	**2285.6**	**49.5**
国有企业	415	209.0	89.8	98.6	1.7
集体企业	174	19.9	8.4	3.9	0.1
股份合作企业	49	4.8	1.7	1.6	0.1
联营企业	12	0.3	0.1	0.3	
有限责任公司	3900	3478.2	2163.1	819.2	10.8
股份有限公司	403	174.3	66.7	72.7	1.3
私营企业	52516	2539.5	1520.6	1285.7	35.3
其他企业	400	5.2	2.1	3.5	0.1
港、澳、台商投资企业	**251**	**144.1**	**65.5**	**28.4**	**0.3**
外商投资企业	**465**	**222.8**	**118.9**	**101.7**	**1.7**

4-18 水利、环境和公共设施管理业企业法人单位主要指标

单位：亿元

行　业	单位数（个）	资产总计	负债合计	营业收入	从业人员（万人）
总　计	**7259**	**16755.6**	**10409.2**	**1010.8**	**14.8**
水利管理业	417	1447.5	812.1	26.4	0.5
防洪除涝设施管理	85	376.2	190.0	8.1	0.1
水资源管理	109	448.8	312.2	3.8	0.1
天然水收集与分配	69	279.1	97.2	8.9	0.1
水文服务	12	0.1		0.2	
其他水利管理业	142	343.3	212.7	5.4	0.2
生态保护和环境治理业	1191	525.1	294.6	73.5	1.5
生态保护	67	39.7	25.1	6.7	0.2
环境治理业	1124	485.3	269.5	66.7	1.3
公共设施管理业	5199	7141.2	4570.9	417.8	11.8
市政设施管理	690	5096.1	3221.0	108.0	1.4
环境卫生管理	1300	199.8	140.8	57.5	5.4
城乡市容管理	77	89.4	46.3	5.6	0.2
绿化管理	1870	483.5	332.8	151.7	2.2
城市公园管理	57	45.0	34.9	13.1	0.1
游览景区管理	1205	1227.4	795.1	82.0	2.6
土地管理业	452	7641.9	4731.6	493.1	1.0
土地整治服务	335	4728.6	2960.0	370.5	0.3
土地调查评估服务	47	355.3	250.3	12.4	0.1
土地登记服务	5	0.1			
土地登记代理服务	22	39.8	34.9	0.3	
其他土地管理服务	43	2518.1	1486.4	109.9	0.7

4-19　水利、环境和公共设施管理业企业法人单位分地区主要指标

单位：亿元

地　区	单位数（个）	资产总计	负债合计	营业收入	从业人员（人）
全　省	**7259**	**16755.6**	**10409.2**	**1010.8**	**148139**
杭州市	**1601**	**7477.9**	**4651.1**	**664.1**	**41069**
上城区	29	15.0	10.1	2.9	505
下城区	67	6.5	2.7	5.9	1328
江干区	158	1692.4	871.0	49.9	11994
拱墅区	45	179.7	137.7	13.8	2063
西湖区	157	493.9	352.0	45.4	4648
滨江区	75	53.6	12.3	5.9	1306
萧山区	358	1488.8	1019.4	240.5	6837
余杭区	217	1812.9	1108.5	164.5	5329
富阳区	139	1409.9	910.9	116.5	2079
临安区	111	124.0	66.3	10.7	2426
桐庐县	120	116.4	99.3	1.8	1199
淳安县	71	21.1	16.1	2.6	564
建德市	54	63.7	44.7	3.9	791
宁波市	**918**	**1261.8**	**856.5**	**53.8**	**17030**
海曙区	90	22.9	8.3	1.7	911
江北区	57	29.4	13.1	0.9	786
北仑区	82	103.0	62.4	10.0	1488
镇海区	54	55.6	41.6	1.8	1187
鄞州区	217	237.7	105.4	13.5	5594
奉化区	81	79.7	55.7	2.5	866
象山县	105	207.8	177.9	4.1	1493
宁海县	82	55.3	46.3	3.7	2247
余姚市	71	72.2	60.6	1.4	1368
慈溪市	79	398.2	285.2	14.2	1090
温州市	**775**	**271.3**	**166.3**	**30.2**	**14628**
鹿城区	75	76.1	54.1	7.7	2504
龙湾区	71	72.0	49.0	4.7	1732
瓯海区	54	2.8	1.2	3.3	3191
洞头区	26	30.5	22.2	0.4	238
永嘉县	74	11.5	7.2	2.6	558
平阳县	76	4.4	2.9	1.6	499
苍南县	125	36.3	13.6	2.3	1476
文成县	26	8.6	2.6	0.6	663
泰顺县	27	4.0	1.9	0.2	106
瑞安市	109	3.4	1.2	2.0	2332
乐清市	112	21.9	10.5	4.7	1329
嘉兴市	**676**	**1344.1**	**805.1**	**59.5**	**22778**
南湖区	114	198.8	100.8	5.7	3891
秀洲区	89	203.7	151.6	2.0	1504
嘉善县	101	329.8	190.0	13.7	2809
海盐县	55	119.6	88.3	3.3	2576
海宁市	86	112.6	66.6	4.2	3564
平湖市	91	70.3	51.0	3.1	1115
桐乡市	140	309.3	156.8	27.4	7319
湖州市	**501**	**2296.3**	**1404.7**	**44.6**	**7761**
吴兴区	83	224.9	133.8	5.7	882
南浔区	46	459.5	329.4	8.0	413
德清县	106	721.4	385.4	14.8	2046
长兴县	143	375.3	261.5	4.4	1199
安吉县	123	515.2	294.6	11.8	3221

4-19 续表 单位：亿元

地 区	单位数 (个)	资产总计	负债合计	营业收入	从业人员 (人)
绍兴市	**588**	**1462.3**	**887.4**	**47.5**	**9324**
越城区	115	388.5	244.6	9.6	2026
柯桥区	125	339.2	233.7	12.1	2205
上虞区	103	379.2	214.3	16.9	2783
新昌县	33	211.9	86.9	0.4	292
诸暨市	91	17.4	7.0	4.3	1022
嵊州市	121	126.1	101.1	4.3	996
金华市	**562**	**1277.1**	**845.6**	**48.1**	**11455**
婺城区	55	248.7	168.4	4.2	994
金东区	45	23.7	5.4	5.2	840
武义县	38	10.7	6.7	0.6	343
浦江县	34	120.1	80.4	1.0	1384
磐安县	36	33.0	27.6	0.4	239
兰溪市	59	213.8	107.1	1.5	576
义乌市	190	494.9	349.0	8.8	3753
东阳市	60	128.4	100.1	24.7	2554
永康市	45	3.7	0.8	1.6	772
衢州市	**279**	**339.0**	**214.6**	**23.0**	**3523**
柯城区	71	200.1	125.7	18.8	1654
衢江区	40	22.3	11.0	0.5	162
常山县	30	17.7	14.1	0.1	179
开化县	29	28.5	16.4	1.6	570
龙游县	69	51.2	35.8	1.1	468
江山市	40	19.2	11.7	0.7	490
舟山市	**195**	**189.0**	**134.5**	**9.6**	**4661**
定海区	65	150.4	101.3	6.3	975
普陀区	75	30.1	18.7	2.6	2531
岱山县	31	3.9	11.1	0.3	630
嵊泗县	24	4.6	3.4	0.4	525
台州市	**844**	**555.0**	**262.7**	**22.8**	**9920**
椒江区	74	197.2	131.2	5.7	640
黄岩区	56	21.1	15.0	1.5	548
路桥区	51	78.0	34.4	1.8	1390
三门县	52	23.3	15.1	0.4	298
天台县	90	75.2	13.8	1.0	433
仙居县	53	68.5	14.3	1.4	574
温岭市	136	39.7	12.8	4.0	2002
临海市	249	37.8	18.5	3.7	1953
玉环市	83	14.3	7.8	3.3	2082
丽水市	**320**	**281.8**	**180.5**	**7.6**	**5990**
莲都区	39	86.0	53.2	2.2	2795
青田县	51	29.9	23.6	0.3	317
缙云县	19	21.8	8.2	0.5	419
遂昌县	46	51.7	41.0	0.5	370
松阳县	29	25.4	20.2	0.5	359
云和县	18	20.0	15.2	0.4	309
庆元县	18	21.4	5.3	0.3	272
景宁畲族自治县	19	16.2	8.8	0.2	285
龙泉市	81	9.5	5.0	2.8	864

4-20　水利、环境和公共设施管理业企业法人单位分登记注册类型主要指标

单位：亿元

登记注册类型	单位数（个）	资产总计	负债合计	营业收入	从业人员（万人）
总　计	**7259**	**16755.6**	**10409.2**	**1010.8**	**14.8**
内资企业	**7223**	**16723.9**	**10392.9**	**1006.1**	**14.8**
国有企业	109	210.7	130.1	9.6	0.5
集体企业	84	31.8	29.9	2.0	0.1
股份合作企业	4	0.1		0.1	
联营企业	3				
有限责任公司	1356	14550.2	8996.4	713.3	5.7
股份有限公司	96	258.8	134.5	36.1	0.8
私营企业	5521	1669.8	1101.7	244.7	7.7
其他企业	50	2.5	0.3	0.3	
港、澳、台商投资企业	**19**	**13.4**	**5.8**	**2.7**	
外商投资企业	**17**	**18.4**	**10.4**	**2.0**	

4-21　居民服务、修理和其他服务业企业法人单位主要指标

单位：亿元

行　　业	单位数（个）	资产总计	负债合计	营业收入	从业人员（万人）
总　计	**24838**	**465.6**	**274.8**	**440.2**	**21.6**
居民服务业	10980	189.7	109.1	152.3	9.0
家庭服务	2336	26.7	15.5	28.3	2.3
托儿所服务	202	0.9	0.5	1.0	0.1
洗染服务	444	10.1	5.6	10.2	0.6
理发及美容服务	2060	23.0	15.1	20.0	1.4
洗浴和保健养生服务	2006	44.6	23.3	20.7	1.8
摄影扩印服务	1340	9.2	5.5	15.7	1.1
婚姻服务	1015	6.8	3.9	6.9	0.4
殡葬服务	420	51.0	28.7	17.0	0.4
其他居民服务业	1157	17.4	11.2	32.6	1.0
机动车、电子产品和日用产品修理业	9327	176.7	115.5	214.5	6.2
汽车、摩托车等修理与维护	7285	123.7	77.2	111.0	5.1
计算机和办公设备维修	834	11.6	7.2	15.4	0.4
家用电器修理	1012	39.6	29.8	86.3	0.7
其他日用产品修理业	196	1.8	1.2	1.8	0.1
其他服务业	4531	99.2	50.2	73.4	6.4
清洁服务	3384	46.6	22.7	60.3	5.8
宠物服务	197	2.8	1.8	1.5	0.1
其他未列明服务业	950	49.9	25.7	11.6	0.5

4-22 居民服务、修理和其他服务业企业法人单位分地区主要指标

单位：亿元

地 区	单位数(个)	资产总计	负债合计	营业收入	从业人员(人)
全 省	**24838**	**465.6**	**274.8**	**440.2**	**215599**
杭州市	**8080**	**161.9**	**101.6**	**133.1**	**70836**
上城区	345	6.2	4.1	7.5	4193
下城区	716	27.8	16.2	21.0	9680
江干区	1047	17.7	10.7	19.6	12015
拱墅区	640	15.5	9.8	9.2	4815
西湖区	870	34.8	23.6	25.4	12206
滨江区	504	8.1	5.5	9.2	3090
萧山区	1134	15.7	9.2	11.1	6580
余杭区	1216	19.8	14.6	13.1	7919
富阳区	475	5.0	2.7	5.9	4928
临安区	197	2.4	1.1	3.5	2325
桐庐县	668	6.0	2.6	5.7	1609
淳安县	137	1.7	0.8	0.9	792
建德市	131	1.0	0.6	1.1	684
宁波市	**4250**	**109.8**	**80.2**	**138.1**	**43551**
海曙区	739	9.1	6.2	9.3	6503
江北区	304	3.1	2.2	7.3	5900
北仑区	425	36.5	30.0	88.9	6510
镇海区	253	6.4	3.3	4.3	2402
鄞州区	1312	18.4	13.1	13.6	11338
奉化区	146	4.9	3.0	1.2	1033
象山县	199	4.9	3.7	2.7	2551
宁海县	195	18.6	14.3	3.4	2230
余姚市	257	3.8	2.7	2.8	1607
慈溪市	420	4.2	1.8	4.6	3477
温州市	**2934**	**26.0**	**9.6**	**38.4**	**19021**
鹿城区	704	6.5	3.0	11.7	4931
龙湾区	248	2.4	1.1	3.5	1818
瓯海区	273	3.2	1.5	2.7	1450
洞头区	34	0.3	0.2	0.1	158
永嘉县	260	1.2	0.4	1.7	1190
平阳县	196	1.7	0.6	2.8	1019
苍南县	311	1.5	0.3	3.2	2714
文成县	62	0.5	0.1	0.6	407
泰顺县	65	0.4	0.1	0.3	338
瑞安市	412	2.4	0.8	3.0	1865
乐清市	369	5.8	1.5	9.0	3131
嘉兴市	**1817**	**27.8**	**19.3**	**18.8**	**17034**
南湖区	468	6.4	4.0	3.9	4002
秀洲区	240	6.3	5.7	2.7	2025
嘉善县	247	4.2	2.4	3.0	2276
海盐县	108	2.7	2.2	1.3	1018
海宁市	286	2.6	1.5	2.5	2087
平湖市	205	3.3	1.9	2.8	3724
桐乡市	263	2.3	1.7	2.7	1902
湖州市	**882**	**17.4**	**10.4**	**11.8**	**7368**
吴兴区	285	6.4	4.7	6.3	2717
南浔区	98	0.6	0.3	0.8	623
德清县	84	2.3	1.2	0.9	980
长兴县	279	4.3	1.6	2.5	2186
安吉县	136	3.9	2.7	1.2	862

4-22　续表　　　　单位：亿元

地　区	单位数（个）	资产总计	负债合计	营业收入	从业人员（人）
绍兴市	**1738**	**43.1**	**22.8**	**28.3**	**12408**
越城区	455	7.2	3.9	6.1	2974
柯桥区	313	6.1	2.9	3.1	1306
上虞区	233	5.4	2.0	5.2	1570
新昌县	117	1.2	0.6	1.7	1201
诸暨市	441	13.6	4.6	8.7	3818
嵊州市	179	9.6	8.6	3.6	1539
金华市	**1861**	**34.3**	**7.6**	**27.1**	**16058**
婺城区	286	20.3	2.7	3.5	2714
金东区	142	1.1	0.6	2.0	1057
武义县	70	0.5	0.2	0.8	511
浦江县	74	0.4	0.1	0.5	570
磐安县	39	0.6	0.5	0.8	184
兰溪市	79	0.9	0.2	0.8	1684
义乌市	760	6.1	1.8	13.7	6326
东阳市	165	1.9	1.1	1.5	1042
永康市	246	2.3	0.4	3.6	1970
衢州市	**566**	**5.6**	**2.8**	**6.8**	**4093**
柯城区	245	1.9	1.0	2.6	1735
衢江区	62	1.0	0.4	1.8	498
常山县	54	0.4	0.2	0.3	288
开化县	41	1.0	0.6	0.4	538
龙游县	79	0.6	0.3	0.9	544
江山市	85	0.6	0.3	0.7	490
舟山市	**428**	**9.4**	**6.3**	**5.4**	**3990**
定海区	233	6.3	4.5	3.6	2531
普陀区	137	2.4	1.4	1.4	1150
岱山县	41	0.5	0.3	0.2	174
嵊泗县	17	0.2	0.1	0.2	135
台州市	**1818**	**25.7**	**11.5**	**28.4**	**17204**
椒江区	331	5.7	3.1	4.1	4212
黄岩区	198	1.5	0.6	2.5	1060
路桥区	243	3.1	1.7	4.0	1889
三门县	86	0.6	0.3	0.6	496
天台县	153	0.9	0.4	1.2	1017
仙居县	103	1.4	0.6	0.8	684
温岭市	301	6.0	2.9	6.2	2727
临海市	236	3.7	1.2	3.5	2168
玉环市	167	2.6	0.7	5.4	2951
丽水市	**464**	**4.6**	**2.8**	**3.8**	**4036**
莲都区	110	1.7	1.6	1.0	863
青田县	125	0.6	0.2	0.9	793
缙云县	61	0.3	0.1	0.3	316
遂昌县	43	0.8	0.6	0.3	260
松阳县	30	0.4	0.1	0.5	454
云和县	21	0.1		0.2	153
庆元县	29	0.2		0.1	104
景宁畲族自治县	13	0.2		0.3	490
龙泉市	32	0.3	0.1	0.3	603

4-23 居民服务、修理和其他服务业企业法人单位分登记注册类型主要指标

单位：亿元

登记注册类型	单位数(个)	资产总计	负债合计	营业收入	从业人员(万人)
总　计	**24838**	**465.6**	**274.8**	**440.2**	**21.6**
内资企业	**24794**	**450.9**	**266.2**	**437.4**	**21.4**
国有企业	50	7.6	3.6	3.5	0.1
集体企业	167	13.1	5.7	7.0	0.2
股份合作企业	76	1.6	1.4	1.1	0.1
联营企业	4	1.2	0.7	0.3	
有限责任公司	1028	91.1	56.8	38.1	2.2
股份有限公司	132	8.6	5.1	4.5	0.2
私营企业	23232	326.6	192.7	382.4	18.6
其他企业	105	1.0	0.2	0.5	
港、澳、台商投资企业	**17**	**10.8**	**7.7**	**2.3**	**0.1**
外商投资企业	**27**	**3.9**	**0.9**	**0.5**	

4-24 教育企业法人单位主要指标

单位：亿元

行　业	单位数(个)	资产总计	负债合计	营业收入	从业人员(万人)
总　计	**21323**	**395.9**	**223.8**	**270.1**	**19.4**
学前教育	2599	52.8	23.8	35.7	4.1
初等教育	143	20.8	14.7	6.8	0.6
中等教育	155	44.6	24.1	21.8	1.1
高等教育	16	26.9	12.2	5.2	0.2
特殊教育	24	0.1		0.2	
技能培训、教育辅助及其他教育	18386	250.6	149.0	200.4	13.4

4-25　教育企业法人单位分地区主要指标

单位：亿元

地　区	单位数（个）	资产总计	负债合计	营业收入	从业人员（人）
全　省	**21323**	**395.9**	**223.8**	**270.1**	**194128**
杭州市	**5372**	**113.7**	**85.7**	**85.8**	**55330**
上城区	191	3.3	1.7	2.7	1689
下城区	353	13.1	10.8	14.7	6356
江干区	930	9.1	7.6	7.2	7018
拱墅区	424	9.6	6.0	5.6	3742
西湖区	775	25.9	21.1	20.5	10208
滨江区	384	15.9	13.5	10.9	4652
萧山区	734	7.0	4.1	5.3	6498
余杭区	853	14.0	11.8	9.5	7994
富阳区	291	6.3	3.3	4.4	3157
临安区	166	6.4	2.9	3.4	1805
桐庐县	126	1.8	2.2	0.8	1132
淳安县	59	0.5	0.4	0.2	340
建德市	86	0.7	0.3	0.5	739
宁波市	**3312**	**62.2**	**37.6**	**27.0**	**24705**
海曙区	466	5.7	3.4	3.9	3197
江北区	229	2.1	1.1	2.5	1662
北仑区	226	10.7	6.3	2.4	2224
镇海区	252	2.2	0.8	1.3	1763
鄞州区	857	23.5	17.5	5.0	5258
奉化区	139	1.2	0.6	0.8	1045
象山县	146	0.6	0.2	0.5	838
宁海县	170	2.1	0.6	1.6	1273
余姚市	345	4.9	3.3	3.6	3207
慈溪市	482	9.2	3.8	5.3	4238
温州市	**3934**	**51.3**	**17.7**	**53.9**	**36994**
鹿城区	741	6.8	3.6	11.1	5615
龙湾区	186	2.0	1.2	2.9	2302
瓯海区	286	4.4	0.6	2.5	2452
洞头区	52	0.2	0.1	0.2	241
永嘉县	289	2.0	0.7	1.8	1576
平阳县	463	7.6	2.3	8.1	4728
苍南县	484	7.6	3.5	4.6	5348
文成县	76	1.1	0.1	0.6	701
泰顺县	47	0.1	0.1	0.2	164
瑞安市	610	2.3	0.4	2.9	2804
乐清市	700	17.1	5.0	19.1	11063
嘉兴市	**1302**	**16.2**	**10.7**	**10.3**	**11746**
南湖区	327	4.0	2.3	2.3	2241
秀洲区	155	1.9	1.1	1.2	1302
嘉善县	126	1.9	1.6	1.2	1465
海盐县	111	2.3	1.8	1.1	971
海宁市	258	1.5	0.9	1.2	1365
平湖市	101	0.6	0.4	0.6	637
桐乡市	224	3.9	2.7	2.7	3765
湖州市	**712**	**16.2**	**7.6**	**7.1**	**7140**
吴兴区	256	2.2	0.7	2.6	2532
南浔区	86	4.2	2.0	0.7	797
德清县	101	3.4	2.5	1.4	975
长兴县	166	3.0	1.4	1.4	1711
安吉县	103	3.5	1.0	1.0	1125

4-25 续表 单位：亿元

地　区	单位数(个)	资产总计	负债合计	营业收入	从业人员(人)
绍兴市	**1206**	**42.1**	**21.6**	**23.6**	**12455**
越城区	410	12.8	5.2	5.2	3648
柯桥区	235	1.2	0.7	1.3	1280
上虞区	144	5.3	1.6	3.4	1162
新昌县	137	3.0	2.4	1.7	1377
诸暨市	158	18.6	11.1	10.1	3859
嵊州市	122	1.3	0.6	2.0	1129
金华市	**2356**	**53.9**	**23.6**	**32.4**	**21827**
婺城区	338	13.8	10.0	3.4	3145
金东区	113	1.1	0.5	1.5	1129
武义县	71	0.4	0.1	0.3	509
浦江县	156	3.3	2.3	0.9	1394
磐安县	46	0.4	0.1	0.3	519
兰溪市	134	3.4	0.7	1.4	1914
义乌市	985	11.0	1.5	17.3	8339
东阳市	298	16.5	7.5	4.2	2908
永康市	215	3.9	0.8	3.1	1970
衢州市	**572**	**6.6**	**3.3**	**3.5**	**4214**
柯城区	208	1.2	1.0	1.2	1354
衢江区	68	0.6	0.3	0.4	548
常山县	55	0.3	0.2	0.2	335
开化县	46	0.3	0.1	0.2	438
龙游县	86	3.6	1.3	0.9	867
江山市	109	0.6	0.4	0.5	672
舟山市	**195**	**1.4**	**1.0**	**1.7**	**1534**
定海区	84	0.6	0.5	0.7	530
普陀区	80	0.6	0.4	0.8	756
岱山县	30	0.2	0.1	0.1	227
嵊泗县	1	0.0	0.0	0.0	21
台州市	**1866**	**22.6**	**8.8**	**21.7**	**14056**
椒江区	185	4.4	1.6	1.7	1564
黄岩区	135	1.0	0.4	1.0	819
路桥区	211	2.1	0.9	2.8	1466
三门县	48	0.3	0.1	0.2	249
天台县	113	1.0	0.3	1.1	793
仙居县	297	2.2	1.0	1.5	1764
温岭市	329	2.7	0.9	3.7	2084
临海市	442	7.0	3.2	6.9	4240
玉环市	106	1.9	0.5	2.7	1077
丽水市	**496**	**9.5**	**6.2**	**3.2**	**4127**
莲都区	124	6.1	5.0	1.1	1229
青田县	92	0.6	0.1	0.5	685
缙云县	77	0.4	0.2	0.5	623
遂昌县	47	0.2	0.1	0.2	264
松阳县	30	0.2	0.0	0.2	257
云和县	26	0.3	0.3	0.2	274
庆元县	36	0.2	0.1	0.2	225
景宁畲族自治县	19	1.4	0.3	0.2	272
龙泉市	45	0.2		0.2	298

4-26 教育企业法人单位分登记注册类型主要指标

单位：亿元

分组	单位数(个)	资产总计	负债合计	营业收入	从业人员(万人)
总 计	**21323**	**395.9**	**223.8**	**270.1**	**19.4**
内资企业	**21289**	**391.5**	**221.0**	**266.6**	**19.4**
国有企业	173	19.9	7.1	10.3	0.9
集体企业	156	7.4	3.6	4.8	0.3
股份合作企业	26	1.0	0.5	0.5	
联营企业	18	0.4	0.1	0.4	
有限责任公司	828	45.6	29.6	15.5	1.0
股份有限公司	138	3.9	1.9	3.8	0.2
私营企业	17389	212.5	122.6	159.0	12.4
其他企业	2561	100.9	55.4	72.3	4.5
港、澳、台商投资企业	**21**	**3.0**	**1.4**	**2.4**	
外商投资企业	**13**	**1.3**	**1.5**	**1.1**	

4-27 卫生和社会工作企业法人单位主要指标

单位：亿元

行业	单位数(个)	资产总计	负债合计	营业收入	从业人员(万人)
总 计	**4967**	**499.5**	**321.0**	**348.1**	**11.8**
卫生	3756	397.0	256.3	330.3	10.6
医院	720	287.8	193.5	218.1	6.5
基层医疗卫生服务	2833	80.8	47.4	92.6	3.5
专业公共卫生服务	47	6.7	1.9	4.3	0.1
其他卫生活动	156	21.8	13.6	15.3	0.6
社会工作	1211	102.5	64.7	17.8	1.2
提供住宿社会工作	950	99.1	63.2	16.1	1.1
不提供住宿社会工作	261	3.4	1.5	1.6	0.1

4-28　卫生和社会工作企业法人单位分地区主要指标

单位：亿元

地　区	单位数(个)	资产总计	负债合计	营业收入	从业人员(人)
全　省	**4967**	**499.5**	**321.0**	**348.1**	**118146**
杭州市	**1509**	**157.8**	**122.1**	**154.1**	**40658**
上城区	120	21.7	10.9	22.9	4458
下城区	191	39.2	28.8	42.8	8546
江干区	233	12.6	9.4	13.8	5345
拱墅区	88	12.1	7.3	11.2	3103
西湖区	180	22.2	21.5	23.8	5584
滨江区	84	5.8	4.8	8.3	2380
萧山区	166	16.7	21.7	14.4	3717
余杭区	191	11.9	10.4	6.5	3190
富阳区	76	5.4	3.8	4.2	1648
临安区	41	1.2	0.2	0.8	455
桐庐县	79	3.2	1.6	2.1	1220
淳安县	31	1.3	0.8	1.0	383
建德市	29	4.4	1.0	2.1	629
宁波市	**852**	**93.7**	**58.5**	**50.1**	**19895**
海曙区	167	9.5	5.9	9.1	3649
江北区	55	3.2	2.6	3.6	1677
北仑区	46	2.1	1.8	2.2	963
镇海区	37	8.9	9.7	1.8	730
鄞州区	210	41.7	17.8	21.5	7283
奉化区	29	2.0	1.6	0.4	376
象山县	39	5.1	4.4	1.2	875
宁海县	52	2.2	1.0	1.2	610
余姚市	92	3.0	1.9	1.7	1150
慈溪市	125	16.1	11.8	7.3	2582
温州市	**719**	**55.5**	**27.4**	**36.2**	**14386**
鹿城区	154	28.1	10.2	15.8	5054
龙湾区	37	3.3	2.1	2.6	1153
瓯海区	37	5.9	5.0	2.4	1041
洞头区	4				10
永嘉县	99	1.7	0.9	1.7	852
平阳县	48	3.6	3.1	3.0	1022
苍南县	102	6.2	3.0	3.6	1975
文成县	17	0.7	0.5	0.5	215
泰顺县	12				16
瑞安市	135	2.4	1.0	2.0	1247
乐清市	74	3.7	1.6	4.6	1801
嘉兴市	**304**	**46.6**	**27.8**	**20.3**	**8604**
南湖区	106	14.6	8.3	5.6	2756
秀洲区	37	6.5	5.0	5.9	1776
嘉善县	45	3.1	1.5	0.7	705
海盐县	12	0.7	0.3	0.8	399
海宁市	52	9.6	3.3	4.4	1469
平湖市	25	2.5	1.1	1.9	819
桐乡市	27	9.6	8.2	1.1	680
湖州市	**308**	**27.5**	**13.3**	**13.3**	**5390**
吴兴区	116	14.7	6.7	6.8	2327
南浔区	23	0.6	0.2	0.2	205
德清县	83	1.6	0.9	1.2	705
长兴县	48	5.1	1.6	3.5	1600
安吉县	38	5.5	3.9	1.7	553

4-28　续表　　　　单位：亿元

地　区	单位数(个)	资产总计	负债合计	营业收入	从业人员(人)
绍兴市	**194**	**14.2**	**8.9**	**11.2**	**5285**
越城区	43	4.3	3.4	4.1	2030
柯桥区	29	0.4	0.3	0.3	182
上虞区	14	1.2	0.7	1.1	505
新昌县	22	3.0	2.7	2.4	852
诸暨市	32	3.7	1.4	2.5	1079
嵊州市	54	1.7	0.5	0.7	637
金华市	**251**	**42.5**	**29.9**	**25.4**	**7841**
婺城区	57	4.0	2.5	2.3	1280
金东区	19	0.6	0.5	0.6	275
武义县	13	0.3	0.3	0.4	191
浦江县	19	2.7	2.3	2.5	788
磐安县	12	1.0	0.3	0.4	176
兰溪市	21	7.6	5.8	1.2	824
义乌市	67	14.6	7.9	11.9	2365
东阳市	15	8.7	8.0	3.9	1032
永康市	28	2.9	2.4	2.2	910
衢州市	**148**	**17.3**	**9.5**	**14.7**	**4544**
柯城区	53	10.2	5.9	11.2	2802
衢江区	21	0.8	0.5	0.4	254
常山县	14	2.2	0.7	0.5	289
开化县	11	0.7	0.5	0.4	138
龙游县	25	2.5	1.5	1.2	636
江山市	24	1.1	0.4	1.0	425
舟山市	**95**	**10.3**	**5.9**	**6.4**	**2286**
定海区	36	4.1	2.3	2.8	990
普陀区	47	4.5	3.2	3.3	1111
岱山县	10	1.7	0.3	0.3	176
嵊泗县	2				9
台州市	**432**	**25.9**	**13.1**	**13.5**	**7314**
椒江区	59	9.3	3.0	3.1	1763
黄岩区	52	1.5	0.9	1.9	784
路桥区	23	1.7	1.0	1.1	674
三门县	20	0.8	0.4	0.6	404
天台县	46	0.8	0.3	0.7	356
仙居县	30	1.5	1.3	0.8	443
温岭市	56	5.6	4.6	1.5	1169
临海市	135	4.6	1.7	3.7	1637
玉环市	11	0.1	0.1	0.1	84
丽水市	**155**	**8.3**	**4.6**	**3.0**	**1943**
莲都区	43	3.4	1.4	0.7	471
青田县	55	1.1	0.6	1.2	687
缙云县	16	1.2	0.9	0.3	161
遂昌县	10	1.8	1.1		60
松阳县	8	0.1		0.1	86
云和县	6	0.1		0.1	98
庆元县	2				8
景宁畲族自治县	10	0.5	0.4	0.2	176
龙泉市	5	0.2	0.2	0.4	196

4-29　卫生和社会工作企业法人单位分登记注册类型主要指标

单位：亿元

登记注册类型	单位数（个）	资产总计	负债合计	营业收入	从业人员（万人）
总　计	**4967**	**499.5**	**321.0**	**348.1**	**11.8**
内资企业	**4947**	**478.0**	**306.3**	**339.2**	**11.6**
国有企业	98	21.8	6.5	18.3	0.4
集体企业	85	9.8	7.0	3.8	0.1
股份合作企业	8	0.4	0.3	0.5	
联营企业	11	0.2	0.2	0.1	
有限责任公司	305	98.1	62.1	75.1	1.9
股份有限公司	37	33.5	10.9	15.8	0.3
私营企业	3769	284.7	199.8	200.4	7.7
其他企业	634	29.5	19.6	25.2	1.1
港、澳、台商投资企业	**15**	**12.1**	**8.7**	**3.9**	**0.1**
外商投资企业	**5**	**9.4**	**6.0**	**5.0**	**0.1**

4-30　文化、体育和娱乐业企业法人单位主要指标

单位：亿元

行　　业	单位数（个）	资产总计	负债合计	营业收入	从业人员（万人）
总　计	**32975**	**3162.2**	**1554.3**	**908.7**	**18.3**
新闻和出版业	209	192.3	65.4	71.5	1.0
新闻业	18	1.0	0.5	0.8	
出版业	191	191.2	64.9	70.7	0.9
广播、电视、电影和录音制作业	7269	1908.3	965.7	530.9	4.9
广播	193	143.4	4.9	25.9	0.3
电视	147	312.3	32.0	100.7	0.6
影视节目制作	5886	1248.6	832.2	311.6	1.8
广播电视集成播控	10	42.4	7.9	8.2	0.2
电影和广播电视节目发行	244	45.0	22.9	14.8	0.1
电影放映	714	116.1	65.6	69.1	1.9
录音制作	75	0.5	0.2	0.6	
文化艺术业	5837	269.1	125.9	67.2	2.7
文艺创作与表演	2464	142.3	48.8	38.2	1.5
艺术表演场馆	52	4.6	1.2	2.0	0.1
图书馆与档案馆	234	3.1	1.0	2.5	0.2
文物及非物质文化遗产保护	59	20.8	16.5	1.2	0.1
博物馆	75	6.7	4.8	0.6	
烈士陵园、纪念馆	7	2.9	2.3		
群众文体活动	568	46.6	31.0	4.8	0.2
其他文化艺术业	2378	42.1	20.2	17.8	0.7
体育	3141	288.4	101.7	35.7	2.0
体育组织	565	35.0	20.7	8.6	0.2
体育场地设施管理	207	183.7	34.6	4.8	0.2
健身休闲活动	2277	64.2	41.5	22.0	1.6
其他体育	92	5.5	4.9	0.3	
娱乐业	16519	504.1	295.7	203.4	7.6
室内娱乐活动	7760	98.0	45.9	71.7	4.0
游乐园	208	155.5	91.3	14.9	0.5
休闲观光活动	889	73.6	46.5	12.9	0.4
彩票活动	14	0.8	0.2	0.4	
文化体育娱乐活动与经纪代理服务	7570	172.5	109.0	102.6	2.6
其他娱乐业	78	3.7	2.7	0.9	0.1

4-31　文化、体育和娱乐业企业法人单位分地区主要指标

单位：亿元

地　区	单位数(个)	资产总计	负债合计	营业收入	从业人员(人)
全　省	**32975**	**3162.2**	**1554.3**	**908.7**	**183018**
杭州市	**8956**	**1285.2**	**394.9**	**329.6**	**54633**
上城区	441	37.8	22.9	12.4	3157
下城区	820	85.2	48.6	41.4	7393
江干区	1123	148.8	18.5	16.8	4645
拱墅区	632	24.6	16.7	12.2	3657
西湖区	1460	806.0	168.5	195.8	17459
滨江区	1197	34.3	25.2	17.8	4534
萧山区	985	36.0	15.8	9.8	3781
余杭区	996	68.9	54.0	11.8	4148
富阳区	457	18.6	13.8	5.4	2199
临安区	210	4.1	0.8	2.6	1108
桐庐县	309	10.3	5.1	1.5	1030
淳安县	194	6.6	3.7	1.3	854
建德市	132	4.0	1.4	1.0	668
宁波市	**6186**	**286.4**	**181.5**	**85.7**	**30135**
海曙区	911	36.0	9.6	8.9	5287
江北区	513	6.6	6.2	5.6	1785
北仑区	424	19.9	14.4	14.5	2850
镇海区	357	11.1	4.2	1.8	1691
鄞州区	2352	144.0	93.0	33.8	9771
奉化区	202	4.4	2.7	2.1	801
象山县	413	40.4	36.8	6.7	1668
宁海县	213	3.4	1.4	2.6	1546
余姚市	319	4.5	2.4	3.0	1596
慈溪市	482	16.1	10.8	6.6	3140
温州市	**3658**	**61.3**	**20.2**	**49.3**	**22097**
鹿城区	932	17.3	6.5	16.7	5478
龙湾区	247	2.8	1.3	3.2	1218
瓯海区	262	5.3	3.3	2.3	1309
洞头区	95	1.0	0.6	0.1	190
永嘉县	320	2.0	0.3	1.5	1234
平阳县	246	2.9	0.8	3.1	1153
苍南县	241	4.2	0.8	2.4	1728
文成县	178	4.1	0.8	2.4	2053
泰顺县	125	2.4	0.8	0.5	472
瑞安市	517	5.9	2.2	5.6	3526
乐清市	495	13.5	2.8	11.6	3736
嘉兴市	**2302**	**270.8**	**171.1**	**54.3**	**10789**
南湖区	434	41.1	4.4	4.8	2629
秀洲区	225	15.6	9.7	3.1	1681
嘉善县	212	7.8	4.5	1.4	878
海盐县	110	66.5	44.6	2.9	953
海宁市	786	123.1	98.0	37.3	2265
平湖市	192	11.1	6.9	1.6	1153
桐乡市	343	5.6	3.0	3.4	1230
湖州市	**2534**	**99.8**	**48.7**	**56.4**	**7963**
吴兴区	1077	31.5	18.6	23.9	3179
南浔区	93	10.7	4.9	1.2	362
德清县	142	17.5	5.3	3.8	1407
长兴县	494	8.3	4.4	7.4	1267
安吉县	728	31.8	15.5	20.1	1748

4-31 续表 单位：亿元

地 区	单位数(个)	资产总计	负债合计	营业收入	从业人员(人)
绍兴市	**1741**	**114.4**	**64.7**	**30.9**	**9807**
越城区	318	27.1	17.7	6.4	1986
柯桥区	402	43.6	26.4	6.4	1970
上虞区	369	6.5	2.6	4.4	1824
新昌县	96	1.2	1.1	2.0	514
诸暨市	370	32.4	15.6	8.9	2462
嵊州市	186	3.5	1.3	2.7	1051
金华市	**4534**	**930.6**	**610.5**	**263.4**	**25485**
婺城区	372	18.0	7.3	7.1	2475
金东区	125	2.1	0.9	1.6	565
武义县	104	4.9	3.7	0.5	372
浦江县	70	0.8	0.4	0.4	337
磐安县	209	5.7	3.9	4.8	761
兰溪市	81	0.7	0.2	0.4	430
义乌市	815	14.1	3.0	13.3	5150
东阳市	1631	858.3	574.5	196.8	12411
永康市	1127	26.1	16.6	38.6	2984
衢州市	**574**	**13.9**	**7.4**	**6.5**	**2762**
柯城区	256	8.1	5.1	4.2	1259
衢江区	57	0.6	0.3	0.3	233
常山县	57	0.6	0.2	0.2	212
开化县	48	1.6	0.7	0.6	272
龙游县	68	1.4	0.3	0.5	312
江山市	88	1.6	0.9	0.7	474
舟山市	**366**	**20.6**	**16.5**	**3.1**	**2081**
定海区	152	7.1	3.7	1.2	740
普陀区	153	12.2	11.5	1.5	995
岱山县	31	0.9	0.9	0.2	146
嵊泗县	30	0.4	0.4	0.1	200
台州市	**1488**	**49.7**	**28.0**	**21.5**	**11798**
椒江区	225	10.6	7.3	4.0	2579
黄岩区	158	5.4	4.2	2.2	1004
路桥区	150	5.1	1.9	1.9	753
三门县	87	2.0	0.9	0.9	567
天台县	125	2.5	1.2	1.1	666
仙居县	112	5.6	3.1	0.9	529
温岭市	213	4.7	2.7	4.7	2041
临海市	274	12.1	6.0	4.3	2398
玉环市	144	1.7	0.7	1.5	1261
丽水市	**636**	**29.4**	**10.8**	**8.0**	**5468**
莲都区	171	15.0	6.2	4.9	2202
青田县	127	1.7	0.4	0.7	683
缙云县	82	1.5	0.6	1.0	1103
遂昌县	73	1.4	1.2	0.2	294
松阳县	46	2.8	1.1	0.5	437
云和县	25	2.3	0.5	0.1	137
庆元县	39	0.4	0.1	0.1	187
景宁畲族自治县	23	0.5	0.1	0.1	175
龙泉市	50	3.9	0.7	0.3	250

4-32　文化、体育和娱乐业企业法人单位分登记注册类型主要指标

单位：亿元

登记注册类型	单位数(个)	资产总计	负债合计	营业收入	从业人员(万人)
总　计	**32975**	**3162.2**	**1554.3**	**908.7**	**18.3**
内资企业	**32868**	**3121.8**	**1527.8**	**899.3**	**18.0**
国有企业	143	382.3	58.6	112.5	1.3
集体企业	88	2.6	0.6	0.7	
股份合作企业	31	0.4	0.2	0.5	
联营企业	4	0.1	0.1	0.1	
有限责任公司	1534	794.7	290.7	157.8	2.5
股份有限公司	219	509.3	221.3	50.8	0.9
私营企业	30437	1428.8	955.1	575.0	13.2
其他企业	412	3.8	1.2	1.8	0.1
港、澳、台商投资企业	**50**	**21.0**	**8.3**	**6.6**	**0.1**
外商投资企业	**57**	**19.4**	**18.2**	**2.9**	**0.1**

4-33 国有控股企业分行业主要指标

单位：亿元

行　业	单位数(个)	资产总计	负债合计	营业收入	从业人员(万人)
总　计	**7195**	**77736.6**	**43580.6**	**4795.8**	**60.7**
交通运输、仓储和邮政业	**872**	**7785.5**	**4719.7**	**1277.6**	**17.4**
道路运输业	436	5255.2	3413.7	437.1	11.2
水上运输业	115	1051.4	366.8	211.9	2.0
航空运输业	25	377.9	148.9	51.6	1.0
管道运输业	1	2.6	0.2	1.4	
多式联运和运输代理业	112	142.2	95.1	379.0	0.8
装卸搬运和仓储业	162	882.2	646.9	103.1	0.9
邮政业	21	74.0	48.1	93.5	1.6
信息传输、软件和信息技术服务业	**281**	**2451.3**	**824.4**	**1008.4**	**6.1**
电信、广播电视和卫星传输服务	128	2160.6	674.1	840.4	4.6
互联网和相关服务	31	58.0	33.9	38.9	0.2
软件和信息技术服务业	122	232.8	116.4	129.2	1.3
房地产业	**650**	**5260.0**	**2904.7**	**166.1**	**4.3**
物业管理	246	481.0	309.8	52.9	3.1
房地产中介服务	29	13.4	6.7	3.3	
房地产租赁经营	325	3907.7	2110.2	86.2	1.0
其他房地产业	50	857.9	478.0	23.7	0.2
租赁和商务服务业	**3144**	**46208.9**	**25396.9**	**1014.2**	**20.0**
租赁业	60	336.6	227.2	35.5	0.4
商务服务业	3084	45872.3	25169.7	978.7	19.6
科学研究和技术服务业	**946**	**2793.5**	**1770.0**	**595.3**	**6.1**
研究和试验发展	48	49.0	16.1	14.5	0.2
专业技术服务业	734	2369.9	1571.3	532.3	5.5
科技推广和应用服务业	164	374.6	182.6	48.5	0.3
水利、环境和公共设施管理业	691	12551.2	7765.3	596.7	4.0
水利管理业	115	926.4	513.7	14.1	0.2
生态保护和环境治理业	58	272.3	178.5	12.4	0.2
公共设施管理业	459	4646.4	2949.5	132.8	2.8
土地管理业	59	6706.3	4123.6	437.5	0.8
居民服务、修理和其他服务业	**131**	**52.7**	**27.4**	**13.7**	**0.6**
居民服务业	68	27.5	11.5	7.1	0.4
机动车、电子产品和日用产品修理业	33	3.9	2.1	3.9	0.1
其他服务业	30	21.3	13.7	2.6	0.1
教育	**94**	**16.9**	**7.6**	**8.8**	**0.6**
学前教育	3	0.7			
初等教育					
中等教育	1				
高等教育	1	0.9	0.5	0.5	
特殊教育					
技能培训、教育辅助及其他教育	89	15.3	7.2	8.3	0.6
卫生和社会工作	**26**	**10.5**	**4.9**	**3.1**	**0.1**
卫生	7	3.1	0.4	2.2	
社会工作	19	7.5	4.5	0.9	0.1
文化、体育和娱乐业	**360**	**606.0**	**159.6**	**111.9**	**1.5**
新闻和出版业	77	132.2	37.5	50.0	0.5
广播、电视、电影和录音制作业	123	203.9	29.2	49.5	0.6
文化艺术业	79	54.1	31.7	6.2	0.2
体育	37	176.1	29.6	2.2	0.1
娱乐业	44	39.7	31.7	3.9	0.1

注：不含铁路运输业、金融业、房地产开发经营。

4-34 非公有控股企业分行业主要指标

单位：亿元

行 业	单位数（个）	资产总计	负债合计	营业收入	从业人员（万人）
总 计	**380000**	**69249.3**	**39635.0**	**19779.6**	**359.8**
交通运输、仓储和邮政业	**30530**	**4027.7**	**2520.7**	**3374.6**	**45.5**
道路运输业	18619	2014.5	1194.7	1700.2	25.2
水上运输业	1164	609.2	453.0	314.7	3.1
航空运输业	104	120.1	100.1	56.6	0.5
管道运输业	3	8.4	4.7	0.1	
多式联运和运输代理业	6760	379.7	197.6	699.1	5.9
装卸搬运和仓储业	2402	697.5	420.5	235.0	4.3
邮政业	1478	198.1	150.0	368.9	6.5
信息传输、软件和信息技术服务业	**54320**	**9794.9**	**5458.4**	**7419.0**	**50.7**
电信、广播电视和卫星传输服务	743	309.8	484.2	193.1	1.7
互联网和相关服务	5447	5267.1	2659.7	4687.9	8.9
软件和信息技术服务业	48130	4218.1	2314.5	2537.9	40.1
房地产业	**33545**	**5505.2**	**3844.7**	**954.9**	**44.9**
物业管理	8227	972.3	680.7	397.4	31.5
房地产中介服务	15980	585.7	442.3	236.9	8.9
房地产租赁经营	8755	3616.3	2511.9	304.1	4.2
其他房地产业	583	330.9	209.8	16.5	0.3
租赁和商务服务业	**121816**	**39114.1**	**21276.3**	**4387.8**	**108.7**
租赁业	9081	956.4	698.4	263.6	4.7
商务服务业	112735	38157.7	20578.0	4124.1	104.1
科学研究和技术服务业	**56743**	**3815.5**	**2172.6**	**1737.6**	**44.3**
研究和试验发展	9189	956.7	583.4	321.1	6.8
专业技术服务业	27751	1487.0	838.1	991.5	28.0
科技推广和应用服务业	19803	1371.8	751.1	425.0	9.4
水利、环境和公共设施管理业	**6271**	**3842.9**	**2401.9**	**400.2**	**10.0**
水利管理业	229	385.6	213.9	9.2	0.2
生态保护和环境治理业	1107	232.6	100.7	60.2	1.2
公共设施管理业	4567	2290.1	1480.1	275.7	8.4
土地管理业	368	934.6	607.2	55.1	0.2
居民服务、修理和其他服务业	**24293**	**389.7**	**235.8**	**415.7**	**20.6**
居民服务业	10639	144.9	90.1	137.1	8.4
机动车、电子产品和日用产品修理业	9212	170.1	111.5	208.6	6.0
其他服务业	4442	74.7	34.3	69.9	6.1
教育	**16700**	**210.2**	**127.7**	**146.7**	**10.8**
学前教育	598	17.0	9.3	4.4	0.5
初等教育	39	2.9	2.7	1.0	0.1
中等教育	34	2.6	1.6	1.5	0.1
高等教育					
特殊教育	6			0.1	
技能培训、教育辅助及其他教育	16023	187.6	114.1	139.7	10.2
卫生和社会工作	**3877**	**412.4**	**273.6**	**281.9**	**9.5**
卫生	3315	336.1	221.6	271.6	8.9
社会工作	562	76.3	52.0	10.4	0.6
文化、体育和娱乐业	**31905**	**2136.6**	**1323.2**	**661.2**	**14.7**
新闻和出版业	97	17.0	7.1	8.4	0.1
广播、电视、电影和录音制作业	7118	1345.0	893.1	363.5	3.0
文化艺术业	5495	206.1	92.5	58.9	2.4
体育	2935	107.7	68.8	32.8	1.9
娱乐业	16260	460.8	261.7	197.6	7.4

注：不含铁路运输业、金融业、房地产开发经营。

4-35 规模以上交通运输、仓储和

行　　业	固定资产原　　价	累计折旧	资产总计	负债合计	所有者权益合计	营业收入
总　计	**3731.9**	**1392.2**	**6416.9**	**3704.4**	**2712.5**	**3505.8**
铁路运输业	**40.7**	**14.7**	**28.6**	**7.8**	**20.8**	**14.8**
铁路旅客运输	40.7	14.7	28.6	7.8	20.8	14.8
道路运输业	**1820.9**	**730.9**	**3074.3**	**1851.9**	**1222.4**	**1428.9**
城市公共交通运输	313.8	123.6	413.7	351.1	62.6	89.6
公路旅客运输	144.1	76.7	299.0	165.4	133.6	82.4
道路货物运输	250.5	116.7	635.4	404.5	231.0	967.2
道路运输辅助活动	1112.6	413.9	1726.1	930.9	795.2	289.8
水上运输业	**994.8**	**363.8**	**1393.3**	**620.7**	**772.6**	**459.8**
水上旅客运输	28.8	14.1	40.6	15.5	25.1	18.0
水上货物运输	497.7	188.8	524.6	378.8	145.8	292.3
水上运输辅助活动	468.3	160.9	828.1	226.4	601.7	149.5
航空运输业	**240.8**	**62.1**	**439.2**	**209.1**	**230.1**	**105.3**
航空客货运输	66.7	11.1	108.7	84.5	24.2	54.4
通用航空服务	2.6	0.5	4.9	4.5	0.4	1.5
航空运输辅助活动	171.5	50.5	325.7	120.1	205.6	49.4
管道运输业	**3.5**	**2.8**	**2.6**	**0.2**	**2.4**	**1.4**
陆地管道运输	3.5	2.8	2.6	0.2	2.4	1.4
多式联运和运输代理业	**65.2**	**25.0**	**291.7**	**173.6**	**118.2**	**839.4**
多式联运	6.8	2.2	31.6	16.1	15.5	25.9
运输代理业	58.4	22.9	260.1	157.5	102.6	813.5
装卸搬运和仓储业	**442.6**	**137.6**	**959.0**	**669.1**	**289.9**	**250.4**
装卸搬运	132.3	29.1	228.6	110.1	118.5	46.0
通用仓储	51.0	12.6	104.7	62.4	42.3	67.8
低温仓储	4.9	0.8	6.0	4.4	1.6	1.5
危险品仓储	183.4	70.7	413.9	353.7	60.2	43.7
谷物、棉花等农产品仓储	28.5	9.6	125.1	97.6	27.4	41.1
中药材仓储	1.3	0.3	1.2	0.6	0.6	0.3
其他仓储业	41.2	14.5	79.6	40.2	39.3	49.9
邮政业	**123.3**	**55.3**	**228.1**	**172.0**	**56.0**	**405.7**
邮政基本服务	61.9	36.2	73.1	47.5	25.6	92.0
快递服务	59.7	18.3	149.3	118.9	30.4	293.8
其他寄递服务	1.7	0.8	5.6	5.7		19.9

邮政业企业法人单位主要指标

单位：亿元

营业成本	营业税金及附加	销售费用、管理费用、财务费用合计	投资收益	营业利润	利润总额	应付职工薪酬	应交增值税	平均用工人数（万人）
3081.3	**14.2**	**334.6**	**65.8**	**208.0**	**261.3**	**432.3**	**45.2**	**41.9**
14.1	**0.1**	**0.5**	**0.8**	**0.9**	**0.9**	**4.1**	**0.5**	**0.3**
14.1	0.1	0.5	0.8	0.9	0.9	4.1	0.5	0.3
1244.6	**6.1**	**151.4**	**28.4**	**109.0**	**148.4**	**211.7**	**28.6**	**23.1**
143.5	0.6	24.4	1.1	-31.2	-3.9	76.7	1.6	7.5
66.7	0.8	20.1	2.8	-0.2	7.6	26.9	2.5	3.3
886.3	2.8	65.8	2.2	15.5	18.1	82.2	15.8	10.0
148.1	1.9	41.1	22.2	124.8	126.6	25.9	8.6	2.3
350.9	**2.5**	**54.8**	**28.9**	**83.7**	**83.9**	**58.5**	**6.4**	**4.1**
12.0	0.1	4.2	0.8	2.6	3.4	5.8	0.4	0.5
246.6	0.9	26.4	3.6	22.3	21.1	22.6	4.0	2.2
92.2	1.4	24.2	24.6	58.8	59.4	30.1	2.0	1.4
87.8	**1.3**	**14.1**	**1.8**	**5.6**	**7.4**	**31.9**	**1.6**	**1.3**
50.3	0.1	8.1	0.4	-2.6	-1.2	11.8	0.1	0.4
1.6		0.5		-0.6	-0.3	0.5	0.1	
35.9	1.2	5.5	1.4	8.8	8.8	19.6	1.3	0.9
0.7				**0.7**	**0.7**	**0.1**	**0.1**	
0.7				0.7	0.7	0.1	0.1	
793.6	**0.8**	**34.4**	**2.3**	**13.3**	**14.9**	**29.9**	**2.1**	**3.2**
25.4		1.5		-1.1	-0.8	0.3	0.1	
768.2	0.8	32.9	2.3	14.4	15.7	29.5	2.0	3.1
212.8	**2.2**	**44.3**	**3.5**	**1.3**	**10.1**	**28.9**	**3.3**	**2.9**
30.7	0.7	8.9	1.5	7.2	7.5	10.4	1.2	1.1
58.6	0.6	7.1	0.7	2.7	2.7	5.1	0.9	0.6
1.2		0.5		-0.3	-0.2	0.1		
39.1	0.4	14.2	1.0	-8.8	-3.4	3.9	0.4	0.2
41.6		7.5		-2.1	1.0	2.8	0.2	0.2
0.2		0.1				0.1		
41.5	0.4	6.1	0.3	2.5	2.6	6.4	0.6	0.7
376.8	**1.2**	**35.2**		**-6.4**	**-4.9**	**67.2**	**2.6**	**7.0**
85.7	0.6	9.4		-2.8	-2.2	29.0	0.7	2.0
272.1	0.6	24.2		-3.0	-2.1	34.3	1.7	4.5
19.0		1.6		-0.6	-0.6	3.9	0.1	0.5

4-36 规模以上信息传输、软件和信息

行业	固定资产原价	累计折旧	资产总计	负债合计	所有者权益合计	营业收入
总计	**2963.5**	**1612.9**	**9955.7**	**4794.7**	**5161.0**	**7461.8**
电信、广播电视和卫星传输服务	2268.6	1321.1	2376.7	1117.6	1259.1	979.1
电信	2087.9	1245.1	1955.1	927.1	1028.0	890.6
广播电视传输服务	180.2	75.9	420.6	190.1	230.5	88.0
卫星传输服务	0.5	0.1	0.9	0.4	0.5	0.6
互联网和相关服务	465.2	209.5	5067.1	2539.8	2527.3	4614.9
互联网接入及相关服务	0.7	0.1	3.0	1.9	1.1	1.5
互联网信息服务	409.5	182.3	4356.1	2008.6	2347.5	3618.3
互联网平台	12.7	2.8	504.7	359.5	145.2	711.0
互联网安全服务	0.1	0.1	0.5		0.4	0.2
互联网数据服务	38.2	23.5	197.4	165.3	32.1	280.3
其他互联网服务	4.0	0.6	5.5	4.5	1.0	3.6
软件和信息技术服务业	229.7	82.4	2511.8	1137.3	1374.5	1867.8
软件开发	152.2	51.8	1730.5	814.2	916.3	1091.2
集成电路设计	0.6	0.2	11.2	6.4	4.8	11.7
信息系统集成和物联网技术服务	37.7	16.9	487.7	163.6	324.1	416.3
运行维护服务	5.7	3.2	30.8	9.8	21.0	22.2
信息处理和存储支持服务	16.2	3.4	38.5	18.3	20.2	14.3
信息技术咨询服务	13.2	4.5	160.8	80.2	80.6	98.7
数字内容服务	2.9	1.8	36.3	25.2	11.0	202.6
其他信息技术服务业	1.3	0.6	16.0	19.6	-3.5	11.0

4-37 规模以上物业管理和房地产中介

行业	固定资产原价	累计折旧	资产总计	负债合计	所有者权益合计	营业收入
总计	**767.0**	**200.7**	**4845.0**	**2811.3**	**2033.7**	**536.1**
房地产业	767.0	200.7	4845.0	2811.3	2033.7	536.1
物业管理	69.8	19.5	566.9	364.1	202.8	274.1
房地产中介服务	4.1	2.3	63.0	41.1	21.9	65.1
房地产租赁经营	671.6	177.4	4050.9	2364.0	1686.9	179.3
其他房地产业	21.5	1.4	164.3	42.1	122.1	17.7

技术服务业企业法人单位主要指标

单位：亿元

营业成本	营业税金及附加	销售费用、管理费用、财务费用合计	投资收益	营业利润	利润总额	应付职工薪酬	应交增值税	平均用工人数（万人）
4223.4	**29.6**	**1886.9**	**65.5**	**1393.9**	**1411.1**	**814.2**	**140.5**	**30.0**
645.9	4.1	164.3	15.7	181.4	185.5	124.9	16.6	6.5
583.0	3.9	142.8	5.9	167.6	170.4	103.4	16.0	5.0
62.4	0.3	21.4	9.8	13.9	15.1	21.5	0.6	1.5
0.5		0.1						
2520.6	16.4	1091.6	2.9	989.1	993.7	315.6	73.3	5.7
1.1		0.3				0.2		
1795.4	15.1	786.6	-20.2	1000.8	1006.9	254.8	70.2	3.6
649.8	0.7	101.6	22.9	-17.2	-15.8	45.1	-0.5	1.2
0.1		0.1				0.1		
71.7	0.5	202.0	0.3	5.3	2.6	14.7	3.5	0.8
2.5		0.9		0.1	0.1	0.6	0.1	0.1
1056.9	9.0	631.0	46.9	223.4	231.9	373.7	50.7	17.8
607.5	5.7	434.1	40.4	86.8	93.3	245.5	33.5	13.0
8.1		3.3	0.0	0.3	0.5	1.8	0.3	0.1
157.4	2.3	144.0	5.9	120.3	120.9	92.4	12.2	2.2
12.8	0.1	5.6	0.1	4.3	4.4	4.2	1.1	0.2
9.6	0.2	5.6		-1.0	-0.9	3.3	0.4	0.2
70.8	0.4	21.1	-0.1	6.7	7.1	16.8	2.4	1.3
185.5	0.2	12.6	0.2	4.4	4.8	6.3	0.5	0.5
5.2		4.6	0.5	1.7	1.7	3.5	0.2	0.3

服务业企业法人单位主要指标

单位：亿元

营业成本	营业税金及附加	销售费用、管理费用、财务费用合计	投资收益	营业利润	利润总额	应付职工薪酬	应交增值税	平均用工人数（万人）
350.5	**14.4**	**143.2**	**19.2**	**53.5**	**63.5**	**151.2**	**20.8**	**24.9**
350.5	14.4	143.2	19.2	53.5	63.5	151.2	20.8	24.9
207.8	2.2	58.8	1.4	6.8	9.4	113.7	11.0	21.2
43.7	0.7	19.5	0.6	2.2	2.9	20.5	3.0	2.2
83.8	11.3	63.0	17.2	44.1	48.9	16.2	6.7	1.5
15.2	0.2	2.0		0.3	2.3	0.7	0.1	

4-38 规模以上租赁和商务服务业

行业	固定资产原价	累计折旧	资产总计	负债合计	所有者权益合计	营业收入
总计	**1628.4**	**449.0**	**13091.8**	**6817.0**	**6274.7**	**2697.4**
租赁业	120.8	34.1	708.0	540.2	167.8	121.5
机械设备经营租赁	119.3	33.5	704.8	538.5	166.2	120.1
文体设备和用品出租	1.5	0.6	3.2	1.6	1.6	1.2
日用品出租						0.2
商务服务业	1507.6	415.0	12383.8	6276.9	6106.9	2575.9
组织管理服务	1044.7	258.7	9863.0	4842.8	5020.2	544.0
综合管理服务	290.5	91.3	868.7	590.6	278.1	145.5
法律服务	11.3	4.7	29.5	20.0	9.5	47.2
咨询与调查	28.1	10.1	671.7	242.8	428.9	248.2
广告业	33.9	13.5	233.8	126.3	107.5	268.3
人力资源服务	6.0	2.6	150.7	124.1	26.6	868.0
安全保护服务	22.6	11.1	87.0	36.5	50.5	127.9
会议、展览及相关服务	40.3	14.2	77.6	38.1	39.5	42.2
其他商务服务业	30.2	8.9	401.7	255.5	146.1	284.6

4-39 规模以上科学研究和技术

行业	固定资产原价	累计折旧	资产总计	负债合计	所有者权益合计	营业收入
总计	**309.6**	**114.6**	**2215.4**	**1253.2**	**962.2**	**1289.3**
研究和试验发展	43.9	11.2	405.3	293.1	112.3	149.4
自然科学研究和试验发展						
工程和技术研究和试验发展	39.7	9.3	375.3	279.5	95.7	131.8
农业科学研究和试验发展	0.6	0.2	1.9	1.0	0.9	1.0
医学研究和试验发展	3.5	1.7	28.1	12.5	15.6	16.6
社会人文科学研究						
专业技术服务业	224.5	86.8	1329.4	725.3	604.1	995.3
气象服务						
地震服务						
海洋服务	0.2	0.1	0.3	0.1	0.3	0.3
测绘地理信息服务	5.4	3.0	16.9	3.5	13.5	14.3
质检技术服务	34.8	15.7	115.0	32.1	82.9	74.1
环境与生态监测检测服务	3.1	1.3	12.4	5.1	7.3	11.7
地质勘查	1.5	0.7	7.3	2.4	4.8	2.7
工程技术与设计服务	165.6	60.1	1108.8	650.5	458.3	816.0
工业与专业设计及其他专业技术服务	13.8	5.8	68.7	31.6	37.1	76.3
科技推广和应用服务业	41.3	16.6	480.7	234.9	245.8	144.6
技术推广服务	37.5	14.5	452.8	218.5	234.3	132.3
知识产权服务	0.3	0.2	9.0	6.3	2.7	4.7
科技中介服务	3.2	1.8	16.1	9.2	7.0	4.3
创业空间服务	0.2	0.1	0.6	0.1	0.5	0.2
其他科技推广服务业	0.1		2.2	0.8	1.4	3.1

企业法人单位主要指标

单位：亿元

营业成本	营业税金及附加	销售费用、管理费用、财务费用合计	投资收益	营业利润	利润总额	应付职工薪酬	应交增值税	平均用工人数（万人）
2191.8	**22.7**	**440.2**	**267.1**	**308.1**	**332.8**	**582.9**	**53.3**	**76.4**
85.5	0.3	41.5	3.3	-5.8	-5.6	8.6	-2.3	0.7
84.3	0.3	41.3	3.3	-5.7	-5.7	8.0	-2.4	0.6
1.0		0.2			0.1	0.7	0.1	0.1
0.2		0.1						
2106.3	22.4	398.7	263.8	313.9	338.4	574.3	55.6	75.7
400.4	9.0	139.2	210.8	210.6	217.4	40.4	12.4	2.9
67.9	4.2	58.3	19.9	34.8	39.4	18.4	6.1	2.0
13.1	0.6	25.7	0.1	7.9	8.9	12.6	2.5	0.7
193.9	1.0	43.8	19.5	31.1	32.7	38.1	5.2	2.8
215.0	3.1	37.3	2.8	15.2	19.4	25.4	4.1	1.2
842.7	3.1	21.4	0.3	1.5	5.2	337.7	20.5	48.5
101.0	0.4	18.6	0.2	8.0	8.3	81.3	1.7	15.2
28.9	0.3	11.0	0.1	2.2	2.5	4.2	0.5	0.4
243.4	0.7	43.4	10.1	2.5	4.5	16.1	2.6	2.0

服务业企业法人单位主要指标

单位：亿元

营业成本	营业税金及附加	销售费用、管理费用、财务费用合计	投资收益	营业利润	利润总额	应付职工薪酬	应交增值税	平均用工人数（万人）
967.5	**7.2**	**221.1**	**25.8**	**138.5**	**142.1**	**289.6**	**39.0**	**18.0**
121.6	0.6	23.8	4.8	27.2	27.5	47.3	3.3	1.9
110.4	0.6	18.6	3.4	24.6	24.9	43.5	3.1	1.6
0.7		0.3		0.1	0.1	0.1		
10.5		4.9	1.4	2.5	2.5	3.8	0.2	0.3
747.8	5.7	164.3	8.7	86.8	89.5	221.8	31.1	14.8
0.1		0.1				0.1		
9.4	0.1	3.1		1.8	1.8	4.2	0.6	0.3
37.5	0.4	23.5	1.0	13.6	14.1	20.9	2.4	1.7
6.3	0.1	4.0		1.4	1.5	2.8	0.4	0.2
1.7		0.6		0.3	0.3	1.1	0.1	0.1
634.1	4.3	122.4	7.5	63.4	65.1	170.6	25.6	11.6
58.7	0.9	10.7	0.2	6.1	6.6	22.1	1.9	0.9
98.1	0.9	33.0	12.3	24.6	25.1	20.4	4.6	1.3
89.9	0.8	29.8	11.6	23.2	23.5	17.8	4.2	1.1
2.6		2.2	0.5	0.4	0.4	1.0	0.1	0.1
3.4	0.1	0.4	0.2	0.5	0.6	0.2	0.2	
		0.2				0.1		
2.1		0.4		0.5	0.5	1.3		0.1

4-40 规模以上水利、环境和公共设施

行　　业	固定资产原　　价	累计折旧	资产总计	负债合计	所有者权益合计	营业收入
总　计	**808.8**	**150.5**	**5872.6**	**3649.1**	**2223.5**	**573.0**
水利管理业	70.1	22.5	197.2	103.5	93.7	14.7
防洪除涝设施管理	6.6	1.5	80.7	40.4	40.2	5.7
水资源管理	12.8	5.9	62.9	41.6	21.3	0.8
天然水收集与分配	50.4	14.9	51.6	20.2	31.4	6.2
水文服务						
其他水利管理业	0.2	0.2	2.0	1.3	0.7	1.9
生态保护和环境治理业	30.8	10.5	125.2	77.5	47.7	36.5
生态保护	6.0	2.2	12.9	6.0	6.8	3.9
环境治理业	24.8	8.3	112.4	71.5	40.8	32.6
公共设施管理业	367.4	97.2	1303.5	846.1	457.4	235.4
市政设施管理	121.3	37.3	381.7	257.3	124.4	36.6
环境卫生管理	12.6	6.1	62.3	44.3	18.0	28.2
城乡市容管理	0.2	0.1	2.8	1.6	1.2	2.2
绿化管理	10.4	3.9	228.0	148.3	79.6	105.5
城市公园管理	2.5	1.3	21.3	19.0	2.2	4.8
游览景区管理	220.3	48.5	607.4	375.5	231.9	58.2
土地管理业	340.5	20.3	4246.7	2621.9	1624.8	286.4
土地整治服务	93.7	14.9	1972.5	1270.8	701.7	178.2
土地调查评估服务	0.1		0.1	0.1		0.3
土地登记服务						
土地登记代理服务						
其他土地管理服务	246.7	5.4	2274.1	1351.1	923.0	107.9

管理业企业法人单位主要指标

单位：亿元

营业成本	营业税金及附加	销售费用、管理费用、财务费用合计	投资收益	营业利润	利润总额	应付职工薪酬	应交增值税	平均用工人数（万人）
439.3	**2.6**	**103.7**	**2.4**	**44.3**	**56.3**	**58.1**	**-9.4**	**7.7**
9.3	0.2	4.4	0.2	1.0	1.5	2.1	0.4	0.1
4.5	0.1	0.7	0.1	0.6	0.6	0.2		
0.8		0.8		-0.8	-0.6	0.5		
2.8		2.5		1.1	1.3	1.2	0.3	0.1
1.2		0.5		0.2	0.2	0.2	0.1	
22.0	0.3	7.7	0.1	6.9	7.3	5.6	2.0	0.6
1.5		1.4		1.0	1.0	1.0	0.1	0.1
20.5	0.3	6.3	0.1	5.9	6.4	4.6	1.9	0.4
172.5	1.7	54.2	0.9	10.1	15.8	39.9	4.9	6.4
32.8	0.3	4.0	0.1	0.1	1.0	5.2	0.8	0.5
22.4	0.2	6.1	0.1		1.3	14.6	0.9	3.2
1.8		0.2		0.2	0.2	0.2	0.1	
89.9	0.4	9.9	0.1	4.4	4.2	7.1	1.9	1.0
1.7		2.6	0.1	0.7	0.7	0.5	0.1	
24.0	0.8	31.6	0.5	4.7	8.5	12.2	1.1	1.6
235.6	0.5	37.3	1.3	26.3	31.7	10.5	-16.6	0.6
132.0	0.2	30.8	0.2	27.4	27.2	0.7	0.1	
0.2		0.1						
103.4	0.3	6.4	1.1	-1.1	4.5	9.7	-16.7	0.5

4-41 规模以上居民服务、修理和

行业	固定资产原价	累计折旧	资产总计	负债合计	所有者权益合计	营业收入
总计	**23.7**	**11.9**	**114.5**	**81.0**	**33.5**	**173.4**
居民服务业	12.3	6.0	57.7	39.3	18.4	55.6
家庭服务	1.4	0.9	11.9	7.6	4.3	10.4
托儿所服务						
洗染服务	2.4	1.2	3.4	1.9	1.4	3.0
理发及美容服务	1.2	0.3	2.3	2.0	0.3	2.7
洗浴和保健养生服务	1.2	0.7	8.3	8.7	-0.4	3.2
摄影扩印服务	0.6	0.2	2.4	2.0	0.4	6.1
婚姻服务	0.1		0.5	0.2	0.4	0.3
殡葬服务	5.1	2.6	24.0	12.7	11.3	9.7
其他居民服务业	0.2	0.2	4.8	4.1	0.7	20.2
机动车、电子产品和日用产品修理业	6.4	3.4	43.0	33.9	9.1	96.1
汽车、摩托车等修理与维护	5.2	3.0	13.6	9.6	3.9	18.4
计算机和办公设备维修	0.1	0.1	2.8	2.0	0.8	5.1
家用电器修理	1.1	0.4	26.3	22.1	4.3	72.1
其他日用产品修理业			0.3	0.3	0.1	0.5
其他服务业	5.0	2.5	13.8	7.8	6.1	21.7
清洁服务	4.9	2.4	12.1	6.7	5.4	21.3
宠物服务						
其他未列明服务业	0.1	0.1	1.8	1.1	0.7	0.4

其他服务业企业法人单位主要指标

单位：亿元

营业成本	营业税金及附加	销售费用、管理费用、财务费用合计	投资收益	营业利润	利润总额	应付职工薪酬	应交增值税	平均用工人数（万人）
139.2	**1.1**	**26.7**	**0.3**	**10.1**	**10.7**	**31.0**	**8.7**	**5.7**
37.6	0.2	15.7	0.1	2.2	2.6	13.9	1.1	2.2
5.7	0.1	4.5	0.1	0.2	0.2	3.6	0.4	0.7
1.7		1.2				0.8		0.2
0.7		1.9		0.1	0.1	0.8		0.1
1.5		1.7				0.9		0.2
3.7		2.3		0.1	0.1	2.4	0.1	0.3
0.2		0.1						
5.3		2.5	0.1	1.9	2.0	1.4		0.1
18.8	0.1	1.5		-0.1	0.1	3.8	0.5	0.6
85.9	0.8	5.8		7.0	7.1	5.6	6.8	0.7
14.0	0.1	4.1		0.1	0.2	3.5	0.7	0.5
4.4		0.5		0.1	0.1	0.3	0.2	
66.9	0.7	1.1		6.8	6.9	1.7	5.8	0.2
0.5						0.1		
15.8	0.1	5.2	0.2	0.8	1.0	11.5	0.9	2.7
15.4	0.1	5.1	0.1	0.7	0.8	11.3	0.9	2.7
0.3		0.1	0.1	0.1	0.1	0.1		

4-42 规模以上教育企业法人

行　　业	固定资产原　　价	累计折旧	资产总计	负债合计	所有者权益合计	营业收入
总　计	**47.0**	**18.2**	**86.5**	**48.1**	**38.4**	**62.0**
学前教育	0.4	0.1	2.8	0.7	2.1	0.7
初等教育	1.5	0.1	2.2	2.2		0.7
中等教育	5.8	2.2	6.1	3.5	2.6	3.1
高等教育	21.1	6.8	25.3	11.0	14.3	4.7
特殊教育						
技能培训、教育辅助及其他教育	18.2	8.9	50.2	30.8	19.4	52.8

4-43 规模以上卫生和社会工作企业

行　　业	固定资产原　　价	累计折旧	资产总计	负债合计	所有者权益合计	营业收入
总　计	**114.2**	**39.0**	**239.8**	**152.4**	**87.4**	**213.9**
卫生	106.0	37.1	228.7	146.9	81.8	209.4
医院	95.2	32.6	194.9	127.0	67.9	165.1
基层医疗卫生服务	6.7	3.1	23.5	13.5	9.9	35.2
专业公共卫生服务	0.3	0.1	0.4	0.4		0.1
其他卫生活动	3.8	1.3	10.0	6.0	4.0	8.9
社会工作	8.3	1.9	11.1	5.5	5.6	4.5
提供住宿社会工作	8.3	1.9	11.0	5.5	5.5	4.0
不提供住宿社会工作			0.1			0.5

单位分行业主要指标

单位：亿元

营业成本	营业税金及附加	销售费用、管理费用、财务费用合计	投资收益	营业利润	利润总额	应付职工薪酬	应交增值税	平均用工人数（万人）
38.3	**0.3**	**18.5**	**0.1**	**5.3**	**5.5**	**24.3**	**1.5**	**2.8**
0.3		0.2		0.2	0.2	0.3		
0.6		0.1				0.2		
2.2		1.1		-0.2	-0.2	2.3		0.1
4.0		0.3		0.6	0.7	2.2		0.2
31.3	0.3	16.7	0.1	4.7	4.7	19.3	1.5	2.4

法人单位分行业主要指标

单位：亿元

营业成本	营业税金及附加	销售费用、管理费用、财务费用合计	投资收益	营业利润	利润总额	应付职工薪酬	应交增值税	平均用工人数（万人）
144.7	**0.2**	**57.9**	**0.7**	**11.5**	**11.6**	**58.7**	**0.3**	**5.4**
141.7	0.2	56.2	0.7	11.6	11.6	57.5	0.3	5.2
114.2	0.2	41.5	0.7	9.7	9.8	46.4	0.3	4.2
21.1		11.8		2.2	2.1	8.4		0.8
0.2		0.1		-0.1	-0.1	0.1		
6.2		3.0		-0.3	-0.2	2.6		0.3
3.0		1.6		-0.1		1.3		0.2
2.5		1.6		-0.1		1.2		0.2
0.5		0.1						

4-44 规模以上文化、体育和

行 业	固定资产原 价	累计折旧	资产总计	负债合计	所 有 者权益合计	营业收入
总 计	**274.8**	**98.5**	**1720.9**	**813.5**	**907.4**	**459.0**
新闻和出版业	19.7	10.2	176.8	58.4	118.4	64.6
新闻业			0.8	0.3	0.5	0.5
出版业	19.7	10.2	176.0	58.1	117.9	64.1
广播、电视、电影和录音制作业	115.6	51.6	1211.1	569.9	641.1	302.9
广播			1.1	1.2	-0.1	
电视	54.1	22.3	296.9	26.1	270.9	95.0
影视节目制作	8.0	2.7	783.2	489.2	293.9	138.6
广播电视集成播控	18.6	10.4	41.5	7.9	33.6	8.1
电影和广播电视节目发行	0.7	0.4	6.4	3.5	3.0	6.4
电影放映	34.2	15.8	81.9	42.0	39.8	54.8
录音制作						
文化艺术业	33.6	6.7	134.3	52.5	81.9	22.8
文艺创作与表演	15.0	6.4	100.2	29.5	70.6	18.2
艺术表演场馆	0.3	0.1	1.8	0.4	1.4	1.2
图书馆与档案馆			0.9		0.9	0.2
文物及非物质文化遗产保护	0.6	0.1	0.6	0.8	-0.2	0.4
博物馆				0.1	-0.1	0.3
烈士陵园、纪念馆						
群众文体活动	17.7		29.4	20.5	8.9	1.3
其他文化艺术业			1.4	1.0	0.4	1.1
体育	28.1	9.3	47.1	36.3	10.7	14.3
体育组织	1.4	0.8	2.1	5.9	-3.8	4.0
体育场地设施管理	10.3	1.7	14.5	12.0	2.5	2.1
健身休闲活动	16.4	6.9	30.4	18.4	12.0	8.1
其他体育						
娱乐业	77.8	20.6	151.6	96.3	55.3	54.4
室内娱乐活动	7.9	3.9	34.9	21.1	13.8	16.7
游乐园	62.9	14.6	82.0	53.5	28.4	12.9
休闲观光活动	4.8	0.7	14.8	11.8	3.0	2.8
彩票活动						
文化体育娱乐活动与经纪代理服务	1.0	0.5	19.2	9.1	10.0	21.8
其他娱乐业	1.2	0.8	0.7	0.7		0.2

娱乐业法人单位主要指标

单位：亿元

营业成本	营业税金及附加	销售费用、管理费用、财务费用合计	投资收益	营业利润	利润总额	应付职工薪酬	应交增值税	平均用工人数（万人）
302.8	**5.0**	**87.3**	**46.8**	**104.1**	**112.3**	**62.2**	**7.7**	**5.2**
46.1	0.7	14.1	11.7	16.6	18.2	17.4	1.2	0.8
0.3		0.2		0.1	0.1	0.2		
45.8	0.7	13.9	11.7	16.5	18.1	17.2	1.2	0.8
205.7	2.8	39.8	24.5	69.6	74.4	26.8	4.1	2.4
61.8	0.5	-2.5	12.9	45.5	46.4	9.3	0.6	0.5
93.6	0.5	27.4	10.2	18.3	21.2	5.5	1.8	0.4
6.0	0.1	2.4	0.7	2.1	2.2	3.5	0.2	0.2
5.6		0.3		0.4	0.4	0.3	0.1	
38.8	1.7	12.2	0.7	3.2	4.2	8.1	1.4	1.3
12.8	0.4	5.0	7.6	13.5	14.0	3.7	0.6	0.4
9.0	0.1	3.6	7.6	13.3	13.8	2.6	0.5	0.3
1.2		0.9		0.1	0.1	0.6		0.1
				0.1	0.1			
0.3		0.1				0.1		
0.3		0.1				0.1		
1.1	0.2	0.2				0.1		
1.0		0.1				0.1		
9.6	0.4	8.8		-4.4	-3.3	5.9	0.3	0.5
3.5		1.6		-1.1	-0.3	2.6	0.2	
1.1	0.1	1.9		-0.9	-0.7	0.7		0.1
5.1	0.2	5.3		-2.4	-2.2	2.6	0.1	0.3
28.6	0.7	19.6	3.0	8.8	9.0	8.4	1.5	1.2
9.5	0.4	6.3		0.5	0.5	2.4	0.3	0.5
6.5	0.2	7.0	0.6	-0.3	-0.2	3.1	0.3	0.4
1.5		1.1		0.1	0.1	0.4		0.1
10.9	0.1	5.1	2.5	8.5	8.6	2.5	0.8	0.2
0.2		0.1				0.1		

第5篇

服务业行政事业及非企业法人单位篇

5-1　服务业行政事业及非企业法人单位分行业主要指标

行　　业	单位数(个)	资产总计(亿元)	非企业单位支出(费用)(亿元)	从业人员(万人)
总　计	**114006**	**23285.2**	**12582.7**	**250.2**
交通运输、仓储和邮政业	**240**	**116.8**	**170.9**	**1.5**
铁路运输业				
道路运输业	188	85.4	157.0	1.1
水上运输业	36	22.1	11.1	0.2
航空运输业	5	7.1	2.4	0.1
管道运输业				
多式联运和运输代理业				
装卸搬运和仓储业	6	2.2	0.3	
邮政业	5	0.0	0.1	
信息传输、软件和信息技术服务业	**343**	**96.2**	**27.3**	**0.7**
电信、广播电视和卫星传输服务	153	76.8	17.1	0.5
互联网和相关服务	60	2.4	3.2	0.1
软件和信息技术服务业	130	17.0	7.0	0.1
房地产业	**190**	**395.9**	**45.1**	**0.3**
物业管理	37	60.6	2.3	0.1
房地产中介服务	17	29.3	2.6	
房地产租赁经营	20	1.3	0.4	
其他房地产业	116	304.6	39.8	0.2
租赁和商务服务业	**2334**	**420.1**	**100.9**	**1.8**
租赁业	5	0.9	0.1	
机械设备经营租赁	2	0.9	0.1	
文体设备和用品出租	3			
日用品出租				
商务服务业	2329	419.2	100.8	1.8
组织管理服务	599	317.5	31.9	0.6
综合管理服务	120	25.3	11.1	0.2
法律服务	246	15.9	5.3	0.2
咨询与调查	505	17.5	10.7	0.2
广告业	8	0.2	0.3	
人力资源服务	434	13.3	31.6	0.3
安全保护服务	47	0.3	0.2	
会议、展览及相关服务	122	3.0	2.2	
其他商务服务业	248	26.1	7.5	0.2
科学研究和技术服务业	**2978**	**2572.8**	**275.7**	**4.5**
研究和试验发展	600	217.9	57.3	1.2
专业技术服务业	1515	2270.8	175.4	2.7
科技推广和应用服务业	863	84.1	43.0	0.7
水利、环境和公共设施管理业	**1291**	**766.8**	**244.7**	**4.8**
水利管理业	537	207.0	27.5	0.6

注：不含铁路运输业、金融业、房地产开发经营。

5-1 续表 1

行 业	单位数(个)	资产总计(亿元)	非企业单位支出(费用)(亿元)	从业人员(万人)
防洪除涝设施管理	122	66.3	6.8	0.1
水资源管理	141	29.8	6.1	0.1
天然水收集与分配	94	39.3	5.2	0.2
水文服务	52	3.7	2.1	0.1
其他水利管理业	128	68.0	7.3	0.1
生态保护和环境治理业	103	23.7	7.5	0.1
生态保护	71	11.4	4.1	0.1
环境治理业	32	12.4	3.4	
公共设施管理业	579	473.7	195.7	4.0
市政设施管理	139	257.7	90.1	0.4
环境卫生管理	211	53.5	64.6	2.8
城乡市容管理	40	4.4	5.6	0.1
绿化管理	87	72.5	20.6	0.3
城市公园管理	33	22.6	6.7	0.2
游览景区管理	69	63.0	8.2	0.2
土地管理业	72	62.4	14.0	0.1
土地整治服务	11	11.6	0.7	
土地调查评估服务	5	0.8		
土地登记服务	16	2.8	1.3	0.1
土地登记代理服务	4	0.1	0.1	
其他土地管理服务	36	47.2	11.9	
居民服务、修理和其他服务业	**1630**	**46.2**	**25.7**	**0.9**
居民服务业	1510	40.1	20.9	0.8
机动车、电子产品和日用产品修理业	13	0.3	3.3	
其他服务业	107	5.7	1.5	0.1
教育	**16586**	**4435.1**	**2175.9**	**84.0**
学前教育	6496	208.4	208.2	18.1
初等教育	3302	634.8	521.7	22.0
中等教育	2641	1353.4	754.3	28.9
高等教育	258	2007.3	572.2	10.7
特殊教育	119	16.3	9.0	0.4
技能培训、教育辅助及其他教育	3770	214.9	110.6	4.0
卫生和社会工作	**7403**	**2504.6**	**2271.2**	**47.0**
卫生	2861	2402.6	2217.0	43.8
医院	615	1860.3	1709.7	31.1
基层医疗卫生服务	1807	372.0	384.0	9.8
专业公共卫生服务	412	158.7	119.5	2.9
其他卫生活动	27	11.6	3.8	0.1
社会工作	4542	102.0	54.2	3.2
提供住宿社会工作	2294	90.8	42.3	2.2
不提供住宿社会工作	2248	11.2	11.9	1.0

5-1　续表 2

行　业	单位数(个)	资产总计(亿元)	非企业单位支出(费用)(亿元)	从业人员(万人)
文化、体育和娱乐业	**3490**	**463.4**	**136.6**	**4.2**
新闻和出版业	133	23.3	11.8	0.4
新闻业	56	10.0	6.2	0.2
出版业	77	13.2	5.6	0.1
广播、电视、电影和录音制作业	77	78.8	24.0	0.7
广播	23	16.8	5.4	0.2
电视	27	48.7	14.8	0.4
影视节目制作	8	4.3	0.4	
广播电视集成播控	6	5.1	2.0	0.1
电影和广播电视节目发行	1	3.3	1.1	
电影放映	12	0.6	0.2	
录音制作				
文化艺术业	2361	235.4	79.4	2.5
文艺创作与表演	425	13.0	8.7	0.6
艺术表演场馆	23	6.5	0.9	
图书馆与档案馆	281	54.2	22.3	0.6
文物及非物质文化遗产保护	175	48.1	9.3	0.2
博物馆	295	70.7	14.8	0.3
烈士陵园、纪念馆	56	6.3	1.3	
群众文体活动	939	32.9	19.8	0.7
其他文化艺术业	167	3.6	2.2	0.1
体育	625	73.7	11.2	0.4
体育组织	352	23.4	5.1	0.2
体育场地设施管理	49	46.3	4.2	0.1
健身休闲活动	215	3.8	1.8	0.1
其他体育	9	0.2	0.1	
娱乐业	294	52.3	10.2	0.3
室内娱乐活动	16			
游乐园	5	0.2	0.3	
休闲观光活动	3			
彩票活动	63	40.4	7.2	0.1
文化体育娱乐活动与经纪代理服务	206	11.7	2.8	0.1
其他娱乐业	1			
公共管理、社会保障和社会组织	**77521**	**11467.3**	**7108.6**	**100.5**
中国共产党机关	950	50.0	147.3	2.2
国家机构	15325	8873.0	6480.8	69.2
人民政协、民主党派	298	3.3	17.7	0.4
社会保障	159	19.6	69.3	0.4
群众团体、社会团体和其他成员组织	29383	935.3	230.7	9.1
基层群众自治组织	31406	1586.1	162.8	19.2

5-2 交通运输、仓储和邮政业行政事业及非企业法人单位分地区主要指标

地　区	单位数(个)	资产总计(亿元)	非企业单位支出(费用)(亿元)	从业人员(人)
全　省	**240**	**116.8**	**170.9**	**14629**
杭州市	**33**	**24.0**	**37.6**	**3298**
上城区	1	0.0	1.6	30
下城区	2	10.1	15.5	872
江干区				
拱墅区				
西湖区	3	1.7	2.7	424
滨江区	1			
萧山区	6	3.1	3.5	839
余杭区	4	0.3	0.4	202
富阳区	3	0.6	2.1	263
临安区	4	3.7	6.6	191
桐庐县	3	1.4	1.6	109
淳安县	3	2.3	3.0	180
建德市	3	0.8	0.5	188
宁波市	**41**	**22.6**	**18.1**	**2717**
海曙区	5	1.4	1.2	333
江北区	3	1.6	1.0	148
北仑区	8	1.4	1.9	340
镇海区	4	5.0	2.2	382
鄞州区	5	6.3	2.2	361
奉化区	2	1.2	1.6	244
象山县	4	2.5	2.3	117
宁海县	3	1.7	3.1	332
余姚市	2	0.3	0.9	248
慈溪市	5	1.1	1.7	212
温州市	**8**	**8.4**	**3.4**	**598**
鹿城区	2	2.5	0.6	143
龙湾区	2	4.3	1.1	266
瓯海区	1	0.6	0.6	35
洞头区				
永嘉县	1	0.1	0.0	24
平阳县				
苍南县	1		0.0	
文成县				
泰顺县	1	1.0	1.1	130
瑞安市				
乐清市				
嘉兴市	**20**	**9.4**	**8.6**	**1043**
南湖区	2	2.1	0.5	192
秀洲区	2	1.2	1.8	173
嘉善县	4	2.0	1.2	198
海盐县	4	1.0	0.9	203
海宁市	3	1.4	3.0	141
平湖市	2	1.5	1.0	77
桐乡市	3	0.3	0.2	59
湖州市	**19**	**10.5**	**5.8**	**1257**
吴兴区	8	5.2	1.5	610
南浔区	2	2.0	0.8	48
德清县	2			
长兴县	5	1.5	0.9	435
安吉县	2	1.8	2.6	164

5-2　续表

地　区	单位数（个）	资产总计（亿元）	非企业单位支出(费用)（亿元）	从业人员（人）
绍兴市	**17**	**5.6**	**21.5**	**790**
越城区	3	0.5	0.5	61
柯桥区	3	1.3	15.7	161
上虞区	3	1.9	4.7	303
新昌县	3	1.5	0.4	180
诸暨市	2			
嵊州市	3	0.3	0.2	85
金华市	**14**	**6.3**	**41.4**	**935**
婺城区	4	2.0	2.2	174
金东区				
武义县				
浦江县				
磐安县	1	1.8	0.1	50
兰溪市	4	1.2	0.5	205
义乌市	1	0.0	0.0	25
东阳市	4	1.4	38.6	481
永康市				
衢州市	**11**	**5.2**	**4.7**	**739**
柯城区	4	3.6	1.3	409
衢江区	1	0.5	1.6	76
常山县	2	0.7	1.1	138
开化县	2	0.1	0.1	55
龙游县	2	0.3	0.5	61
江山市				
舟山市	**10**	**4.5**	**3.1**	**353**
定海区	5	3.2	2.3	245
普陀区	1	0.3	0.5	33
岱山县	1	0.8	0.1	30
嵊泗县	3	0.2	0.3	45
台州市	**32**	**9.5**	**12.9**	**1486**
椒江区	10	3.2	3.4	364
黄岩区	3	1.4	0.9	148
路桥区	1	0.3	0.6	76
三门县	1	0.6	0.6	92
天台县	4	0.7	1.2	52
仙居县	1	0.3	0.3	47
温岭市	2	0.7	1.8	157
临海市	6	1.5	3.3	374
玉环市	4	0.7	0.9	176
丽水市	**35**	**10.7**	**13.6**	**1413**
莲都区	10	4.9	4.2	580
青田县	4	0.8	2.0	146
缙云县	2	1.1	1.0	91
遂昌县	3	0.9	1.4	145
松阳县	3	0.5	1.1	79
云和县	5	0.3	0.9	116
庆元县	2	1.2	1.2	32
景宁畲族自治县	2	0.5	0.9	60
龙泉市	4	0.6	0.8	164

5-3 信息传输、软件和信息技术服务业行政事业及非企业业法人单位分地区主要指标

地　区	单位数(个)	资产总计(亿元)	非企业单位支出(费用)(亿元)	从业人员(人)
全　省	**343**	**96.2**	**27.3**	**6965**
杭州市	**74**	**14.3**	**7.3**	**1272**
上城区	6	1.6	1.4	45
下城区	12	3.0	1.1	106
江干区	4	0.4	0.9	17
拱墅区	2	0.1		13
西湖区	23	8.4	2.9	462
滨江区	5			
萧山区	4			4
余杭区	6	0.1	0.5	471
富阳区	3			1
临安区	2	0.6	0.3	118
桐庐县	1			
淳安县	2	0.1		11
建德市	4			24
宁波市	**29**	**13.5**	**2.4**	**571**
海曙区	2			13
江北区	1	1.1	0.3	103
北仑区	2	7.3	0.4	154
镇海区	2			2
鄞州区	13	4.1	1.4	211
奉化区	4	0.6	0.1	59
象山县	1			6
宁海县	1			
余姚市	2	0.1	0.1	18
慈溪市	1	0.2	0.0	5
温州市	**23**	**6.6**	**1.3**	**563**
鹿城区	13	3.2	0.3	93
龙湾区				
瓯海区				
洞头区	1			13
永嘉县				
平阳县	3	0.2	0.1	39
苍南县				
文成县	1	0.1		14
泰顺县	1			12
瑞安市	2			
乐清市	2	3.0	0.8	392
嘉兴市	**76**	**17.8**	**3.2**	**753**
南湖区	10	4.9	1.5	205
秀洲区	4	1.7	0.3	40
嘉善县	11	2.5	0.1	64
海盐县	13	2.9	0.2	116
海宁市	9	0.0		
平湖市	15	2.2	0.4	142
桐乡市	14	3.6	0.6	186
湖州市	**25**	**8.2**	**2.2**	**769**
吴兴区	8	5.6	1.5	601
南浔区	9	0.2	0.2	70
德清县	4			15
长兴县	4	2.4	0.4	83
安吉县				

5-3　续表

地　区	单位数（个）	资产总计（亿元）	非企业单位支出(费用)（亿元）	从业人员（人）
绍兴市	**33**	**7.0**	**4.0**	**603**
市辖区				
越城区	9	4.8	2.1	319
柯桥区	13		0.1	9
上虞区	4	0.8	0.7	194
新昌县	4	1.4	1.1	81
诸暨市	3			
嵊州市				
金华市	15	10.2	2.1	676
婺城区	4	0.8	0.3	45
武义县	1	1.6	0.2	106
浦江县				
磐安县				
兰溪市				
义乌市	4	0.3	0.5	77
东阳市	4	4.4	0.4	146
永康市	2	3.1	0.6	302
衢州市	**17**	**6.4**	**2.2**	**781**
柯城区	8	5.0	1.2	470
衢江区	4	0.2	0.4	92
常山县				
开化县	1	0.1		11
龙游县	3	1.1	0.6	197
江山市	1	0.1		11
舟山市	**15**	**3.3**	**0.9**	**416**
定海区	11	1.7	0.6	236
普陀区	1	1.6	0.3	168
岱山县				
嵊泗县	3	0.1		12
台州市	**12**	**5.4**	**0.3**	**77**
椒江区	3	0.6	0.1	27
黄岩区	1	0.1	0.1	9
路桥区	1			
三门县	2			
天台县				
仙居县	1			13
温岭市				
临海市	3	4.7		22
玉环市	1			6
丽水市	**24**	**3.5**	**1.6**	**484**
莲都区	5	0.6	0.3	44
青田县	2	2.1	0.7	181
缙云县	1			4
遂昌县	1	0.1		12
松阳县	3			71
云和县	4	0.4	0.3	70
庆元县	4	0.3	0.3	94
景宁畲族自治县	1			
龙泉市	3	0.1		8

5-4 租赁和商务服务业行政事业及非企业法人单位分地区主要指标

地 区	单位数(个)	资产总计(亿元)	非企业单位支出(费用)(亿元)	从业人员(人)
全 省	**2334**	**420.1**	**100.9**	**18256**
杭州市	**590**	**57.2**	**20.8**	**4025**
上城区	45	8.4	4.0	574
下城区	77	12.7	4.2	606
江干区	55	2.9	1.3	480
拱墅区	47	7.2	0.5	154
西湖区	91	11.4	3.7	847
滨江区	26	0.4	0.3	36
萧山区	36	2.5	1.1	602
余杭区	38	1.1	1.7	103
富阳区	23		0.3	104
临安区	22	1.4	0.6	99
桐庐县	91	7.1	2.5	204
淳安县	18	0.1	0.1	45
建德市	21	2.0	0.6	171
宁波市	**328**	**24.1**	**29.1**	**3163**
海曙区	49	5.5	7.2	631
江北区	26	1.4	7.7	359
北仑区	38	3.4	3.9	296
镇海区	38	1.2	0.5	147
鄞州区	82	8.2	6.7	921
奉化区	10	0.1	0.3	44
象山县	20	1.3	0.4	167
宁海县	22	1.2	0.6	199
余姚市	16	0.3	0.6	185
慈溪市	27	1.5	1.2	214
温州市	**216**	**5.2**	**4.4**	**1804**
鹿城区	50	1.7	1.1	375
龙湾区	13	0.4	0.2	69
瓯海区	27	0.6	0.6	236
洞头区	9		0.2	82
永嘉县	7	0.1		38
平阳县	14	0.2	0.2	74
苍南县	17	0.4	0.3	376
文成县	16	0.3	0.1	126
泰顺县	24	0.1	0.1	82
瑞安市	18	0.4	0.8	110
乐清市	21	1.0	0.8	236
嘉兴市	**223**	**13.9**	**7.5**	**1662**
南湖区	56	2.6	1.3	489
秀洲区	31	0.4	0.8	166
嘉善县	35	2.8	1.5	193
海盐县	18	0.4	0.4	128
海宁市	39	6.6	2.7	447
平湖市	27	0.3	0.3	91
桐乡市	17	0.9	0.6	148
湖州市	**100**	**217.6**	**8.6**	**828**
吴兴区	23	0.4	0.5	170
南浔区	24	0.4	0.7	169
德清县	24	0.7	0.4	348
长兴县	14	1.6	0.3	54
安吉县	15	214.5	6.7	87

5-4 续表

地 区	单位数(个)	资产总计(亿元)	非企业单位支出(费用)(亿元)	从业人员(人)
绍兴市	**152**	**48.6**	**3.5**	**960**
越城区	39	2.8	1.2	407
柯桥区	24	4.9	1.0	123
上虞区	39	0.7	0.5	144
新昌县	12	39.5	0.3	98
诸暨市	19	0.6	0.2	75
嵊州市	19	0.2	0.3	113
金华市	**150**	**8.1**	**6.2**	**1309**
婺城区	26	1.9	0.7	236
金东区	7	0.4	0.3	73
武义县	10	1.0	0.2	195
浦江县	11	0.6	0.6	70
磐安县	17	0.2	0.3	62
兰溪市	14	1.1	1.5	85
义乌市	24	1.6	1.7	292
东阳市	25	0.7	0.6	166
永康市	16	0.6	0.3	130
衢州市	**87**	**4.2**	**4.4**	**715**
柯城区	42	1.2	2.3	491
衢江区	6		0.4	30
常山县	12	0.4	1.0	58
开化县	7		0.0	40
龙游县	6	1.0	0.4	46
江山市	14	1.5	0.1	50
舟山市	**95**	**4.9**	**1.5**	**494**
定海区	38	2.2	0.6	146
普陀区	35	1.0	0.3	118
岱山县	13	1.5	0.4	154
嵊泗县	9	0.2	0.2	76
台州市	**163**	**32.9**	**11.3**	**1578**
椒江区	45	17.9	2.1	756
黄岩区	16	0.5	0.3	63
路桥区	15	0.6	0.4	80
三门县	11	0.5	0.4	65
天台县	11	0.8	5.6	108
仙居县	13	0.1	0.4	61
温岭市	13	1.7	1.1	122
临海市	22	8.0	0.3	127
玉环市	17	2.9	0.8	196
丽水市	**230**	**3.5**	**3.6**	**1718**
莲都区	34	1.2	1.3	415
青田县	46	0.1	0.4	188
缙云县	19	0.3	0.6	171
遂昌县	26	0.4	0.2	62
松阳县	60	0.8	0.4	555
云和县	9	0.1	0.1	50
庆元县	9	0.1	0.2	38
景宁畲族自治县	5	0.3	0.2	95
龙泉市	22	0.2	0.3	144

5-5 科学研究和技术服务业行政事业及非企业法人单位分地区主要指标

地 区	单位数(个)	资产总计(亿元)	非企业单位支出(费用)(亿元)	从业人员(人)
全 省	**2978**	**2572.8**	**275.7**	**45469**
杭州市	**680**	**1829.9**	**121.4**	**17174**
上城区	56	1071.4	33.2	905
下城区	45	20.8	9.7	1477
江干区	89	181.8	25.2	4858
拱墅区	28	218.6	2.6	572
西湖区	140	109.3	34.8	5535
滨江区	32	165.9	1.1	228
萧山区	52	10.3	2.9	726
余杭区	62	42.5	3.9	993
富阳区	33	2.7	3.7	899
临安区	38	3.1	1.3	375
桐庐县	54	1.6	0.9	218
淳安县	19	1.3	0.6	178
建德市	32	0.5	1.6	210
宁波市	**310**	**193.3**	**47.6**	**6267**
海曙区	41	35.6	5.1	970
江北区	11	0.3	0.3	78
北仑区	29	4.2	15.1	272
镇海区	22	22.2	5.6	940
鄞州区	74	115.1	14.5	2254
奉化区	20	2.5	1.0	163
象山县	20	1.3	1.1	241
宁海县	23	2.7	0.9	332
余姚市	32	6.7	1.9	465
慈溪市	38	2.7	2.1	552
温州市	**312**	**284.1**	**18.3**	**3751**
鹿城区	80	253.3	7.3	1631
龙湾区	19	21.1	1.9	355
瓯海区	22	1.7	4.2	201
洞头区	14	0.5	0.5	153
永嘉县	27	1.4	0.7	296
平阳县	22	2.0	0.7	101
苍南县	19	0.6	0.9	220
文成县	14	0.4	0.2	58
泰顺县	20	0.6	0.4	51
瑞安市	34	1.0	0.6	306
乐清市	41	1.7	0.9	379
嘉兴市	**292**	**53.7**	**21.3**	**2898**
南湖区	68	26.9	5.7	1080
秀洲区	21	3.2	1.5	284
嘉善县	53	9.2	3.4	224
海盐县	31	1.6	2.5	419
海宁市	48	6.4	2.1	372
平湖市	38	3.7	2.4	268
桐乡市	33	2.8	3.8	251
湖州市	**138**	**109.3**	**10.5**	**2166**
吴兴区	65	65.2	6.6	1548
南浔区	14	1.0	0.7	145
德清县	27	1.4	0.8	199
长兴县	21	40.1	1.3	189
安吉县	11	1.6	1.2	85

5-5　续表

地　区	单位数 (个)	资产总计 (亿元)	非企业单位 支出(费用) (亿元)	从业人员 (人)
绍兴市	**223**	**22.6**	**11.1**	**2856**
越城区	61	13.2	5.4	1404
柯桥区	32	1.8	2.6	431
上虞区	41	3.8	1.3	342
新昌县	22	1.0	0.4	135
诸暨市	27	1.3	0.5	224
嵊州市	40	1.4	0.9	320
金华市	**234**	**20.2**	**11.2**	**3151**
婺城区	50	8.3	2.6	670
金东区	19	2.0	1.6	418
武义县	18	1.2	0.4	163
浦江县	21	0.8	0.8	234
磐安县	8	0.3	0.2	70
兰溪市	28	2.0	1.2	268
义乌市	35	2.8	2.7	723
东阳市	37	1.3	1.0	312
永康市	18	1.4	0.7	293
衢州市	**166**	**8.2**	**7.4**	**1364**
柯城区	51	3.6	2.5	634
衢江区	17	0.6	0.4	88
常山县	24	1.2	1.6	167
开化县	24	0.9	0.8	148
龙游县	19	0.9	0.5	127
江山市	31	0.9	1.7	200
舟山市	**94**	**11.6**	**5.0**	**1161**
定海区	52	10.0	4.3	1008
普陀区	12	0.4	0.2	56
岱山县	13	0.3	0.1	23
嵊泗县	17	0.9	0.4	74
台州市	**270**	**21.7**	**12.6**	**2684**
椒江区	80	10.9	7.2	1274
黄岩区	27	1.8	0.9	317
路桥区	20	0.4	0.3	48
三门县	17	0.4	0.2	81
天台县	23	1.5	0.9	191
仙居县	18	1.1	0.1	58
温岭市	15	1.3	1.1	187
临海市	45	2.3	1.2	364
玉环市	25	2.0	0.8	164
丽水市	**259**	**18.1**	**9.1**	**1997**
莲都区	76	13.3	6.1	1120
青田县	21	0.5	0.4	129
缙云县	18	0.5	0.5	129
遂昌县	21	0.7	0.6	100
松阳县	20	0.5	0.3	112
云和县	15	0.4	0.2	48
庆元县	27	0.6	0.3	117
景宁畲族自治县	4	0.2		18
龙泉市	57	1.3	0.7	224

5-6 水利、环境和公共设施管理业行政事业及非企业业法人单位分地区主要指标

地 区	单位数(个)	资产总计(亿元)	非企业单位支出(费用)(亿元)	从业人员(人)
全 省	**1291**	**766.8**	**244.7**	**47684**
杭州市	**255**	**364.3**	**92.3**	**10510**
上城区	30	132.6	10.0	1702
下城区	26	21.7	22.5	852
江干区	31	84.6	11.1	800
拱墅区	13	26.4	5.7	413
西湖区	36	68.4	7.2	1504
滨江区	8			
萧山区	17	11.2	25.6	1308
余杭区	29	8.4	2.4	339
富阳区	15	1.6	2.4	1014
临安区	25	6.5	1.8	326
桐庐县	4	0.5	1.2	614
淳安县	9	1.7	1.4	784
建德市	12	0.8	1.1	854
宁波市	**158**	**74.9**	**41.0**	**9322**
海曙区	19	13.7	7.4	1904
江北区	9	2.6	2.2	203
北仑区	11	2.4	1.8	502
镇海区	16	4.9	2.2	902
鄞州区	31	8.8	16.2	1551
奉化区	11	1.1	3.1	463
象山县	9	1.3	1.2	1522
宁海县	13	16.8	2.0	351
余姚市	21	16.7	2.3	377
慈溪市	18	6.5	2.5	1547
温州市	**99**	**61.1**	**15.5**	**3957**
鹿城区	15	5.9	4.6	1270
龙湾区				
瓯海区	13	31.6	2.2	317
洞头区	2		0.2	84
永嘉县	4	6.0	0.4	39
平阳县	3			1
苍南县	5	0.7	0.5	114
文成县	1	0.1	0.1	22
泰顺县	5	1.2	0.4	276
瑞安市	14	6.7	3.7	405
乐清市	37	8.9	3.5	1429
嘉兴市	**131**	**47.9**	**23.1**	**1726**
南湖区	10	0.2	0.2	51
秀洲区	12	1.8	0.6	41
嘉善县	13	12.9	3.6	205
海盐县	26	10.3	3.1	308
海宁市	31	20.0	6.6	330
平湖市	19	1.6	1.6	358
桐乡市	20	1.0	7.3	433
湖州市	**82**	**57.2**	**10.7**	**1953**
吴兴区	13	4.4	5.9	311
南浔区	8	2.0	0.8	176
德清县	18	5.8	2.1	499
长兴县	28	3.5	1.3	717
安吉县	15	41.5	0.5	250

5-6 续表

地 区	单位数(个)	资产总计(亿元)	非企业单位支出(费用)(亿元)	从业人员(人)
绍兴市	**97**	**16.7**	**11.5**	**4248**
越城区	29	2.2	1.9	371
柯桥区	17	2.9	3.0	232
上虞区	16	5.9	2.9	417
新昌县	7	0.9	0.3	71
诸暨市	17	3.4	2.1	2944
嵊州市	11	1.4	1.2	213
金华市	**156**	**42.0**	**15.9**	**7602**
婺城区	21	2.2	1.8	374
金东区	19	0.3	0.2	62
武义县	7	0.5	0.5	242
浦江县	18	3.8	2.2	458
磐安县	5	1.3	0.7	237
兰溪市	28	13.9	1.3	509
义乌市	18	2.9	4.9	2068
东阳市	21	8.8	2.3	1348
永康市	19	8.2	1.9	2304
衢州市	**57**	**11.4**	**3.4**	**688**
柯城区	19	1.4	1.3	248
衢江区	9	1.4	0.5	119
常山县	9	3.2	0.8	129
开化县	5	1.1	0.2	48
龙游县	11	4.1	0.3	79
江山市	4	0.2	0.4	65
舟山市	**25**	**2.8**	**5.1**	**1034**
定海区	8	1.4	2.5	179
普陀区	5	0.9	1.7	371
岱山县	8	0.3	0.7	147
嵊泗县	4	0.2	0.3	337
台州市	**145**	**73.8**	**18.0**	**4230**
椒江区	36	31.0	5.3	1422
黄岩区	23	15.2	2.9	418
路桥区	6	0.6	0.8	38
三门县	7	1.4	1.2	453
天台县	18	1.9	1.4	1246
仙居县	10	5.7	3.8	95
温岭市	26	10.9	1.1	198
临海市	13	7.0	0.5	193
玉环市	6	0.2	1.0	167
丽水市	**86**	**14.8**	**8.3**	**2414**
莲都区	24	1.1	1.8	292
青田县	11	4.4	2.1	962
缙云县	5	0.7	0.5	217
遂昌县	9	0.7	0.8	157
松阳县	14	4.9	0.7	130
云和县	6	0.2	0.3	111
庆元县	6	1.5	0.9	192
景宁畲族自治县	3	0.2	0.3	41
龙泉市	8	1.1	0.7	312

5-7 居民服务、修理和其他服务业行政事业及非企业法人单位分地区主要指标

地　区	单位数(个)	资产总计(亿元)	非企业单位支出(费用)(亿元)	从业人员(人)
全　省	**1630**	**46.2**	**25.7**	**8599**
杭州市	**409**	**12.0**	**9.7**	**2663**
上城区	38	1.9	1.6	349
下城区	35	0.7	0.5	149
江干区	85	2.7	4.8	1154
拱墅区	38	0.4	0.5	130
西湖区	23	3.2	0.8	217
滨江区	7			16
萧山区	28	1.1	0.4	116
余杭区	82	1.2	0.7	318
富阳区	7	0.1	0.2	53
临安区	10	0.4	0.1	60
桐庐县	24	0.1	0.1	31
淳安县	10			18
建德市	22	0.3	0.1	52
宁波市	**354**	**3.0**	**2.2**	**1311**
海曙区	31	0.3	0.2	263
江北区	38		0.1	6
北仑区	19	0.3	0.4	154
镇海区	13	0.1	0.3	329
鄞州区	107	0.7	0.4	212
奉化区	12	0.1	0.1	47
象山县	43	0.4	0.2	103
宁海县	18	0.3	0.2	88
余姚市	12	0.2	0.2	80
慈溪市	61	0.5	0.2	29
温州市	**129**	**3.4**	**2.6**	**893**
鹿城区	6	0.2		60
龙湾区	12	0.9	0.1	44
瓯海区	28	0.5	1.0	97
洞头区	6			16
永嘉县	7	0.1	0.1	65
平阳县	22	0.1	0.1	113
苍南县	14	0.2	0.2	164
文成县	8			46
泰顺县	5	0.1	0.1	24
瑞安市	5	0.2	0.3	115
乐清市	16	1.2	0.6	149
嘉兴市	**122**	**7.1**	**2.1**	**870**
南湖区	23	0.4	0.3	325
秀洲区	17	2.8	0.4	191
嘉善县	19	1.2	0.3	78
海盐县	14	0.4	0.2	61
海宁市	33	1.1	0.3	96
平湖市	10	0.3	0.2	54
桐乡市	6	1.0	0.4	65
湖州市	**41**	**2.7**	**1.0**	**394**
吴兴区	7	1.7	0.4	94
南浔区	8	0.2	0.1	69
德清县	15	0.8	0.5	197
长兴县	1			
安吉县	10			34

5-7　续表

地　区	单位数(个)	资产总计(亿元)	非企业单位支出(费用)(亿元)	从业人员(人)
绍兴市	**140**	**4.5**	**1.5**	**779**
越城区	11	1.5	0.4	65
柯桥区	15	0.1	0.2	43
上虞区	18	0.1	0.1	44
新昌县	3			93
诸暨市	39	2.4	0.4	361
嵊州市	54	0.4	0.4	173
金华市	**106**	**2.8**	**1.7**	**326**
婺城区	21	0.1		24
金东区	13	0.2	0.1	23
武义县	4	0.2	0.6	6
浦江县	4	0.3	0.1	46
磐安县	4			3
兰溪市	31	0.4	0.2	35
义乌市	2	0.5	0.2	62
东阳市	25	0.2	0.2	91
永康市	2	0.9	0.3	36
衢州市	**45**	**2.7**	**1.5**	**228**
柯城区	16	0.4	0.8	56
衢江区	1	0.6	0.2	62
常山县	5	0.3	0.1	40
开化县	7			11
龙游县	2	0.8	0.4	26
江山市	14	0.6	0.1	33
舟山市	**22**	**1.3**	**0.3**	**163**
定海区	8	0.7	0.1	37
普陀区	5	0.3	0.1	63
岱山县	6	0.2	0.1	40
嵊泗县	3	0.1		23
台州市	**142**	**5.8**	**2.5**	**652**
椒江区	21			20
黄岩区	2	0.1		9
路桥区	15	1.5	0.8	176
三门县	4	0.2	0.8	47
天台县	18	0.2	0.1	26
仙居县	13	1.7	0.1	57
温岭市	26	0.7	0.3	133
临海市	22			16
玉环市	21	1.5	0.4	168
丽水市	**120**	**0.9**	**0.6**	**320**
莲都区	34	0.1	0.2	83
青田县	33		0.1	51
缙云县	3	0.3	0.1	41
遂昌县	13	0.1		26
松阳县	14			45
云和县	6	0.1	0.1	24
庆元县	15	0.1		25
景宁畲族自治县				
龙泉市	2	0.2		25

5-8 教育行政事业及非企业法人单位分地区主要指标

地 区	单位数(个)	资产总计(亿元)	非企业单位支出(费用)(亿元)	从业人员(人)
全 省	**16586**	**4435.1**	**2175.9**	**840128**
杭州市	**2694**	**1753.3**	**651.6**	**193938**
上城区	112	56.0	21.4	5991
下城区	180	67.9	49.6	11441
江干区	255	221.0	98.0	29701
拱墅区	169	76.9	29.3	10251
西湖区	291	648.3	189.3	36149
滨江区	113	94.1	38.6	9911
萧山区	462	174.3	61.4	26225
余杭区	324	232.1	77.6	26258
富阳区	224	46.9	30.1	12917
临安区	176	71.8	24.0	8737
桐庐县	128	43.1	14.6	5829
淳安县	126	9.2	8.9	4926
建德市	134	11.8	9.0	5602
宁波市	**2564**	**613.5**	**327.4**	**115488**
海曙区	315	180.6	59.1	15601
江北区	170	54.6	32.6	9880
北仑区	152	34.0	20.6	8247
镇海区	117	31.8	17.9	5824
鄞州区	440	147.2	68.7	22600
奉化区	139	11.0	13.3	5557
象山县	193	32.1	16.8	8501
宁海县	235	24.5	20.1	9142
余姚市	329	42.6	29.6	13289
慈溪市	474	54.9	48.7	16847
温州市	**2755**	**538.8**	**278.3**	**124486**
鹿城区	264	67.2	35.6	14910
龙湾区	203	75.0	21.0	8717
瓯海区	207	170.7	59.8	17714
洞头区	53	16.6	8.9	1888
永嘉县	314	31.1	20.7	12241
平阳县	181	40.0	19.2	10967
苍南县	404	32.2	26.1	16234
文成县	67	8.3	7.0	3141
泰顺县	134	10.5	10.2	4963
瑞安市	526	43.4	34.4	17714
乐清市	402	43.8	35.5	15997
嘉兴市	**979**	**238.9**	**152.0**	**59325**
南湖区	227	81.3	38.4	12769
秀洲区	109	11.6	12.5	6162
嘉善县	98	28.6	15.6	6521
海盐县	118	28.9	13.9	5374
海宁市	184	21.7	28.5	11106
平湖市	113	28.9	19.1	7550
桐乡市	130	37.8	24.0	9843
湖州市	**668**	**148.2**	**78.4**	**35694**
吴兴区	179	59.3	30.0	11985
南浔区	106	8.7	10.5	4722
德清县	124	18.0	12.3	5904
长兴县	143	46.5	14.4	7570
安吉县	116	15.7	11.3	5513

5-8　续表

地　区	单位数 (个)	资产总计 (亿元)	非企业单位 支出(费用) (亿元)	从业人员 (人)
绍兴市	**1263**	**310.3**	**158.8**	**64364**
越城区	222	90.6	44.2	14514
柯桥区	189	60.6	29.5	11936
上虞区	215	36.2	25.2	9948
新昌县	89	14.0	11.9	4308
诸暨市	271	89.8	30.0	15467
嵊州市	277	19.1	18.1	8191
金华市	**1997**	**286.9**	**173.0**	**80767**
婺城区	355	105.1	48.5	17482
金东区	118	25.5	13.1	5315
武义县	133	11.6	8.2	4745
浦江县	125	15.3	12.7	5256
磐安县	36	8.7	4.4	2200
兰溪市	144	10.9	8.9	5912
义乌市	452	45.6	39.6	18814
东阳市	313	32.3	20.9	10837
永康市	321	31.9	16.8	10206
衢州市	**711**	**88.9**	**63.5**	**29334**
柯城区	135	34.9	20.2	8142
衢江区	102	11.8	8.2	3781
常山县	110	8.4	6.5	3295
开化县	77	6.4	7.5	3051
龙游县	131	10.3	8.6	4347
江山市	156	17.2	12.5	6718
舟山市	**336**	**89.6**	**38.4**	**15816**
定海区	159	67.4	22.8	8064
普陀区	89	15.6	9.0	4659
岱山县	57	4.3	4.4	2111
嵊泗县	31	2.2	2.2	982
台州市	**1804**	**260.6**	**173.0**	**85851**
椒江区	269	62.2	34.5	13919
黄岩区	222	34.1	20.8	8493
路桥区	194	20.7	14.1	7824
三门县	130	19.9	9.1	5147
天台县	99	17.8	12.2	6928
仙居县	125	13.2	12.0	5544
温岭市	361	35.8	29.0	17285
临海市	163	38.4	23.2	11140
玉环市	241	18.5	18.1	9571
丽水市	**815**	**105.9**	**81.4**	**35065**
莲都区	178	43.7	23.5	9204
青田县	112	11.6	11.2	4897
缙云县	149	11.5	12.1	5747
遂昌县	55	4.2	6.2	2689
松阳县	90	7.4	6.7	3227
云和县	37	5.5	3.9	1524
庆元县	61	4.4	5.3	2311
景宁畲族自治县	38	6.1	4.2	1689
龙泉市	95	11.5	8.4	3777

5-9 卫生和社会工作行政事业及非企业法人单位分地区主要指标

地　区	单位数(个)	资产总计(亿元)	非企业单位支出(费用)(亿元)	从业人员(人)
全　省	**7403**	**2504.6**	**2271.2**	**469666**
杭州市	**1520**	**797.3**	**691.8**	**117279**
上城区	172	190.4	204.2	23907
下城区	171	89.2	77.2	12492
江干区	142	57.9	65.6	9704
拱墅区	113	63.8	56.1	7971
西湖区	123	101.6	64.8	14459
滨江区	31	25.7	27.4	1713
萧山区	166	85.9	56.5	14829
余杭区	195	59.6	46.8	9778
富阳区	101	38.4	27.8	5861
临安区	100	21.3	21.1	5566
桐庐县	72	21.7	11.9	4220
淳安县	68	26.1	18.6	3146
建德市	66	15.7	13.9	3633
宁波市	**1163**	**386.6**	**352.4**	**65713**
海曙区	147	92.4	76.2	11837
江北区	111	28.9	22.9	4084
北仑区	68	20.7	25.1	4606
镇海区	100	20.5	18.2	3750
鄞州区	181	84.8	79.1	13642
奉化区	81	16.4	18.0	3970
象山县	97	15.8	18.4	4183
宁海县	70	19.0	21.5	4940
余姚市	137	39.9	32.3	7144
慈溪市	171	48.2	40.7	7557
温州市	**992**	**278.2**	**273.6**	**58495**
鹿城区	101	84.9	86.3	16481
龙湾区	48	3.8	4.9	1318
瓯海区	57	64.3	67.4	8706
洞头区	53	2.1	2.8	835
永嘉县	101	9.1	12.6	3634
平阳县	78	11.9	14.1	3764
苍南县	154	26.7	19.6	6142
文成县	37	4.7	4.0	1647
泰顺县	56	5.6	5.9	1929
瑞安市	222	40.5	30.2	7383
乐清市	85	24.8	25.7	6656
嘉兴市	**776**	**169.6**	**154.0**	**34520**
南湖区	104	57.7	51.3	10614
秀洲区	56	5.6	6.6	1947
嘉善县	84	18.2	16.4	3937
海盐县	60	15.5	12.9	2855
海宁市	289	26.1	25.1	5791
平湖市	125	17.1	16.6	3939
桐乡市	58	29.3	25.0	5437
湖州市	**266**	**89.7**	**87.5**	**22024**
吴兴区	58	39.4	33.7	8132
南浔区	46	6.2	9.1	2641
德清县	46	13.4	13.0	3607
长兴县	72	19.0	17.5	4146
安吉县	44	11.8	14.3	3498

5-9 续表

地 区	单位数(个)	资产总计(亿元)	非企业单位支出(费用)(亿元)	从业人员(人)
绍兴市	**393**	**159.1**	**145.2**	**34589**
越城区	81	50.4	45.5	7932
柯桥区	60	24.0	27.9	6482
上虞区	59	16.6	22.1	5059
新昌县	36	13.2	12.1	3464
诸暨市	86	31.4	19.4	7289
嵊州市	71	23.7	18.2	4363
金华市	**455**	**188.8**	**176.6**	**44474**
婺城区	97	53.7	45.5	11385
金东区	34	4.7	4.2	1133
武义县	44	11.8	10.2	2636
浦江县	37	7.2	9.0	2699
磐安县	33	5.3	4.8	1351
兰溪市	65	14.3	12.8	4051
义乌市	43	37.6	42.8	9022
东阳市	64	30.7	26.0	6890
永康市	38	23.5	21.4	5307
衢州市	**349**	**66.0**	**65.7**	**16495**
柯城区	88	27.7	25.0	5699
衢江区	43	7.8	6.5	1357
常山县	44	4.7	6.3	1817
开化县	48	6.3	7.5	2139
龙游县	42	6.0	8.2	2103
江山市	84	13.4	12.1	3380
舟山市	**233**	**33.7**	**40.1**	**10066**
定海区	97	22.7	22.8	5219
普陀区	71	5.8	9.6	2681
岱山县	45	4.0	5.4	1464
嵊泗县	20	1.2	2.4	702
台州市	**561**	**246.7**	**198.1**	**45548**
椒江区	69	36.4	29.4	7179
黄岩区	66	20.9	21.3	4496
路桥区	38	11.2	9.3	2782
三门县	44	9.6	9.1	2388
天台县	37	15.0	16.1	3183
仙居县	65	12.9	10.7	2831
温岭市	128	45.3	36.1	9584
临海市	74	79.6	47.5	9305
玉环市	40	15.9	18.7	3800
丽水市	**695**	**88.8**	**86.1**	**20463**
莲都区	84	44.9	41.7	7896
青田县	98	9.1	7.7	1949
缙云县	279	9.5	9.8	3189
遂昌县	35	3.8	5.3	1436
松阳县	35	6.7	5.6	1460
云和县	35	5.9	3.4	999
庆元县	27	3.6	4.2	1157
景宁畲族自治县	30	2.8	3.2	806
龙泉市	72	2.5	5.1	1571

5-10 文化、体育和娱乐业行政事业及非企业法人单位分地区主要指标

地　区	单位数(个)	资产总计(亿元)	非企业单位支出(费用)(亿元)	从业人员(人)
全　省	**3490**	**463.4**	**136.6**	**42084**
杭州市	**860**	**190.7**	**46.4**	**10346**
上城区	81	32.0	6.0	1158
下城区	102	15.8	8.0	1361
江干区	62	23.2	3.2	746
拱墅区	69	2.0	2.1	508
西湖区	130	75.1	15.9	3258
滨江区	29	0.3	0.7	97
萧山区	97	13.0	2.4	925
余杭区	74	21.2	4.0	733
富阳区	35	3.3	1.5	500
临安区	35	1.6	0.5	209
桐庐县	65	0.9	0.5	223
淳安县	31	0.9	1.0	334
建德市	50	1.6	0.6	294
宁波市	**415**	**77.6**	**19.8**	**5335**
海曙区	48	14.5	3.9	712
江北区	36	3.5	1.6	297
北仑区	25	6.9	1.0	265
镇海区	21	4.3	1.0	254
鄞州区	104	23.8	4.7	1167
奉化区	18	9.3	0.9	336
象山县	29	2.6	1.1	336
宁海县	42	2.5	1.8	498
余姚市	40	5.9	2.5	972
慈溪市	52	4.3	1.4	498
温州市	**455**	**30.5**	**13.7**	**6055**
鹿城区	46	17.4	6.3	1556
龙湾区	21	2.7	0.5	154
瓯海区	28	0.6	0.5	288
洞头区	14	0.6	0.5	128
永嘉县	21	1.0	0.9	532
平阳县	28	0.3	0.4	217
苍南县	40	1.4	0.8	635
文成县	13	0.7	0.5	222
泰顺县	35	0.9	0.8	458
瑞安市	169	3.3	1.7	1163
乐清市	40	1.7	0.8	702
嘉兴市	**361**	**24.4**	**10.9**	**2625**
南湖区	47	6.0	1.7	649
秀洲区	29	1.5	0.4	81
嘉善县	62	10.2	3.9	715
海盐县	33	0.6	0.7	245
海宁市	114	2.6	1.8	418
平湖市	46	2.7	1.1	272
桐乡市	30	0.8	1.3	245
湖州市	**151**	**13.8**	**5.0**	**1610**
吴兴区	36	5.3	2.0	547
南浔区	27	0.4	0.4	130
德清县	35	2.9	1.5	560
长兴县	30	0.8	0.4	265
安吉县	23	4.5	0.7	108

5-10　续表

地　区	单位数(个)	资产总计(亿元)	非企业单位支出(费用)(亿元)	从业人员(人)
绍兴市	**217**	**16.7**	**8.6**	**2578**
越城区	49	5.9	2.1	546
柯桥区	25	3.1	1.6	329
上虞区	29	0.5	0.6	243
新昌县	24	1.7	0.6	393
诸暨市	47	4.8	2.8	775
嵊州市	43	0.9	0.9	292
金华市	**230**	**21.1**	**8.9**	**3910**
婺城区	49	8.9	3.4	1293
金东区	11	0.4	0.1	67
武义县	8	0.4	0.2	129
浦江县	24	0.9	0.9	293
磐安县	12	1.6	0.3	376
兰溪市	28	2.8	0.6	418
义乌市	28	3.1	2.1	447
东阳市	44	1.1	0.8	549
永康市	26	2.1	0.4	338
衢州市	**187**	**3.2**	**2.9**	**1290**
柯城区	34	1.2	0.8	385
衢江区	7	0.2	0.4	43
常山县	32	0.7	0.6	273
开化县	33	0.6	0.6	271
龙游县	29	0.2	0.2	88
江山市	52	0.3	0.4	230
舟山市	**109**	**7.1**	**3.5**	**1567**
定海区	51	4.8	2.2	920
普陀区	25	0.7	0.3	182
岱山县	19	1.4	0.8	366
嵊泗县	14	0.2	0.2	99
台州市	**282**	**70.8**	**11.5**	**4616**
椒江区	53	11.1	3.6	1168
黄岩区	33	2.9	1.0	352
路桥区	14	1.3	0.2	190
三门县	32	1.5	0.9	341
天台县	25	2.3	0.8	419
仙居县	14	2.6	0.9	314
温岭市	57	7.5	1.3	589
临海市	38	37.7	0.9	657
玉环市	16	4.0	1.9	586
丽水市	**223**	**7.7**	**5.5**	**2152**
莲都区	35	2.6	1.9	569
青田县	54	0.3	0.3	296
缙云县	28	0.9	0.5	304
遂昌县	22	1.1	0.9	275
松阳县	12	0.4	0.3	111
云和县	12	0.5	0.3	148
庆元县	10	0.2	0.2	94
景宁畲族自治县	9	0.8	0.6	181
龙泉市	41	0.9	0.5	174

5-11 公共管理、社会保障和社会组织行政事业及非企业法人单位分地区主要指标

地 区	单位数 (个)	资产总计 (亿元)	非企业单位 支出(费用) (亿元)	从业人员 (人)
全 省	**77521**	**11467.3**	**7108.6**	**1005163**
杭州市	**10987**	**3675.8**	**1834.5**	**169912**
上城区	648	410.1	190.3	14316
下城区	906	191.4	101.4	10629
江干区	933	463.6	237.2	22883
拱墅区	516	965.2	460.9	8879
西湖区	1313	354.5	148.7	20623
滨江区	304	89.2	46.7	4074
萧山区	1248	462.5	194.0	21804
余杭区	980	155.2	183.6	21410
富阳区	800	153.7	92.9	12911
临安区	862	250.2	42.1	9359
桐庐县	674	51.4	35.1	6766
淳安县	1048	102.8	49.3	8409
建德市	755	26.0	52.5	7849
宁波市	**7956**	**1727.2**	**1239.7**	**121207**
海曙区	849	214.8	155.2	13019
江北区	416	172.5	123.9	5927
北仑区	661	93.0	112.8	9308
镇海区	345	83.8	41.7	7038
鄞州区	1434	358.3	287.6	31005
奉化区	769	131.4	65.5	8909
象山县	1074	54.5	74.5	8144
宁海县	934	89.8	78.5	11655
余姚市	681	83.1	95.1	13254
慈溪市	793	446.1	204.9	12948
温州市	**14444**	**1709.6**	**761.6**	**168703**
鹿城区	1576	306.0	111.8	25019
龙湾区	711	515.7	103.8	11132
瓯海区	822	118.5	65.0	11882
洞头区	465	21.2	20.2	4464
永嘉县	1720	78.4	56.6	15908
平阳县	1683	66.1	50.6	16995
苍南县	1756	52.6	53.3	20001
文成县	746	70.8	22.6	8847
泰顺县	719	104.5	31.9	8981
瑞安市	2055	188.4	182.2	21063
乐清市	2191	187.5	63.7	24411
嘉兴市	**4518**	**632.6**	**446.5**	**56251**
南湖区	858	184.6	71.8	9568
秀洲区	474	39.5	66.4	7118
嘉善县	514	158.5	57.9	6228
海盐县	483	33.9	30.0	6087
海宁市	774	60.3	56.7	8119
平湖市	620	49.3	55.1	9993
桐乡市	795	106.4	108.6	9138
湖州市	**3443**	**479.2**	**415.9**	**50211**
吴兴区	1150	154.7	190.2	17578
南浔区	588	47.1	27.4	6138
德清县	539	54.7	59.3	6615
长兴县	620	74.2	92.2	9846
安吉县	546	148.4	46.7	10034

5-11 续表

地 区	单位数(个)	资产总计(亿元)	非企业单位支出(费用)(亿元)	从业人员(人)
绍兴市	**6080**	**683.5**	**478.2**	**72100**
越城区	1369	198.0	90.7	16119
柯桥区	948	120.2	91.8	11805
上虞区	877	44.9	60.0	11544
新昌县	712	95.3	39.7	9488
诸暨市	1264	170.3	161.8	14119
嵊州市	910	54.8	34.1	9025
金华市	**8146**	**852.9**	**646.8**	**104857**
婺城区	1275	148.5	146.0	20519
金东区	751	31.9	67.3	8592
武义县	790	14.4	22.8	7236
浦江县	697	25.8	27.4	7990
磐安县	606	42.2	20.1	5566
兰溪市	734	27.9	35.0	9315
义乌市	1338	223.7	234.2	20813
东阳市	853	177.8	44.9	11330
永康市	1102	160.7	48.9	13496
衢州市	**3814**	**267.9**	**262.7**	**52094**
柯城区	927	62.1	75.1	11615
衢江区	538	33.7	52.8	8434
常山县	453	27.9	19.2	6940
开化县	570	39.6	39.3	8234
龙游县	630	52.4	41.2	8574
江山市	696	52.2	35.1	8297
舟山市	**2255**	**236.7**	**136.0**	**33618**
定海区	948	122.0	74.7	14474
普陀区	559	41.9	30.5	10270
岱山县	448	34.4	14.1	5463
嵊泗县	300	38.3	16.7	3411
台州市	**9548**	**842.3**	**608.2**	**108965**
椒江区	1261	197.8	122.9	18142
黄岩区	1113	151.8	77.8	9216
路桥区	794	61.7	52.3	9104
三门县	661	25.7	32.0	7557
天台县	925	29.1	33.6	8776
仙居县	801	70.0	52.3	8530
温岭市	1505	188.5	130.2	19255
临海市	1795	76.5	50.9	17566
玉环市	693	41.2	56.1	10819
丽水市	**6330**	**359.6**	**278.6**	**67245**
莲都区	859	83.1	68.6	12200
青田县	1105	38.1	27.1	10085
缙云县	639	48.5	26.9	8274
遂昌县	536	23.1	29.2	5812
松阳县	741	28.3	24.6	6692
云和县	450	27.0	28.1	5095
庆元县	666	43.6	24.4	6133
景宁畲族自治县	417	20.8	20.2	5243
龙泉市	917	47.3	29.6	7711

第6篇

企业信息化和电子商务交易情况篇

6-1 分行业企业使用计算机情况

行　业	企业数（个）	使用计算机的企业		期末在用计算机数（台）	每百人拥有计算机数（台）
		数量（个）	比重（%）		
全　省	**88443**	**88123**	**99.6**	**4055446**	**24.0**
采矿业	**125**	**125**	**100.0**	**1672**	**16.9**
煤炭开采和洗选业	*	*	*	*	*
黑色金属矿采选业	4	4	100.0	269	28.3
有色金属矿采选业	11	11	100.0	284	15.8
非金属矿采选业	109	109	100.0	1113	15.6
制造业	**40341**	**40301**	**99.9**	**1804544**	**27.8**
农副食品加工业	664	664	100.0	14769	21.1
食品制造业	320	319	99.7	15672	25.5
酒、饮料和精制茶制造业	210	209	99.5	10951	29.7
烟草制品业	*	*	*	*	*
纺织业	4549	4542	99.8	98658	16.8
纺织服装、服饰业	2399	2397	99.9	91132	20.9
皮革、毛皮、羽毛及其制品和制鞋业	1591	1591	100.0	34018	12.9
木材加工和木、竹、藤、棕、草制品业	670	670	100.0	12965	20.0
家具制造业	889	887	99.8	40127	21.9
造纸和纸制品业	908	906	99.8	24988	21.3
印刷和记录媒介复制业	600	600	100.0	17851	25.8
文教、工美、体育和娱乐用品制造业	1200	1200	100.0	47385	23.2
石油、煤炭及其他燃料加工业	63	63	100.0	7465	53.1
化学原料和化学制品制造业	1537	1535	99.9	73749	34.2
医药制造业	425	424	99.8	54266	39.6
化学纤维制造业	573	571	99.7	18653	17.8
橡胶和塑料制品业	2485	2483	99.9	66053	20.5
非金属矿物制品业	1713	1712	99.9	41682	23.5
黑色金属冶炼和压延加工业	553	553	100.0	14472	20.9
有色金属冶炼和压延加工业	732	732	100.0	17829	23.0
金属制品业	2766	2765	100.0	85708	21.6
通用设备制造业	4425	4419	99.9	184844	28.7
专用设备制造业	1858	1855	99.8	98620	36.0
汽车制造业	2118	2117	100.0	145138	31.3
铁路、船舶、航空航天和其他运输设备制造业	532	532	100.0	27556	31.5
电气机械和器材制造业	4038	4035	99.9	236176	30.8
计算机、通信和其他电子设备制造业	1428	1426	99.9	235278	51.6
仪器仪表制造业	579	579	100.0	70234	57.3
其他制造业	342	341	99.7	10598	21.1
废弃资源综合利用业	135	135	100.0	2078	17.3
金属制品、机械和设备修理业	38	38	100.0	2911	29.9
电力、热力、燃气及水生产和供应业	**665**	**659**	**99.1**	**138037**	**132.8**
电力、热力生产和供应业	407	401	98.5	116824	167.8
燃气生产和供应业	100	100	100.0	6882	73.3
水的生产和供应业	158	158	100.0	14331	57.6
建筑业	**7253**	**7240**	**99.8**	**394240**	**5.6**
房屋建筑业	2783	2776	99.7	215966	4.1
土木工程建筑业	2697	2696	100.0	120101	9.6
建筑安装业	625	623	99.7	27166	18.8
建筑装饰、装修和其他建筑业	1148	1145	99.7	31007	7.6

注：表中个别行业因涉及单个企业数据保密等原因不宜公开，以“*”表示，下同。

6-1　续表

行　业	企业数（个）	使用计算机的企业		期末在用计算机数（台）	每百人拥有计算机数（台）
		数量（个）	比重（%）		
批发和零售业	**19412**	**19338**	**99.6**	**476853**	**59.7**
批发业	13660	13603	99.6	268610	64.2
零售业	5752	5735	99.7	208243	54.8
交通运输、仓储和邮政业	**3262**	**3250**	**99.6**	**154669**	**37.9**
铁路运输业	*	*	*	*	*
道路运输业	1683	1676	99.6	61404	26.5
水上运输业	418	417	99.8	10935	26.8
航空运输业	27	27	100.0	10332	74.3
管道运输业	*	*	*	*	*
多式联运和运输代理业	640	639	99.8	23123	75.8
装卸搬运和仓储业	281	278	98.9	12829	45.2
邮政业	211	211	100.0	34947	58.5
住宿和餐饮业	**3000**	**2997**	**99.9**	**76254**	**27.8**
住宿业	1375	1374	99.9	50417	37.8
餐饮业	1625	1623	99.9	25837	18.4
信息传输、软件和信息技术服务业	**1381**	**1367**	**99.0**	**472776**	**165.0**
电信、广播电视和卫星传输服务	158	158	100.0	128983	224.8
互联网和相关服务	207	203	98.1	132378	234.5
软件和信息技术服务业	1016	1006	99.0	211415	122.4
房地产业	**7343**	**7223**	**98.4**	**147098**	**39.6**
房地产业	7343	7223	98.4	147098	39.6
租赁和商务服务业	**2317**	**2303**	**99.4**	**101213**	**17.1**
租赁业	82	82	100.0	3099	41.0
商务服务业	2235	2221	99.4	98114	16.8
科学研究和技术服务业	**1320**	**1314**	**99.5**	**161211**	**89.9**
研究和试验发展	98	97	99.0	23589	125.9
专业技术服务业	1051	1048	99.7	124796	84.6
科技推广和应用服务业	171	169	98.8	12826	97.6
水利、环境和公共设施管理业	**408**	**404**	**99.0**	**17144**	**22.0**
水利管理业	22	22	100.0	1069	75.0
生态保护和环境治理业	65	65	100.0	2646	45.6
公共设施管理业	303	299	98.7	12272	19.0
土地管理业	18	18	100.0	1157	19.7
居民服务、修理和其他服务业	**376**	**374**	**99.5**	**10321**	**18.8**
居民服务业	147	145	98.6	3991	19.2
机动车、电子产品和日用产品修理业	131	131	100.0	5110	68.9
其他服务业	98	98	100.0	1220	4.6
教育	**179**	**179**	**100.0**	**28449**	**104.8**
教育	179	179	100.0	28449	104.8
卫生和社会工作	**370**	**367**	**99.2**	**34420**	**63.7**
卫生	356	353	99.2	33614	64.2
社会工作	14	14	100.0	806	48.0
文化、体育和娱乐业	**691**	**682**	**98.7**	**36545**	**69.8**
新闻和出版业	67	67	100.0	10287	128.2
广播、电视、电影和录音制作业	377	372	98.7	17605	72.6
文化艺术业	55	54	98.2	1443	39.4
体育	45	44	97.8	1767	37.6
娱乐业	147	145	98.6	5443	46.3

6-2 分地区企业使用计算机情况

地 区	企业数（个）	使用计算机的企业		期末在用计算机数（台）	每百人拥有计算机数（台）
		数量（个）	比重（%）		
全 省	**88443**	**88123**	**99.6**	**4055446**	**24.0**
杭州市	**18369**	**18272**	**99.5**	**1435825**	**38.2**
上城区	1044	1040	99.6	77327	50.8
下城区	1236	1232	99.7	103246	51.9
江干区	1939	1928	99.4	172129	28.5
拱墅区	1082	1072	99.1	63692	22.4
西湖区	1637	1625	99.3	210700	35.6
滨江区	1199	1188	99.1	314086	95.6
萧山区	3520	3502	99.5	155158	22.3
余杭区	2814	2796	99.4	212420	50.8
富阳区	1225	1221	99.7	41463	24.2
临安区	1072	1071	99.9	30661	25.4
桐庐县	632	631	99.8	25496	29.6
淳安县	411	410	99.8	12681	26.7
建德市	558	556	99.6	16766	28.5
宁波市	**16429**	**16358**	**99.6**	**773715**	**26.2**
海曙区	1812	1802	99.4	88881	31.6
江北区	1199	1185	98.8	49417	20.6
北仑区	1833	1822	99.4	105205	27.9
镇海区	1201	1189	99.0	44731	24.1
鄞州区	3733	3727	99.8	166061	28.5
奉化区	779	775	99.5	26264	17.9
象山县	927	925	99.8	34819	15.1
宁海县	919	917	99.8	36276	23.4
余姚市	1747	1743	99.8	75760	27.4
慈溪市	2279	2273	99.7	146301	30.2
温州市	**10138**	**10128**	**99.9**	**330514**	**20.3**
鹿城区	1474	1464	99.3	74316	30.3
龙湾区	1551	1551	100.0	55772	22.4
瓯海区	1100	1100	100.0	29081	12.6
洞头区	156	156	100.0	3842	21.8
永嘉县	702	702	100.0	21083	20.4
平阳县	740	740	100.0	16477	15.2
苍南县	774	774	100.0	16820	12.0
文成县	128	128	100.0	1704	10.6
泰顺县	153	153	100.0	4136	6.2
瑞安市	1628	1628	100.0	39247	18.2
乐清市	1732	1732	100.0	68036	28.5
嘉兴市	**9453**	**9404**	**99.5**	**316604**	**24.2**
南湖区	1105	1098	99.4	52803	29.3
秀洲区	1201	1197	99.7	53326	30.2
嘉善县	1143	1140	99.7	39744	23.5
海盐县	844	839	99.4	30350	30.7
海宁市	2060	2049	99.5	54339	19.9
平湖市	1260	1254	99.5	40856	22.3
桐乡市	1840	1827	99.3	45186	19.9
湖州市	**5637**	**5613**	**99.6**	**157985**	**24.6**
吴兴区	1239	1226	99.0	52485	24.5
南浔区	1198	1197	99.9	18774	22.6
德清县	1164	1161	99.7	32846	27.0
长兴县	1209	1208	99.9	28982	24.4
安吉县	827	821	99.3	24898	24.0

6-2 续表

地 区	企业数(个)	使用计算机的企业		期末在用计算机数(台)	每百人拥有计算机数(台)
		数量(个)	比重(%)		
绍兴市	**8977**	**8946**	**99.7**	**323719**	**12.3**
越城区	1640	1635	99.7	66508	16.5
柯桥区	2598	2585	99.5	61309	8.6
上虞区	1253	1248	99.6	80408	14.4
新昌县	536	535	99.8	23339	18.1
诸暨市	2032	2028	99.8	65149	9.9
嵊州市	918	915	99.7	27006	15.5
金华市	**6766**	**6755**	**99.8**	**275455**	**17.8**
婺城区	955	953	99.8	53829	33.7
金东区	556	554	99.6	19960	28.7
武义县	628	627	99.8	16915	20.6
浦江县	348	347	99.7	7406	17.5
磐安县	239	239	100.0	7479	10.6
兰溪市	661	661	100.0	16519	19.8
义乌市	1337	1335	99.9	48907	25.7
东阳市	996	993	99.7	71014	10.2
永康市	1046	1046	100.0	33426	22.4
衢州市	**2174**	**2165**	**99.6**	**71701**	**21.7**
柯城区	611	606	99.2	29075	31.2
衢江区	319	318	99.7	10626	22.8
常山县	241	241	100.0	5749	14.3
开化县	174	174	100.0	4572	12.4
龙游县	385	382	99.2	10563	19.3
江山市	444	444	100.0	11116	18.8
舟山市	**1606**	**1606**	**100.0**	**56127**	**25.4**
定海区	850	850	100.0	30067	26.3
普陀区	513	513	100.0	16917	23.7
岱山县	166	166	100.0	7824	26.6
嵊泗县	77	77	100.0	1319	21.9
台州市	**6912**	**6899**	**99.8**	**248075**	**16.0**
椒江区	985	983	99.8	51376	23.1
黄岩区	690	686	99.4	24902	16.8
路桥区	765	763	99.7	19516	15.2
三门县	354	354	100.0	13321	16.7
天台县	318	317	99.7	11816	15.6
仙居县	300	300	100.0	11025	18.8
温岭市	1530	1529	99.9	40824	10.2
临海市	890	889	99.9	42030	14.1
玉环市	1080	1078	99.8	33265	23.8
丽水市	**1982**	**1977**	**99.7**	**65726**	**22.4**
莲都区	552	550	99.6	28975	27.0
青田县	270	270	100.0	7303	22.1
缙云县	302	302	100.0	8739	21.4
遂昌县	159	158	99.4	4196	21.9
松阳县	200	199	99.5	4300	17.8
云和县	117	116	99.1	2784	15.6
庆元县	106	106	100.0	2482	18.3
景宁畲族自治县	75	75	100.0	2174	18.4
龙泉市	201	201	100.0	4773	19.2

6-3 分行业企业

行业	企业数(个)	使用信息化管理的企业		财务管理		购销存管理	
		数量(个)	比重(%)	数量(个)	占使用信息化管理企业比重(%)	数量(个)	占使用信息化管理企业比重(%)
全省	**88443**	**86253**	**97.5**	**78965**	**91.6**	**42575**	**49.4**
采矿业	**125**	**116**	**92.8**	**110**	**94.8**	**45**	**38.8**
煤炭开采和洗选业	*	*	*	*	*	*	*
黑色金属矿采选业	4	4	100.0	4	100.0	2	50.0
有色金属矿采选业	11	11	100.0	11	100.0	9	81.8
非金属矿采选业	109	100	91.7	94	94.0	33	33.0
制造业	**40341**	**39625**	**98.2**	**36539**	**92.2**	**23751**	**59.9**
农副食品加工业	664	652	98.2	616	94.5	415	63.7
食品制造业	320	318	99.4	298	93.7	235	73.9
酒、饮料和精制茶制造业	210	208	99.0	192	92.3	127	61.1
烟草制品业	*	*	*	*	*	*	*
纺织业	4549	4448	97.8	4149	93.3	2267	51.0
纺织服装、服饰业	2399	2356	98.2	2138	90.7	1116	47.4
皮革、毛皮、羽毛及其制品和制鞋业	1591	1574	98.9	1416	90.0	753	47.8
木材加工和木、竹、藤、棕、草制品业	670	603	90.0	544	90.2	247	41.0
家具制造业	889	859	96.6	776	90.3	502	58.4
造纸和纸制品业	908	891	98.1	807	90.6	548	61.5
印刷和记录媒介复制业	600	593	98.8	549	92.6	342	57.7
文教、工美、体育和娱乐用品制造业	1200	1182	98.5	1080	91.4	664	56.2
石油、煤炭及其他燃料加工业	63	59	93.7	55	93.2	29	49.2
化学原料和化学制品制造业	1537	1512	98.4	1426	94.3	1002	66.3
医药制造业	425	422	99.3	408	96.7	340	80.6
化学纤维制造业	573	559	97.6	516	92.3	344	61.5
橡胶和塑料制品业	2485	2443	98.3	2205	90.3	1389	56.9
非金属矿物制品业	1713	1678	98.0	1593	94.9	923	55.0
黑色金属冶炼和压延加工业	553	545	98.6	510	93.6	308	56.5
有色金属冶炼和压延加工业	732	721	98.5	659	91.4	384	53.3
金属制品业	2766	2711	98.0	2477	91.4	1555	57.4
通用设备制造业	4425	4365	98.6	4003	91.7	2816	64.5
专用设备制造业	1858	1828	98.4	1704	93.2	1140	62.4
汽车制造业	2118	2097	99.0	1936	92.3	1432	68.3
铁路、船舶、航空航天和其他运输设备制造业	532	518	97.4	472	91.1	336	64.9
电气机械和器材制造业	4038	3989	98.8	3684	92.4	2761	69.2
计算机、通信和其他电子设备制造业	1428	1413	98.9	1333	94.3	1073	75.9
仪器仪表制造业	579	575	99.3	536	93.2	431	75.0
其他制造业	342	336	98.2	299	89.0	190	56.5
废弃资源综合利用业	135	131	97.0	121	92.4	56	42.7
金属制品、机械和设备修理业	38	38	100.0	36	94.7	25	65.8
电力、热力、燃气及水生产和供应业	**665**	**657**	**98.8**	**640**	**97.4**	**385**	**58.6**
电力、热力生产和供应业	407	402	98.8	391	97.3	223	55.5
燃气生产和供应业	100	98	98.0	98	100.0	70	71.4
水的生产和供应业	158	157	99.4	151	96.2	92	58.6
建筑业	**7253**	**7123**	**98.2**	**6596**	**92.6**	**1744**	**24.5**
房屋建筑业	2783	2729	98.1	2547	93.3	629	23.0
土木工程建筑业	2697	2656	98.5	2475	93.2	595	22.4
建筑安装业	625	612	97.9	547	89.4	223	36.4
建筑装饰、装修和其他建筑业	1148	1126	98.1	1027	91.2	297	26.4

信息化管理情况

生产制造管理		物流配送管理		客户关系管理		人力资源管理		其他	
数量(个)	占使用信息化管理企业比重(%)	数量(个)	占使用信息化管理企业比重(%)	数量(个)	占使用信息化管理企业比重(%)	数量(个)	占使用信息化管理企业比重(%)	数量(个)	占使用信息化管理企业比重(%)
19792	**22.9**	**9868**	**11.4**	**31362**	**36.4**	**29809**	**34.6**	**11900**	**13.8**
28	**24.1**	**3**	**2.6**	**23**	**19.8**	**38**	**32.8**	**15**	**12.9**
*	*	*	*	*	*	*	*	*	*
3	75.0			1	25.0	2	50.0		
5	45.5			3	27.3	4	36.4	2	18.2
20	20.0	3	3.0	19	19.0	32	32.0	13	13.0
16566	**41.8**	**5079**	**12.8**	**14736**	**37.2**	**13084**	**33.0**	**3318**	**8.4**
235	36.0	108	16.6	261	40.0	210	32.2	79	12.1
142	44.7	86	27.0	123	38.7	122	38.4	21	6.6
101	48.6	67	32.2	73	35.1	86	41.3	18	8.7
*	*	*	*	*	*	*	*	*	*
1434	32.2	324	7.3	1570	35.3	1207	27.1	386	8.7
988	41.9	212	9.0	861	36.5	764	32.4	173	7.3
461	29.3	111	7.1	583	37.0	508	32.3	124	7.9
128	21.2	37	6.1	194	32.2	140	23.2	76	12.6
319	37.1	91	10.6	312	36.3	306	35.6	78	9.1
431	48.4	163	18.3	307	34.5	260	29.2	79	8.9
293	49.4	91	15.3	221	37.3	190	32.0	38	6.4
438	37.1	109	9.2	453	38.3	371	31.4	107	9.1
17	28.8	12	20.3	21	35.6	14	23.7	10	16.9
659	43.6	266	17.6	569	37.6	598	39.6	145	9.6
221	52.4	90	21.3	176	41.7	212	50.2	49	11.6
210	37.6	57	10.2	192	34.3	152	27.2	44	7.9
822	33.6	266	10.9	918	37.6	687	28.1	192	7.9
867	51.7	246	14.7	501	29.9	571	34.0	146	8.7
186	34.1	56	10.3	206	37.8	165	30.3	59	10.8
229	31.8	70	9.7	246	34.1	215	29.8	74	10.3
995	36.7	282	10.4	989	36.5	846	31.2	212	7.8
2006	46.0	601	13.8	1742	39.9	1479	33.9	334	7.7
841	46.0	243	13.3	682	37.3	636	34.8	154	8.4
1104	52.6	439	20.9	829	39.5	834	39.8	165	7.9
205	39.6	57	11.0	187	36.1	179	34.6	46	8.9
1941	48.7	624	15.6	1571	39.4	1349	33.8	302	7.6
830	58.7	247	17.5	568	40.2	631	44.7	117	8.3
314	54.6	77	13.4	211	36.7	211	36.7	47	8.2
114	33.9	28	8.3	132	39.3	93	27.7	20	6.0
22	16.8	12	9.2	26	19.8	27	20.6	16	12.2
12	31.6	6	15.8	11	28.9	20	52.6	6	15.8
333	**50.7**	**68**	**10.4**	**222**	**33.8**	**416**	**63.3**	**108**	**16.4**
231	57.5	54	13.4	122	30.3	248	61.7	66	16.4
22	22.4	9	9.2	53	54.1	79	80.6	15	15.3
80	51.0	5	3.2	47	29.9	89	56.7	27	17.2
715	**10.0**	**249**	**3.5**	**2193**	**30.8**	**3247**	**45.6**	**1786**	**25.1**
283	10.4	91	3.3	848	31.1	1324	48.5	720	26.4
245	9.2	88	3.3	783	29.5	1233	46.4	687	25.9
87	14.2	40	6.5	194	31.7	239	39.1	143	23.4
100	8.9	30	2.7	368	32.7	451	40.1	236	21.0

6-3 续表

行业	企业数(个)	使用信息化管理的企业		财务管理		购销存管理	
		数量(个)	比重(%)	数量(个)	占使用信息化管理企业比重(%)	数量(个)	占使用信息化管理企业比重(%)
批发和零售业	**19412**	**18663**	**96.1**	**16727**	**89.6**	**10962**	**58.7**
批发业	13660	13050	95.5	11809	90.5	6914	53.0
零售业	5752	5613	97.6	4918	87.6	4048	72.1
交通运输、仓储和邮政业	**3262**	**3174**	**97.3**	**2825**	**89.0**	**617**	**19.4**
铁路运输业	*	*	*	*	*	*	*
道路运输业	1683	1633	97.0	1441	88.2	258	15.8
水上运输业	418	406	97.1	368	90.6	78	19.2
航空运输业	27	26	96.3	25	96.2	6	23.1
管道运输业	*	*	*	*	*	*	*
多式联运和运输代理业	640	626	97.8	571	91.2	95	15.2
装卸搬运和仓储业	281	273	97.2	258	94.5	129	47.3
邮政业	211	208	98.6	160	76.9	50	24.0
住宿和餐饮业	**3000**	**2911**	**97.0**	**2510**	**86.2**	**1307**	**44.9**
住宿业	1375	1354	98.5	1225	90.5	659	48.7
餐饮业	1625	1557	95.8	1285	82.5	648	41.6
信息传输、软件和信息技术服务业	**1381**	**1345**	**97.4**	**1245**	**92.6**	**580**	**43.1**
电信、广播电视和卫星传输服务	158	155	98.1	149	96.1	101	65.2
互联网和相关服务	207	200	96.6	183	91.5	47	23.5
软件和信息技术服务业	1016	990	97.4	913	92.2	432	43.6
房地产业	**7343**	**7142**	**97.3**	**6744**	**94.4**	**1706**	**23.9**
房地产业	7343	7142	97.3	6744	94.4	1706	23.9
租赁和商务服务业	**2317**	**2234**	**96.4**	**2031**	**90.9**	**401**	**17.9**
租赁业	82	81	98.8	76	93.8	23	28.4
商务服务业	2235	2153	96.3	1955	90.8	378	17.6
科学研究和技术服务业	**1320**	**1296**	**98.2**	**1201**	**92.7**	**303**	**23.4**
研究和试验发展	98	98	100.0	89	90.8	53	54.1
专业技术服务业	1051	1034	98.4	959	92.7	189	18.3
科技推广和应用服务业	171	164	95.9	153	93.3	61	37.2
水利、环境和公共设施管理业	**408**	**400**	**98.0**	**382**	**95.5**	**110**	**27.5**
水利管理业	22	22	100.0	21	95.5	1	4.5
生态保护和环境治理业	65	65	100.0	63	96.9	31	47.7
公共设施管理业	303	296	97.7	281	94.9	77	26.0
土地管理业	18	17	94.4	17	100.0	1	5.9
居民服务、修理和其他服务业	**376**	**362**	**96.3**	**321**	**88.7**	**142**	**39.2**
居民服务业	147	145	98.6	129	89.0	43	29.7
机动车、电子产品和日用产品修理业	131	126	96.2	109	86.5	84	66.7
其他服务业	98	91	92.9	83	91.2	15	16.5
教育	**179**	**176**	**98.3**	**146**	**83.0**	**27**	**15.3**
教育	179	176	98.3	146	83.0	27	15.3
卫生和社会工作	**370**	**364**	**98.4**	**338**	**92.9**	**262**	**72.0**
卫生	356	350	98.3	327	93.4	254	72.6
社会工作	14	14	100.0	11	78.6	8	57.1
文化、体育和娱乐业	**691**	**665**	**96.2**	**610**	**91.7**	**233**	**35.0**
新闻和出版业	67	66	98.5	62	93.9	25	37.9
广播、电视、电影和录音制作业	377	361	95.8	342	94.7	128	35.5
文化艺术业	55	52	94.5	41	78.8	15	28.8
体育	45	45	100.0	42	93.3	18	40.0
娱乐业	147	141	95.9	123	87.2	47	33.3

生产制造管理		物流配送管理		客户关系管理		人力资源管理		其他	
数量（个）	占使用信息化管理企业比重（%）	数量（个）	占使用信息化管理企业比重（%）	数量（个）	占使用信息化管理企业比重（%）	数量（个）	占使用信息化管理企业比重（%）	数量（个）	占使用信息化管理企业比重（%）
1018	**5.5**	**2842**	**15.2**	**7159**	**38.4**	**4479**	**24.0**	**2453**	**13.1**
630	4.8	1541	11.8	4626	35.4	2553	19.6	1656	12.7
388	6.9	1301	23.2	2533	45.1	1926	34.3	797	14.2
203	**6.4**	**1078**	**34.0**	**1009**	**31.8**	**1055**	**33.2**	**635**	**20.0**
*	*	*	*	*	*	*	*	*	*
88	5.4	605	37.0	398	24.4	458	28.0	315	19.3
36	8.9	36	8.9	127	31.3	171	42.1	102	25.1
5	19.2	2	7.7	6	23.1	18	69.2	6	23.1
*	*	*	*	*	*	*	*	*	*
20	3.2	197	31.5	300	47.9	200	31.9	140	22.4
35	12.8	79	28.9	96	35.2	135	49.5	43	15.8
18	8.7	158	76.0	82	39.4	71	34.1	28	13.5
127	**4.4**	**142**	**4.9**	**1086**	**37.3**	**1148**	**39.4**	**568**	**19.5**
47	3.5	42	3.1	685	50.6	664	49.0	278	20.5
80	5.1	100	6.4	401	25.8	484	31.1	290	18.6
122	**9.1**	**128**	**9.5**	**620**	**46.1**	**739**	**54.9**	**279**	**20.7**
18	11.6	27	17.4	76	49.0	98	63.2	30	19.4
7	3.5	18	9.0	99	49.5	107	53.5	43	21.5
97	9.8	83	8.4	445	44.9	534	53.9	206	20.8
273	**3.8**	**87**	**1.2**	**2367**	**33.1**	**2918**	**40.9**	**1393**	**19.5**
273	3.8	87	1.2	2367	33.1	2918	40.9	1393	19.5
73	**3.3**	**66**	**3.0**	**869**	**38.9**	**1105**	**49.5**	**520**	**23.3**
5	6.2	4	4.9	24	29.6	27	33.3	15	18.5
68	3.2	62	2.9	845	39.2	1078	50.1	505	23.5
205	**15.8**	**38**	**2.9**	**469**	**36.2**	**714**	**55.1**	**363**	**28.0**
17	17.3	9	9.2	32	32.7	44	44.9	17	17.3
167	16.2	19	1.8	373	36.1	598	57.8	315	30.5
21	12.8	10	6.1	64	39.0	72	43.9	31	18.9
22	**5.5**	**7**	**1.8**	**105**	**26.3**	**198**	**49.5**	**95**	**23.8**
4	18.2			3	13.6	14	63.6	8	36.4
9	13.8	5	7.7	15	23.1	28	43.1	7	10.8
9	3.0	2	0.7	84	28.4	149	50.3	75	25.3
				3	17.6	7	41.2	5	29.4
43	**11.9**	**37**	**10.2**	**129**	**35.6**	**150**	**41.4**	**70**	**19.3**
12	8.3	19	13.1	48	33.1	54	37.2	25	17.2
26	20.6	15	11.9	56	44.4	46	36.5	23	18.3
5	5.5	3	3.3	25	27.5	50	54.9	22	24.2
5	**2.8**			**73**	**41.5**	**82**	**46.6**	**54**	**30.7**
5	2.8			73	41.5	82	46.6	54	30.7
21	**5.8**	**27**	**7.4**	**108**	**29.7**	**160**	**44.0**	**102**	**28.0**
20	5.7	27	7.7	105	30.0	152	43.4	98	28.0
1	7.1			3	21.4	8	57.1	4	28.6
38	**5.7**	**17**	**2.6**	**194**	**29.2**	**276**	**41.5**	**141**	**21.2**
12	18.2	5	7.6	24	36.4	39	59.1	21	31.8
21	5.8	7	1.9	96	26.6	145	40.2	63	17.5
2	3.8			17	32.7	16	30.8	11	21.2
2	4.4	1	2.2	25	55.6	19	42.2	13	28.9
1	0.7	4	2.8	32	22.7	57	40.4	33	23.4

6-4 分地区企业

地区	企业数(个)	使用信息化管理的企业		财务管理		购销存管理	
		数量(个)	比重(%)	数量(个)	占使用信息化管理企业比重(%)	数量(个)	占使用信息化管理企业比重(%)
全　省	**88443**	**86253**	**97.5**	**78965**	**91.6**	**42575**	**49.4**
杭州市	**18369**	**17925**	**97.6**	**16642**	**92.8**	**8803**	**49.1**
上城区	1044	1022	97.9	939	91.9	489	47.8
下城区	1236	1190	96.3	1095	92.0	534	44.9
江干区	1939	1886	97.3	1761	93.4	936	49.6
拱墅区	1082	1051	97.1	955	90.9	487	46.3
西湖区	1637	1608	98.2	1509	93.8	704	43.8
滨江区	1199	1176	98.1	1104	93.9	642	54.6
萧山区	3520	3414	97.0	3131	91.7	1752	51.3
余杭区	2814	2747	97.6	2552	92.9	1420	51.7
富阳区	1225	1213	99.0	1161	95.7	604	49.8
临安区	1072	1051	98.0	969	92.2	514	48.9
桐庐县	632	620	98.1	574	92.6	284	45.8
淳安县	411	400	97.3	369	92.3	155	38.8
建德市	558	547	98.0	523	95.6	282	51.6
宁波市	**16429**	**15970**	**97.2**	**14772**	**92.5**	**8586**	**53.8**
海曙区	1812	1782	98.3	1657	93.0	916	51.4
江北区	1199	1137	94.8	1066	93.8	582	51.2
北仑区	1833	1778	97.0	1666	93.7	993	55.8
镇海区	1201	1163	96.8	1086	93.4	601	51.7
鄞州区	3733	3624	97.1	3356	92.6	1808	49.9
奉化区	779	752	96.5	689	91.6	401	53.3
象山县	927	899	97.0	847	94.2	396	44.0
宁海县	919	888	96.6	834	93.9	498	56.1
余姚市	1747	1713	98.1	1537	89.7	945	55.2
慈溪市	2279	2234	98.0	2034	91.0	1446	64.7
温州市	**10138**	**10103**	**99.7**	**8988**	**89.0**	**4609**	**45.6**
鹿城区	1474	1465	99.4	1324	90.4	594	40.5
龙湾区	1551	1547	99.7	1385	89.5	730	47.2
瓯海区	1100	1096	99.6	983	89.7	537	49.0
洞头区	156	154	98.7	138	89.6	56	36.4
永嘉县	702	698	99.4	617	88.4	293	42.0
平阳县	740	738	99.7	668	90.5	302	40.9
苍南县	774	772	99.7	667	86.4	311	40.3
文成县	128	128	100.0	109	85.2	45	35.2
泰顺县	153	153	100.0	142	92.8	56	36.6
瑞安市	1628	1628	100.0	1426	87.6	724	44.5
乐清市	1732	1724	99.5	1529	88.7	961	55.7
嘉兴市	**9453**	**9254**	**97.9**	**8646**	**93.4**	**4961**	**53.6**
南湖区	1105	1095	99.1	1024	93.5	554	50.6
秀洲区	1201	1175	97.8	1091	92.9	672	57.2
嘉善县	1143	1117	97.7	1035	92.7	618	55.3
海盐县	844	816	96.7	753	92.3	403	49.4
海宁市	2060	2022	98.2	1914	94.7	1132	56.0
平湖市	1260	1236	98.1	1160	93.9	650	52.6
桐乡市	1840	1793	97.4	1669	93.1	932	52.0
湖州市	**5637**	**5432**	**96.4**	**4972**	**91.5**	**2638**	**48.6**
吴兴区	1239	1201	96.9	1064	88.6	582	48.5
南浔区	1198	1102	92.0	985	89.4	453	41.1
德清县	1164	1139	97.9	1069	93.9	617	54.2
长兴县	1209	1191	98.5	1126	94.5	578	48.5
安吉县	827	799	96.6	728	91.1	408	51.1

信息化管理情况

生产制造管理		物流配送管理		客户关系管理		人力资源管理		其他	
数量（个）	占使用信息化管理企业比重（%）	数量（个）	占使用信息化管理企业比重（%）	数量（个）	占使用信息化管理企业比重（%）	数量（个）	占使用信息化管理企业比重（%）	数量（个）	占使用信息化管理企业比重（%）
19792	**22.9**	**9868**	**11.4**	**31362**	**36.4**	**29809**	**34.6**	**11900**	**13.8**
3268	**18.2**	**2239**	**12.5**	**6438**	**35.9**	**7134**	**39.8**	**2719**	**15.2**
62	6.1	128	12.5	331	32.4	418	40.9	199	19.5
84	7.1	159	13.4	434	36.5	497	41.8	226	19.0
321	17.0	327	17.3	672	35.6	858	45.5	287	15.2
114	10.8	117	11.1	375	35.7	440	41.9	188	17.9
172	10.7	157	9.8	556	34.6	745	46.3	270	16.8
203	17.3	169	14.4	467	39.7	573	48.7	214	18.2
812	23.8	405	11.9	1271	37.2	1251	36.6	414	12.1
626	22.8	334	12.2	923	33.6	989	36.0	361	13.1
303	25.0	123	10.1	402	33.1	465	38.3	167	13.8
251	23.9	106	10.1	426	40.5	353	33.6	148	14.1
120	19.4	74	11.9	240	38.7	194	31.3	98	15.8
46	11.5	46	11.5	139	34.8	161	40.3	70	17.5
154	28.2	94	17.2	202	36.9	190	34.7	77	14.1
4343	**27.2**	**2197**	**13.8**	**5954**	**37.3**	**5668**	**35.5**	**2160**	**13.5**
403	22.6	213	12.0	713	40.0	685	38.4	250	14.0
217	19.1	149	13.1	401	35.3	377	33.2	163	14.3
545	30.7	312	17.5	625	35.2	739	41.6	253	14.2
294	25.3	144	12.4	389	33.4	422	36.3	163	14.0
680	18.8	438	12.1	1515	41.8	1340	37.0	551	15.2
209	27.8	74	9.8	259	34.4	250	33.2	105	14.0
241	26.8	70	7.8	331	36.8	310	34.5	146	16.2
280	31.5	97	10.9	336	37.8	309	34.8	122	13.7
515	30.1	163	9.5	609	35.6	494	28.8	203	11.9
959	42.9	537	24.0	776	34.7	742	33.2	204	9.1
2089	**20.7**	**945**	**9.4**	**3595**	**35.6**	**3216**	**31.8**	**1252**	**12.4**
140	9.6	148	10.1	519	35.4	587	40.1	220	15.0
327	21.1	121	7.8	574	37.1	537	34.7	173	11.2
198	18.1	134	12.2	357	32.6	351	32.0	106	9.7
25	16.2	13	8.4	53	34.4	64	41.6	21	13.6
167	23.9	69	9.9	233	33.4	211	30.2	93	13.3
131	17.8	59	8.0	262	35.5	214	29.0	109	14.8
135	17.5	60	7.8	276	35.8	205	26.6	98	12.7
13	10.2	8	6.3	42	32.8	38	29.7	23	18.0
17	11.1	17	11.1	42	27.5	49	32.0	24	15.7
400	24.6	156	9.6	653	40.1	472	29.0	193	11.9
536	31.1	160	9.3	584	33.9	488	28.3	192	11.1
2575	**27.8**	**975**	**10.5**	**3588**	**38.8**	**3293**	**35.6**	**1047**	**11.3**
251	22.9	131	12.0	431	39.4	466	42.6	163	14.9
335	28.5	151	12.9	435	37.0	474	40.3	140	11.9
368	32.9	130	11.6	436	39.0	401	35.9	118	10.6
217	26.6	74	9.1	312	38.2	296	36.3	88	10.8
579	28.6	182	9.0	813	40.2	699	34.6	204	10.1
382	30.9	147	11.9	472	38.2	448	36.2	132	10.7
443	24.7	160	8.9	689	38.4	509	28.4	202	11.3
1293	**23.8**	**590**	**10.9**	**1909**	**35.1**	**1826**	**33.6**	**787**	**14.5**
275	22.9	157	13.1	414	34.5	450	37.5	192	16.0
220	20.0	80	7.3	350	31.8	239	21.7	153	13.9
332	29.1	119	10.4	440	38.6	446	39.2	132	11.6
273	22.9	137	11.5	406	34.1	375	31.5	177	14.9
193	24.2	97	12.1	299	37.4	316	39.5	133	16.6

6-4 续表

地 区	企业数(个)	使用信息化管理的企业					
				财务管理		购销存管理	
		数量(个)	比重(%)	数量(个)	占使用信息化管理企业比重(%)	数量(个)	占使用信息化管理企业比重(%)
绍兴市	**8977**	**8698**	**96.9**	**7982**	**91.8**	**4082**	**46.9**
越城区	1640	1579	96.3	1439	91.1	721	45.7
柯桥区	2598	2486	95.7	2292	92.2	1041	41.9
上虞区	1253	1224	97.7	1129	92.2	672	54.9
新昌县	536	525	97.9	488	93.0	274	52.2
诸暨市	2032	1994	98.1	1808	90.7	883	44.3
嵊州市	918	890	96.9	826	92.8	491	55.2
金华市	**6766**	**6567**	**97.1**	**5774**	**87.9**	**3174**	**48.3**
婺城区	955	938	98.2	874	93.2	450	48.0
金东区	556	536	96.4	467	87.1	296	55.2
武义县	628	605	96.3	523	86.4	317	52.4
浦江县	348	335	96.3	297	88.7	134	40.0
磐安县	239	233	97.5	217	93.1	103	44.2
兰溪市	661	638	96.5	587	92.0	312	48.9
义乌市	1337	1306	97.7	1136	87.0	638	48.9
东阳市	996	965	96.9	821	85.1	398	41.2
永康市	1046	1011	96.7	852	84.3	526	52.0
衢州市	**2174**	**2117**	**97.4**	**1949**	**92.1**	**1054**	**49.8**
柯城区	611	592	96.9	547	92.4	294	49.7
衢江区	319	313	98.1	293	93.6	175	55.9
常山县	241	240	99.6	217	90.4	132	55.0
开化县	174	170	97.7	155	91.2	77	45.3
龙游县	385	372	96.6	352	94.6	175	47.0
江山市	444	430	96.8	385	89.5	201	46.7
舟山市	**1606**	**1530**	**95.3**	**1395**	**91.2**	**587**	**38.4**
定海区	850	809	95.2	734	90.7	306	37.8
普陀区	513	492	95.9	459	93.3	214	43.5
岱山县	166	162	97.6	142	87.7	51	31.5
嵊泗县	77	67	87.0	60	89.6	16	23.9
台州市	**6912**	**6706**	**97.0**	**6045**	**90.1**	**3122**	**46.6**
椒江区	985	957	97.2	881	92.1	450	47.0
黄岩区	690	669	97.0	596	89.1	267	39.9
路桥区	765	739	96.6	667	90.3	345	46.7
三门县	354	346	97.7	314	90.8	152	43.9
天台县	318	300	94.3	267	89.0	144	48.0
仙居县	300	289	96.3	255	88.2	115	39.8
温岭市	1530	1498	97.9	1343	89.7	688	45.9
临海市	890	853	95.8	784	91.9	434	50.9
玉环市	1080	1055	97.7	938	88.9	527	50.0
丽水市	**1982**	**1951**	**98.4**	**1800**	**92.3**	**959**	**49.2**
莲都区	552	540	97.8	491	90.9	248	45.9
青田县	270	263	97.4	245	93.2	124	47.1
缙云县	302	299	99.0	264	88.3	154	51.5
遂昌县	159	156	98.1	147	94.2	79	50.6
松阳县	200	197	98.5	183	92.9	101	51.3
云和县	117	115	98.3	104	90.4	51	44.3
庆元县	106	106	100.0	99	93.4	50	47.2
景宁畲族自治县	75	74	98.7	71	95.9	40	54.1
龙泉市	201	201	100.0	196	97.5	112	55.7

生产制造管理		物流配送管理		客户关系管理		人力资源管理		其他	
数量（个）	占使用信息化管理企业比重（%）	数量（个）	占使用信息化管理企业比重（%）	数量（个）	占使用信息化管理企业比重（%）	数量（个）	占使用信息化管理企业比重（%）	数量（个）	占使用信息化管理企业比重（%）
2051	**23.6**	**981**	**11.3**	**3044**	**35.0**	**2536**	**29.2**	**1157**	**13.3**
279	17.7	134	8.5	573	36.3	517	32.7	271	17.2
468	18.8	165	6.6	807	32.5	542	21.8	298	12.0
379	31.0	191	15.6	495	40.4	441	36.0	153	12.5
164	31.2	81	15.4	196	37.3	219	41.7	87	16.6
457	22.9	241	12.1	658	33.0	553	27.7	247	12.4
304	34.2	169	19.0	315	35.4	264	29.7	101	11.3
1489	**22.7**	**656**	**10.0**	**2409**	**36.7**	**2111**	**32.1**	**841**	**12.8**
195	20.8	100	10.7	331	35.3	347	37.0	119	12.7
135	25.2	69	12.9	214	39.9	168	31.3	77	14.4
144	23.8	52	8.6	220	36.4	173	28.6	58	9.6
65	19.4	31	9.3	94	28.1	77	23.0	36	10.7
52	22.3	25	10.7	100	42.9	82	35.2	33	14.2
138	21.6	62	9.7	222	34.8	190	29.8	88	13.8
347	26.6	160	12.3	534	40.9	479	36.7	158	12.1
176	18.2	63	6.5	327	33.9	353	36.6	135	14.0
237	23.4	94	9.3	367	36.3	242	23.9	137	13.6
497	**23.5**	**271**	**12.8**	**756**	**35.7**	**711**	**33.6**	**343**	**16.2**
112	18.9	84	14.2	201	34.0	215	36.3	107	18.1
95	30.4	54	17.3	117	37.4	116	37.1	53	16.9
72	30.0	31	12.9	103	42.9	80	33.3	37	15.4
35	20.6	23	13.5	68	40.0	56	32.9	35	20.6
82	22.0	34	9.1	133	35.8	119	32.0	55	14.8
101	23.5	45	10.5	134	31.2	125	29.1	56	13.0
239	**15.6**	**155**	**10.1**	**464**	**30.3**	**599**	**39.2**	**329**	**21.5**
107	13.2	64	7.9	251	31.0	316	39.1	170	21.0
93	18.9	72	14.6	159	32.3	206	41.9	117	23.8
35	21.6	18	11.1	34	21.0	49	30.2	30	18.5
4	6.0	1	1.5	20	29.9	28	41.8	12	17.9
1539	**22.9**	**639**	**9.5**	**2431**	**36.3**	**1991**	**29.7**	**921**	**13.7**
169	17.7	96	10.0	355	37.1	341	35.6	137	14.3
132	19.7	57	8.5	207	30.9	182	27.2	101	15.1
146	19.8	84	11.4	282	38.2	234	31.7	111	15.0
80	23.1	25	7.2	100	28.9	107	30.9	54	15.6
80	26.7	50	16.7	119	39.7	94	31.3	37	12.3
63	21.8	26	9.0	105	36.3	91	31.5	46	15.9
338	22.6	116	7.7	592	39.5	350	23.4	168	11.2
211	24.7	78	9.1	296	34.7	289	33.9	139	16.3
320	30.3	107	10.1	375	35.5	303	28.7	128	12.1
409	**21.0**	**220**	**11.3**	**774**	**39.7**	**724**	**37.1**	**344**	**17.6**
94	17.4	52	9.6	195	36.1	221	40.9	106	19.6
51	19.4	30	11.4	85	32.3	76	28.9	45	17.1
78	26.1	32	10.7	116	38.8	92	30.8	40	13.4
25	16.0	8	5.1	47	30.1	55	35.3	29	18.6
42	21.3	29	14.7	97	49.2	84	42.6	28	14.2
25	21.7	12	10.4	45	39.1	36	31.3	20	17.4
25	23.6	12	11.3	40	37.7	34	32.1	15	14.2
20	27.0	10	13.5	29	39.2	33	44.6	15	20.3
49	24.4	35	17.4	120	59.7	93	46.3	46	22.9

6-5 分行业企业使用网络情况

行业	企业数(个)	使用局域网的企业		使用互联网的企业		窄带接入		宽带接入	
		数量(个)	比重(%)	数量(个)	比重(%)	数量(个)	占接入互联网企业比重(%)	数量(个)	占接入互联网企业比重(%)
全 省	**88443**	**67654**	**76.5**	**88236**	**99.8**	**2898**	**3.3**	**87843**	**99.6**
采矿业	**125**	**78**	**62.4**	**125**	**100.0**	**3**	**2.4**	**123**	**98.4**
煤炭开采和洗选业	*	*	*	*	*	*	*	*	*
黑色金属矿采选业	4	4	100.0	4	100.0			4	100.0
有色金属矿采选业	11	8	72.7	11	100.0			11	100.0
非金属矿采选业	109	65	59.6	109	100.0	3	2.8	107	98.2
制造业	**40341**	**33353**	**82.7**	**40296**	**99.9**	**1157**	**2.9**	**40147**	**99.6**
农副食品加工业	664	526	79.2	663	99.8	29	4.4	658	99.2
食品制造业	320	278	86.9	320	100.0	15	4.7	320	100.0
酒、饮料和精制茶制造业	210	165	78.6	210	100.0	5	2.4	210	100.0
烟草制品业	*	*	*	*	*	*	*	*	*
纺织业	4549	3287	72.3	4536	99.7	139	3.1	4511	99.4
纺织服装、服饰业	2399	1891	78.8	2396	99.9	63	2.6	2386	99.6
皮革、毛皮、羽毛及其制品和制鞋业	1591	1408	88.5	1591	100.0	18	1.1	1589	99.9
木材加工和木、竹、藤、棕、草制品业	670	359	53.6	668	99.7	25	3.7	664	99.4
家具制造业	889	703	79.1	887	99.8	33	3.7	881	99.3
造纸和纸制品业	908	737	81.2	907	99.9	25	2.8	904	99.7
印刷和记录媒介复制业	600	529	88.2	599	99.8	11	1.8	598	99.8
文教、工美、体育和娱乐用品制造业	1200	998	83.2	1200	100.0	32	2.7	1195	99.6
石油、煤炭及其他燃料加工业	63	46	73.0	63	100.0	2	3.2	63	100.0
化学原料和化学制品制造业	1537	1290	83.9	1534	99.8	51	3.3	1529	99.7
医药制造业	425	397	93.4	425	100.0	8	1.9	424	99.8
化学纤维制造业	573	412	71.9	570	99.5	14	2.5	565	99.1
橡胶和塑料制品业	2485	2037	82.0	2482	99.9	80	3.2	2465	99.3
非金属矿物制品业	1713	1334	77.9	1712	99.9	49	2.9	1709	99.8
黑色金属冶炼和压延加工业	553	469	84.8	553	100.0	25	4.5	553	100.0
有色金属冶炼和压延加工业	732	576	78.7	731	99.9	17	2.3	727	99.5
金属制品业	2766	2290	82.8	2764	99.9	84	3.0	2755	99.7
通用设备制造业	4425	3841	86.8	4423	100.0	123	2.8	4407	99.6
专用设备制造业	1858	1605	86.4	1856	99.9	44	2.4	1854	99.9
汽车制造业	2118	1907	90.0	2118	100.0	61	2.9	2114	99.8
铁路、船舶、航空航天和其他运输设备制造业	532	449	84.4	532	100.0	16	3.0	530	99.6
电气机械和器材制造业	4038	3575	88.5	4035	99.9	106	2.6	4026	99.8
计算机、通信和其他电子设备制造业	1428	1294	90.6	1426	99.9	44	3.1	1420	99.6
仪器仪表制造业	579	548	94.6	579	100.0	25	4.3	576	99.5
其他制造业	342	274	80.1	342	100.0	10	2.9	340	99.4
废弃资源综合利用业	135	96	71.1	135	100.0	1	0.7	135	100.0
金属制品、机械和设备修理业	38	31	81.6	38	100.0	2	5.3	38	100.0
电力、热力、燃气及水生产和供应业	**665**	**587**	**88.3**	**660**	**99.2**	**21**	**3.2**	**657**	**99.5**
电力、热力生产和供应业	407	347	85.3	402	98.8	10	2.5	400	99.5
燃气生产和供应业	100	91	91.0	100	100.0	3	3.0	100	100.0
水的生产和供应业	158	149	94.3	158	100.0	8	5.1	157	99.4
建筑业	**7253**	**5232**	**72.1**	**7242**	**99.8**	**285**	**3.9**	**7223**	**99.7**
房屋建筑业	2783	1999	71.8	2778	99.8	111	4.0	2773	99.8
土木工程建筑业	2697	1884	69.9	2694	99.9	109	4.0	2684	99.6
建筑安装业	625	501	80.2	622	99.5	23	3.7	622	100.0
建筑装饰、装修和其他建筑业	1148	848	73.9	1148	100.0	42	3.7	1144	99.7

6-5　续表

行　业	企业数（个）	使用局域网的企业		使用互联网的企业		窄带接入		宽带接入	
		数量（个）	比重（%）	数量（个）	比重（%）	数量（个）	占接入互联网企业比重（%）	数量（个）	占接入互联网企业比重（%）
批发和零售业	**19412**	**13527**	**69.7**	**19367**	**99.8**	**651**	**3.4**	**19245**	**99.4**
批发业	13660	9133	66.9	13626	99.8	422	3.1	13529	99.3
零售业	5752	4394	76.4	5741	99.8	229	4.0	5716	99.6
交通运输、仓储和邮政业	**3262**	**2305**	**70.7**	**3253**	**99.7**	**125**	**3.8**	**3239**	**99.6**
铁路运输业	*	*	*	*	*	*	*	*	*
道路运输业	1683	1109	65.9	1679	99.8	71	4.2	1668	99.3
水上运输业	418	267	63.9	418	100.0	6	1.4	417	99.8
航空运输业	27	22	81.5	27	100.0			27	100.0
管道运输业	*	*	*	*	*	*	*	*	*
多式联运和运输代理业	640	519	81.1	639	99.8	20	3.1	638	99.8
装卸搬运和仓储业	281	217	77.2	278	98.9	12	4.3	278	100.0
邮政业	211	169	80.1	210	99.5	16	7.6	209	99.5
住宿和餐饮业	**3000**	**2169**	**72.3**	**2995**	**99.8**	**136**	**4.5**	**2984**	**99.6**
住宿业	1375	1136	82.6	1374	99.9	76	5.5	1370	99.7
餐饮业	1625	1033	63.6	1621	99.8	60	3.7	1614	99.6
信息传输、软件和信息技术服务业	**1381**	**1202**	**87.0**	**1374**	**99.5**	**63**	**4.6**	**1368**	**99.6**
电信、广播电视和卫星传输服务	158	149	94.3	158	100.0	8	5.1	157	99.4
互联网和相关服务	207	172	83.1	205	99.0	11	5.4	203	99.0
软件和信息技术服务业	1016	881	86.7	1011	99.5	44	4.4	1008	99.7
房地产业	**7343**	**4898**	**66.7**	**7282**	**99.2**	**239**	**3.3**	**7240**	**99.4**
房地产业	7343	4898	66.7	7282	99.2	239	3.3	7240	99.4
租赁和商务服务业	**2317**	**1682**	**72.6**	**2312**	**99.8**	**84**	**3.6**	**2300**	**99.5**
租赁业	82	60	73.2	81	98.8	3	3.7	80	98.8
商务服务业	2235	1622	72.6	2231	99.8	81	3.6	2220	99.5
科学研究和技术服务业	**1320**	**1139**	**86.3**	**1316**	**99.7**	**47**	**3.6**	**1311**	**99.6**
研究和试验发展	98	83	84.7	98	100.0	6	6.1	95	96.9
专业技术服务业	1051	914	87.0	1048	99.7	36	3.4	1047	99.9
科技推广和应用服务业	171	142	83.0	170	99.4	5	2.9	169	99.4
水利、环境和公共设施管理业	**408**	**309**	**75.7**	**405**	**99.3**	**23**	**5.7**	**403**	**99.5**
水利管理业	22	18	81.8	22	100.0			22	100.0
生态保护和环境治理业	65	51	78.5	65	100.0	4	6.2	64	98.5
公共设施管理业	303	223	73.6	300	99.0	19	6.3	299	99.7
土地管理业	18	17	94.4	18	100.0			18	100.0
居民服务、修理和其他服务业	**376**	**253**	**67.3**	**375**	**99.7**	**13**	**3.5**	**371**	**98.9**
居民服务业	147	96	65.3	146	99.3	2	1.4	145	99.3
机动车、电子产品和日用产品修理业	131	100	76.3	131	100.0	4	3.1	129	98.5
其他服务业	98	57	58.2	98	100.0	7	7.1	97	99.0
教育	**179**	**133**	**74.3**	**179**	**100.0**	**13**	**7.3**	**179**	**100.0**
教育	179	133	74.3	179	100.0	13	7.3	179	100.0
卫生和社会工作	**370**	**333**	**90.0**	**368**	**99.5**	**20**	**5.4**	**368**	**100.0**
卫生	356	324	91.0	354	99.4	19	5.4	354	100.0
社会工作	14	9	64.3	14	100.0	1	7.1	14	100.0
文化、体育和娱乐业	**691**	**454**	**65.7**	**687**	**99.4**	**18**	**2.6**	**685**	**99.7**
新闻和出版业	67	59	88.1	67	100.0	2	3.0	67	100.0
广播、电视、电影和录音制作业	377	242	64.2	374	99.2	8	2.1	372	99.5
文化艺术业	55	26	47.3	55	100.0	1	1.8	55	100.0
体育	45	33	73.3	44	97.8	1	2.3	44	100.0
娱乐业	147	94	63.9	147	100.0	6	4.1	147	100.0

6-6 分地区企业使用网络情况

地 区	企业数(个)	使用局域网的企业		使用互联网的企业		窄带接入		宽带接入	
		数量(个)	比重(%)	数量(个)	比重(%)	数量(个)	占接入互联网企业比重(%)	数量(个)	占接入互联网企业比重(%)
全 省	**88443**	**67654**	**76.5**	**88236**	**99.8**	**2898**	**3.3**	**87843**	**99.6**
杭州市	**18369**	**14022**	**76.3**	**18297**	**99.6**	**670**	**3.7**	**18229**	**99.6**
上城区	1044	806	77.2	1041	99.7	26	2.5	1039	99.8
下城区	1236	952	77.0	1232	99.7	39	3.2	1229	99.8
江干区	1939	1527	78.8	1929	99.5	75	3.9	1922	99.6
拱墅区	1082	861	79.6	1074	99.3	46	4.3	1069	99.5
西湖区	1637	1336	81.6	1634	99.8	56	3.4	1626	99.5
滨江区	1199	1021	85.2	1193	99.5	54	4.5	1190	99.7
萧山区	3520	2640	75.0	3501	99.5	105	3.0	3493	99.8
余杭区	2814	2160	76.8	2803	99.6	98	3.5	2789	99.5
富阳区	1225	921	75.2	1223	99.8	56	4.6	1218	99.6
临安区	1072	719	67.1	1070	99.8	57	5.3	1065	99.5
桐庐县	632	418	66.1	631	99.8	18	2.9	628	99.5
淳安县	411	257	62.5	410	99.8	28	6.8	407	99.3
建德市	558	404	72.4	556	99.6	12	2.2	554	99.6
宁波市	**16429**	**13132**	**79.9**	**16396**	**99.8**	**661**	**4.0**	**16287**	**99.3**
海曙区	1812	1469	81.1	1806	99.7	76	4.2	1795	99.4
江北区	1199	907	75.6	1196	99.7	48	4.0	1179	98.6
北仑区	1833	1488	81.2	1829	99.8	63	3.4	1814	99.2
镇海区	1201	946	78.8	1195	99.5	63	5.3	1184	99.1
鄞州区	3733	2975	79.7	3730	99.9	155	4.2	3709	99.4
奉化区	779	571	73.3	776	99.6	31	4.0	772	99.5
象山县	927	714	77.0	926	99.9	57	6.2	918	99.1
宁海县	919	741	80.6	919	100.0	34	3.7	918	99.9
余姚市	1747	1418	81.2	1745	99.9	63	3.6	1736	99.5
慈溪市	2279	1903	83.5	2274	99.8	71	3.1	2262	99.5
温州市	**10138**	**9049**	**89.3**	**10135**	**100.0**			**10135**	**100.0**
鹿城区	1474	1426	96.7	1471	99.8			1471	100.0
龙湾区	1551	1496	96.5	1551	100.0			1551	100.0
瓯海区	1100	1028	93.5	1100	100.0			1100	100.0
洞头区	156	107	68.6	156	100.0			156	100.0
永嘉县	702	603	85.9	702	100.0			702	100.0
平阳县	740	602	81.4	740	100.0			740	100.0

6-6　续表 1

地　区	企业数（个）	使用局域网的企业		使用互联网的企业		窄带接入		宽带接入	
		数量（个）	比重（%）	数量（个）	比重（%）	数量（个）	占接入互联网企业比重（%）	数量（个）	占接入互联网企业比重（%）
苍南县	774	640	82.7	774	100.0			774	100.0
文成县	128	80	62.5	128	100.0			128	100.0
泰顺县	153	115	75.2	153	100.0			153	100.0
瑞安市	1628	1413	86.8	1628	100.0			1628	100.0
乐清市	1732	1539	88.9	1732	100.0			1732	100.0
嘉兴市	**9453**	**6986**	**73.9**	**9428**	**99.7**	**260**	**2.8**	**9389**	**99.6**
南湖区	1105	838	75.8	1103	99.8	23	2.1	1102	99.9
秀洲区	1201	868	72.3	1198	99.8	35	2.9	1188	99.2
嘉善县	1143	860	75.2	1140	99.7	35	3.1	1135	99.6
海盐县	844	553	65.5	843	99.9	34	4.0	837	99.3
海宁市	2060	1700	82.5	2054	99.7	54	2.6	2045	99.6
平湖市	1260	981	77.9	1257	99.8	33	2.6	1254	99.8
桐乡市	1840	1186	64.5	1833	99.6	46	2.5	1828	99.7
湖州市	**5637**	**3788**	**67.2**	**5621**	**99.7**	**248**	**4.4**	**5579**	**99.3**
吴兴区	1239	886	71.5	1237	99.8	52	4.2	1229	99.4
南浔区	1198	612	51.1	1194	99.7	55	4.6	1184	99.2
德清县	1164	821	70.5	1162	99.8	45	3.9	1153	99.2
长兴县	1209	881	72.9	1206	99.8	43	3.6	1199	99.4
安吉县	827	588	71.1	822	99.4	53	6.4	814	99.0
绍兴市	**8977**	**6339**	**70.6**	**8945**	**99.6**	**340**	**3.8**	**8898**	**99.5**
越城区	1640	1147	69.9	1636	99.8	50	3.1	1626	99.4
柯桥区	2598	1656	63.7	2581	99.3	118	4.6	2561	99.2
上虞区	1253	1014	80.9	1248	99.6	41	3.3	1241	99.4
新昌县	536	395	73.7	535	99.8	22	4.1	533	99.6
诸暨市	2032	1432	70.5	2028	99.8	79	3.9	2023	99.8
嵊州市	918	695	75.7	917	99.9	30	3.3	914	99.7
金华市	**6766**	**5171**	**76.4**	**6759**	**99.9**	**223**	**3.3**	**6729**	**99.6**
婺城区	955	785	82.2	954	99.9	30	3.1	953	99.9
金东区	556	414	74.5	556	100.0	23	4.1	554	99.6
武义县	628	467	74.4	627	99.8	15	2.4	626	99.8
浦江县	348	229	65.8	347	99.7	20	5.8	341	98.3
磐安县	239	177	74.1	239	100.0	9	3.8	237	99.2
兰溪市	661	469	71.0	658	99.5	26	4.0	653	99.2
义乌市	1337	997	74.6	1337	100.0	45	3.4	1328	99.3
东阳市	996	744	74.7	995	99.9	23	2.3	993	99.8
永康市	1046	889	85.0	1046	100.0	32	3.1	1044	99.8

6-6 续表 2

地区	企业数(个)	使用局域网的企业		使用互联网的企业		窄带接入		宽带接入	
		数量(个)	比重(%)	数量(个)	比重(%)	数量(个)	占接入互联网企业比重(%)	数量(个)	占接入互联网企业比重(%)
衢州市	**2174**	**1427**	**65.6**	**2169**	**99.8**	**85**	**3.9**	**2159**	**99.5**
柯城区	611	417	68.2	608	99.5	39	6.4	601	98.8
衢江区	319	229	71.8	318	99.7	8	2.5	318	100.0
常山县	241	171	71.0	241	100.0	11	4.6	241	100.0
开化县	174	131	75.3	174	100.0	6	3.4	173	99.4
龙游县	385	225	58.4	384	99.7	11	2.9	382	99.5
江山市	444	254	57.2	444	100.0	10	2.3	444	100.0
舟山市	**1606**	**1064**	**66.3**	**1606**	**100.0**	**56**	**3.5**	**1598**	**99.5**
定海区	850	586	68.9	850	100.0	36	4.2	846	99.5
普陀区	513	337	65.7	513	100.0	15	2.9	510	99.4
岱山县	166	103	62.0	166	100.0	4	2.4	165	99.4
嵊泗县	77	38	49.4	77	100.0	1	1.3	77	100.0
台州市	**6912**	**5139**	**74.3**	**6902**	**99.9**	**238**	**3.4**	**6873**	**99.6**
椒江区	985	749	76.0	984	99.9	36	3.7	982	99.8
黄岩区	690	514	74.5	687	99.6	24	3.5	682	99.3
路桥区	765	574	75.0	764	99.9	35	4.6	760	99.5
三门县	354	266	75.1	354	100.0	11	3.1	352	99.4
天台县	318	233	73.3	317	99.7	17	5.4	314	99.1
仙居县	300	207	69.0	300	100.0	15	5.0	297	99.0
温岭市	1530	1029	67.3	1527	99.8	33	2.2	1522	99.7
临海市	890	671	75.4	890	100.0	27	3.0	887	99.7
玉环市	1080	896	83.0	1079	99.9	40	3.7	1077	99.8
丽水市	**1982**	**1537**	**77.5**	**1978**	**99.8**	**117**	**5.9**	**1967**	**99.4**
莲都区	552	434	78.6	548	99.3	24	4.4	546	99.6
青田县	270	201	74.4	270	100.0	16	5.9	266	98.5
缙云县	302	236	78.1	302	100.0	4	1.3	300	99.3
遂昌县	159	118	74.2	159	100.0	11	6.9	158	99.4
松阳县	200	157	78.5	200	100.0	27	13.5	200	100.0
云和县	117	70	59.8	117	100.0	8	6.8	117	100.0
庆元县	106	87	82.1	106	100.0	5	4.7	106	100.0
景宁畲族自治县	75	57	76.0	75	100.0	4	5.3	74	98.7
龙泉市	201	177	88.1	201	100.0	18	9.0	200	99.5

6-7　分行业企业建网站情况

行　业	企业数（个）	建立网站的企业		网站数量（个）	每百家拥有网站数（个）
		数量（个）	比重（%）		
全　省	**88443**	**42262**	**47.8**	**46586**	**53.0**
采矿业	**125**	**30**	**24.0**	**32**	**26.0**
煤炭开采和洗选业	*	*	*	*	*
黑色金属矿采选业	4	1	25.0	1	25.0
有色金属矿采选业	11	6	54.5	7	64.0
非金属矿采选业	109	23	21.1	24	22.0
制造业	**40341**	**24764**	**61.4**	**27196**	**67.0**
农副食品加工业	664	355	53.5	372	56.0
食品制造业	320	229	71.6	265	83.0
酒、饮料和精制茶制造业	210	120	57.1	143	68.0
烟草制品业	*	*	*	*	*
纺织业	4549	2036	44.8	2183	48.0
纺织服装、服饰业	2399	1086	45.3	1163	48.0
皮革、毛皮、羽毛及其制品和制鞋业	1591	554	34.8	587	37.0
木材加工和木、竹、藤、棕、草制品业	670	287	42.8	347	52.0
家具制造业	889	536	60.3	586	66.0
造纸和纸制品业	908	445	49.0	479	53.0
印刷和记录媒介复制业	600	325	54.2	350	58.0
文教、工美、体育和娱乐用品制造业	1200	794	66.2	920	77.0
石油、煤炭及其他燃料加工业	63	32	50.8	34	54.0
化学原料和化学制品制造业	1537	1115	72.5	1213	79.0
医药制造业	425	371	87.3	424	100.0
化学纤维制造业	573	245	42.8	266	46.0
橡胶和塑料制品业	2485	1585	63.8	1757	71.0
非金属矿物制品业	1713	790	46.1	871	51.0
黑色金属冶炼和压延加工业	553	310	56.1	335	61.0
有色金属冶炼和压延加工业	732	397	54.2	416	57.0
金属制品业	2766	1804	65.2	2007	73.0
通用设备制造业	4425	3247	73.4	3592	81.0
专用设备制造业	1858	1395	75.1	1569	84.0
汽车制造业	2118	1463	69.1	1560	74.0
铁路、船舶、航空航天和其他运输设备制造业	532	382	71.8	415	78.0
电气机械和器材制造业	4038	2959	73.3	3232	80.0
计算机、通信和其他电子设备制造业	1428	1113	77.9	1231	86.0
仪器仪表制造业	579	494	85.3	559	97.0
其他制造业	342	221	64.6	243	71.0
废弃资源综合利用业	135	47	34.8	49	36.0
金属制品、机械和设备修理业	38	26	68.4	27	71.0
电力、热力、燃气及水生产和供应业	**665**	**270**	**40.6**	**298**	**45.0**
电力、热力生产和供应业	407	150	36.9	173	43.0
燃气生产和供应业	100	49	49.0	51	51.0
水的生产和供应业	158	71	44.9	74	47.0
建筑业	**7253**	**2606**	**35.9**	**2776**	**38.0**
房屋建筑业	2783	966	34.7	1051	38.0
土木工程建筑业	2697	870	32.3	918	34.0
建筑安装业	625	297	47.5	311	50.0
建筑装饰、装修和其他建筑业	1148	473	41.2	496	43.0

6-7 续表

行业	企业数(个)	建立网站的企业		网站数量(个)	每百家拥有网站数(个)
		数量(个)	比重(%)		
批发和零售业	**19412**	**6211**	**32.0**	**6898**	**36.0**
批发业	13660	4103	30.0	4492	33.0
零售业	5752	2108	36.6	2406	42.0
交通运输、仓储和邮政业	**3262**	**1160**	**35.6**	**1255**	**38.0**
铁路运输业	*	*	*	*	*
道路运输业	1683	502	29.8	550	33.0
水上运输业	418	138	33.0	141	34.0
航空运输业	27	15	55.6	17	63.0
管道运输业	*	*	*	*	*
多式联运和运输代理业	640	311	48.6	334	52.0
装卸搬运和仓储业	281	115	40.9	124	44.0
邮政业	211	78	37.0	88	42.0
住宿和餐饮业	**3000**	**1154**	**38.5**	**1244**	**41.0**
住宿业	1375	675	49.1	743	54.0
餐饮业	1625	479	29.5	501	31.0
信息传输、软件和信息技术服务业	**1381**	**1032**	**74.7**	**1360**	**98.0**
电信、广播电视和卫星传输服务	158	89	56.3	116	73.0
互联网和相关服务	207	154	74.4	222	107.0
软件和信息技术服务业	1016	789	77.7	1022	101.0
房地产业	**7343**	**2040**	**27.8**	**2221**	**30.0**
房地产业	7343	2040	27.8	2221	30.0
租赁和商务服务业	**2317**	**1187**	**51.2**	**1300**	**56.0**
租赁业	82	41	50.0	42	51.0
商务服务业	2235	1146	51.3	1258	56.0
科学研究和技术服务业	**1320**	**851**	**64.5**	**942**	**71.0**
研究和试验发展	98	67	68.4	92	94.0
专业技术服务业	1051	674	64.1	727	69.0
科技推广和应用服务业	171	110	64.3	123	72.0
水利、环境和公共设施管理业	**408**	**195**	**47.8**	**202**	**50.0**
水利管理业	22	11	50.0	11	50.0
生态保护和环境治理业	65	34	52.3	35	54.0
公共设施管理业	303	140	46.2	146	48.0
土地管理业	18	10	55.6	10	56.0
居民服务、修理和其他服务业	**376**	**131**	**34.8**	**141**	**38.0**
居民服务业	147	59	40.1	64	44.0
机动车、电子产品和日用产品修理业	131	46	35.1	50	38.0
其他服务业	98	26	26.5	27	28.0
教育	**179**	**89**	**49.7**	**105**	**59.0**
教育	179	89	49.7	105	59.0
卫生和社会工作	**370**	**263**	**71.1**	**291**	**79.0**
卫生	356	251	70.5	278	78.0
社会工作	14	12	85.7	13	93.0
文化、体育和娱乐业	**691**	**279**	**40.4**	**325**	**47.0**
新闻和出版业	67	50	74.6	68	101.0
广播、电视、电影和录音制作业	377	133	35.3	153	41.0
文化艺术业	55	21	38.2	25	45.0
体育	45	27	60.0	27	60.0
娱乐业	147	48	32.7	52	35.0

6-8　分地区企业建网站情况

地　区	企业数(个)	建立网站的企业		网站数量(个)	每百家拥有网站数(个)
		数量(个)	比重(%)		
全　省	**88443**	**42262**	**47.8**	**46586**	**53.0**
杭州市	**18369**	**9270**	**50.5**	**10443**	**57.0**
上城区	1044	502	48.1	541	52.0
下城区	1236	610	49.4	688	56.0
江干区	1939	994	51.3	1124	58.0
拱墅区	1082	564	52.1	634	59.0
西湖区	1637	952	58.2	1095	67.0
滨江区	1199	831	69.3	1015	85.0
萧山区	3520	1727	49.1	1888	54.0
余杭区	2814	1340	47.6	1514	54.0
富阳区	1225	613	50.0	671	55.0
临安区	1072	529	49.3	587	55.0
桐庐县	632	218	34.5	242	38.0
淳安县	411	133	32.4	150	36.0
建德市	558	257	46.1	294	53.0
宁波市	**16429**	**9025**	**54.9**	**9842**	**60.0**
海曙区	1812	1034	57.1	1128	62.0
江北区	1199	517	43.1	558	47.0
北仑区	1833	1007	54.9	1108	60.0
镇海区	1201	633	52.7	705	59.0
鄞州区	3733	2009	53.8	2214	59.0
奉化区	779	382	49.0	410	53.0
象山县	927	450	48.5	497	54.0
宁海县	919	530	57.7	582	63.0
余姚市	1747	1071	61.3	1186	68.0
慈溪市	2279	1392	61.1	1454	64.0
温州市	**10138**	**3620**	**35.7**	**3808**	**38.0**
鹿城区	1474	276	18.7	292	20.0
龙湾区	1551	603	38.9	642	41.0
瓯海区	1100	298	27.1	321	29.0
洞头区	156	51	32.7	52	33.0
永嘉县	702	321	45.7	349	50.0
平阳县	740	295	39.9	314	42.0

6-8 续表 1

地 区	企业数(个)	建立网站的企业		网站数量(个)	每百家拥有网站数(个)
		数量(个)	比重(%)		
苍南县	774	290	37.5	304	39.0
文成县	128	28	21.9	29	23.0
泰顺县	153	35	22.9	35	23.0
瑞安市	1628	511	31.4	521	32.0
乐清市	1732	912	52.7	949	55.0
嘉兴市	**9453**	**4248**	**44.9**	**4526**	**48.0**
南湖区	1105	580	52.5	619	56.0
秀洲区	1201	564	47.0	594	49.0
嘉善县	1143	536	46.9	569	50.0
海盐县	844	413	48.9	450	53.0
海宁市	2060	872	42.3	929	45.0
平湖市	1260	541	42.9	567	45.0
桐乡市	1840	742	40.3	798	43.0
湖州市	**5637**	**2652**	**47.0**	**2963**	**53.0**
吴兴区	1239	634	51.2	686	55.0
南浔区	1198	447	37.3	494	41.0
德清县	1164	544	46.7	613	53.0
长兴县	1209	575	47.6	640	53.0
安吉县	827	452	54.7	530	64.0
绍兴市	**8977**	**4049**	**45.1**	**4465**	**50.0**
越城区	1640	731	44.6	797	49.0
柯桥区	2598	920	35.4	1019	39.0
上虞区	1253	759	60.6	839	67.0
新昌县	536	274	51.1	293	55.0
诸暨市	2032	949	46.7	1045	51.0
嵊州市	918	416	45.3	472	51.0
金华市	**6766**	**3214**	**47.5**	**3625**	**54.0**
婺城区	955	491	51.4	537	56.0
金东区	556	260	46.8	302	54.0
武义县	628	355	56.5	386	61.0
浦江县	348	139	39.9	157	45.0
磐安县	239	134	56.1	161	67.0
兰溪市	661	296	44.8	322	49.0
义乌市	1337	540	40.4	592	44.0
东阳市	996	419	42.1	456	46.0
永康市	1046	580	55.4	712	68.0

6-8　续表 2

地　区	企业数（个）	建立网站的企业		网站数量（个）	每百家拥有网站数（个）
		数量（个）	比重（%）		
衢州市	**2174**	**955**	**43.9**	**1096**	**50.0**
柯城区	611	291	47.6	333	55.0
衢江区	319	164	51.4	193	61.0
常山县	241	103	42.7	114	47.0
开化县	174	70	40.2	78	45.0
龙游县	385	146	37.9	171	44.0
江山市	444	181	40.8	207	47.0
舟山市	**1606**	**514**	**32.0**	**525**	**33.0**
定海区	850	277	32.6	286	34.0
普陀区	513	165	32.2	166	32.0
岱山县	166	54	32.5	55	33.0
嵊泗县	77	18	23.4	18	23.0
台州市	**6912**	**3760**	**54.4**	**4202**	**61.0**
椒江区	985	572	58.1	666	68.0
黄岩区	690	360	52.2	404	59.0
路桥区	765	426	55.7	479	63.0
三门县	354	180	50.8	204	58.0
天台县	318	182	57.2	209	66.0
仙居县	300	141	47.0	157	52.0
温岭市	1530	660	43.1	727	48.0
临海市	890	491	55.2	533	60.0
玉环市	1080	748	69.3	823	76.0
丽水市	**1982**	**955**	**48.2**	**1091**	**55.0**
莲都区	552	281	50.9	303	55.0
青田县	270	103	38.1	111	41.0
缙云县	302	161	53.3	193	64.0
遂昌县	159	69	43.4	94	59.0
松阳县	200	104	52.0	122	61.0
云和县	117	42	35.9	52	44.0
庆元县	106	56	52.8	72	68.0
景宁畲族自治县	75	34	45.3	35	47.0
龙泉市	201	105	52.2	109	54.0

6-9 分行业企业通过

行业	企业数(个)	使用互联网开展活动的企业		收发电子邮件	
		数量(个)	比重(%)	数量(个)	占使用互联网企业的比重(%)
全省	**88443**	**88236**	**99.8**	**79865**	**90.5**
采矿业	**125**	**125**	**100.0**	**107**	**85.6**
煤炭开采和洗选业	*	*	*	*	*
黑色金属矿采选业	4	4	100.0	4	100.0
有色金属矿采选业	11	11	100.0	9	81.8
非金属矿采选业	109	109	100.0	93	85.3
制造业	**40341**	**40296**	**99.9**	**37579**	**93.3**
农副食品加工业	664	663	99.8	610	92.0
食品制造业	320	320	100.0	309	96.6
酒、饮料和精制茶制造业	210	210	100.0	192	91.4
烟草制品业	*	*	*	*	*
纺织业	4549	4536	99.7	4078	89.9
纺织服装、服饰业	2399	2396	99.9	2253	94.0
皮革、毛皮、羽毛及其制品和制鞋业	1591	1591	100.0	1476	92.8
木材加工和木、竹、藤、棕、草制品业	670	668	99.7	538	80.5
家具制造业	889	887	99.8	828	93.3
造纸和纸制品业	908	907	99.9	838	92.4
印刷和记录媒介复制业	600	599	99.8	556	92.8
文教、工美、体育和娱乐用品制造业	1200	1200	100.0	1133	94.4
石油、煤炭及其他燃料加工业	63	63	100.0	56	88.9
化学原料和化学制品制造业	1537	1534	99.8	1444	94.1
医药制造业	425	425	100.0	414	97.4
化学纤维制造业	573	570	99.5	477	83.7
橡胶和塑料制品业	2485	2482	99.9	2319	93.4
非金属矿物制品业	1713	1712	99.9	1536	89.7
黑色金属冶炼和压延加工业	553	553	100.0	497	89.9
有色金属冶炼和压延加工业	732	731	99.9	655	89.6
金属制品业	2766	2764	99.9	2581	93.4
通用设备制造业	4425	4423	100.0	4191	94.8
专用设备制造业	1858	1856	99.9	1772	95.5
汽车制造业	2118	2118	100.0	2050	96.8
铁路、船舶、航空航天和其他运输设备制造业	532	532	100.0	509	95.7
电气机械和器材制造业	4038	4035	99.9	3842	95.2
计算机、通信和其他电子设备制造业	1428	1426	99.9	1386	97.2
仪器仪表制造业	579	579	100.0	564	97.4
其他制造业	342	342	100.0	314	91.8
废弃资源综合利用业	135	135	100.0	123	91.1
金属制品、机械和设备修理业	38	38	100.0	37	97.4
电力、热力、燃气及水生产和供应业	**665**	**660**	**99.2**	**611**	**92.6**
电力、热力生产和供应业	407	402	98.8	368	91.5
燃气生产和供应业	100	100	100.0	98	98.0
水的生产和供应业	158	158	100.0	145	91.8
建筑业	**7253**	**7242**	**99.8**	**6570**	**90.7**
房屋建筑业	2783	2778	99.8	2516	90.6
土木工程建筑业	2697	2694	99.9	2450	90.9
建筑安装业	625	622	99.5	571	91.8
建筑装饰、装修和其他建筑业	1148	1148	100.0	1033	90.0

互联网开展活动情况

了解商品和服务的信息		从政府机构获取信息		与政府机构互动		使用网上银行	
数量（个）	占使用互联网企业的比重（%）	数量（个）	占使用互联网企业的比重（%）	数量（个）	占使用互联网企业的比重（%）	数量（个）	占使用互联网企业的比重（%）
47670	**54.0**	**52882**	**59.9**	**28090**	**31.8**	**77218**	**87.5**
42	**33.6**	**69**	**55.2**	**36**	**28.8**	**104**	**83.2**
*	*	*	*	*	*	*	*
3	75.0	3	75.0	2	50.0	4	100.0
8	72.7	9	81.8	3	27.3	10	90.9
31	28.4	57	52.3	31	28.4	89	81.7
23082	**57.3**	**25009**	**62.1**	**13516**	**33.5**	**36509**	**90.6**
383	57.8	409	61.7	222	33.5	604	91.1
206	64.4	229	71.6	120	37.5	294	91.9
119	56.7	130	61.9	68	32.4	181	86.2
*	*	*	*	*	*	*	*
2266	50.0	2580	56.9	1298	28.6	4027	88.8
1210	50.5	1366	57.0	673	28.1	2118	88.4
737	46.3	1060	66.6	681	42.8	1385	87.1
287	43.0	326	48.8	134	20.1	557	83.4
481	54.2	522	58.9	294	33.1	795	89.6
464	51.2	548	60.4	306	33.7	829	91.4
303	50.6	346	57.8	164	27.4	547	91.3
720	60.0	733	61.1	365	30.4	1063	88.6
36	57.1	38	60.3	28	44.4	56	88.9
1000	65.2	1043	68.0	621	40.5	1410	91.9
313	73.6	331	77.9	196	46.1	400	94.1
322	56.5	329	57.7	153	26.8	515	90.4
1479	59.6	1483	59.8	759	30.6	2255	90.9
943	55.1	1086	63.4	570	33.3	1554	90.8
317	57.3	358	64.7	183	33.1	502	90.8
407	55.7	426	58.3	225	30.8	674	92.2
1545	55.9	1661	60.1	849	30.7	2527	91.4
2658	60.1	2815	63.6	1560	35.3	4038	91.3
1145	61.7	1240	66.8	701	37.8	1708	92.0
1230	58.1	1423	67.2	842	39.8	1955	92.3
333	62.6	341	64.1	202	38.0	485	91.2
2544	63.0	2494	61.8	1358	33.7	3703	91.8
958	67.2	986	69.1	559	39.2	1330	93.3
410	70.8	405	69.9	234	40.4	539	93.1
179	52.3	187	54.7	104	30.4	301	88.0
66	48.9	86	63.7	34	25.2	122	90.4
20	52.6	27	71.1	13	34.2	34	89.5
291	**44.1**	**468**	**70.9**	**279**	**42.3**	**548**	**83.0**
164	40.8	282	70.1	167	41.5	319	79.4
61	61.0	73	73.0	44	44.0	92	92.0
66	41.8	113	71.5	68	43.0	137	86.7
3351	**46.3**	**5276**	**72.9**	**2534**	**35.0**	**6431**	**88.8**
1275	45.9	2030	73.1	1016	36.6	2498	89.9
1157	42.9	2009	74.6	930	34.5	2406	89.3
355	57.1	428	68.8	212	34.1	544	87.5
564	49.1	809	70.5	376	32.8	983	85.6

6-9 续表 1

行　　业	企业数(个)	使用互联网开展活动的企业		收发电子邮件	
		数量(个)	比重(%)	数量(个)	占使用互联网企业的比重(%)
批发和零售业	**19412**	**19367**	**99.8**	**17022**	**87.9**
批发业	13660	13626	99.8	12127	89.0
零售业	5752	5741	99.8	4895	85.3
交通运输、仓储和邮政业	**3262**	**3253**	**99.7**	**2879**	**88.5**
铁路运输业	*	*	*	*	*
道路运输业	1683	1679	99.8	1413	84.2
水上运输业	418	418	100.0	396	94.7
航空运输业	27	27	100.0	25	92.6
管道运输业	*	*	*	*	*
多式联运和运输代理业	640	639	99.8	604	94.5
装卸搬运和仓储业	281	278	98.9	261	93.9
邮政业	211	210	99.5	178	84.8
住宿和餐饮业	**3000**	**2995**	**99.8**	**2283**	**76.2**
住宿业	1375	1374	99.9	1174	85.4
餐饮业	1625	1621	99.8	1109	68.4
信息传输、软件和信息技术服务业	**1381**	**1374**	**99.5**	**1316**	**95.8**
电信、广播电视和卫星传输服务	158	158	100.0	149	94.3
互联网和相关服务	207	205	99.0	194	94.6
软件和信息技术服务业	1016	1011	99.5	973	96.2
房地产业	**7343**	**7282**	**99.2**	**6447**	**88.5**
房地产业	7343	7282	99.2	6447	88.5
租赁和商务服务业	**2317**	**2312**	**99.8**	**2092**	**90.5**
租赁业	82	81	98.8	73	90.1
商务服务业	2235	2231	99.8	2019	90.5
科学研究和技术服务业	**1320**	**1316**	**99.7**	**1232**	**93.6**
研究和试验发展	98	98	100.0	91	92.9
专业技术服务业	1051	1048	99.7	977	93.2
科技推广和应用服务业	171	170	99.4	164	96.5
水利、环境和公共设施管理业	**408**	**405**	**99.3**	**361**	**89.1**
水利管理业	22	22	100.0	20	90.9
生态保护和环境治理业	65	65	100.0	57	87.7
公共设施管理业	303	300	99.0	266	88.7
土地管理业	18	18	100.0	18	100.0
居民服务、修理和其他服务业	**376**	**375**	**99.7**	**306**	**81.6**
居民服务业	147	146	99.3	115	78.8
机动车、电子产品和日用产品修理业	131	131	100.0	108	82.4
其他服务业	98	98	100.0	83	84.7
教育	**179**	**179**	**100.0**	**151**	**84.4**
教育	179	179	100.0	151	84.4
卫生和社会工作	**370**	**368**	**99.5**	**315**	**85.6**
卫生	356	354	99.4	302	85.3
社会工作	14	14	100.0	13	92.9
文化、体育和娱乐业	**691**	**687**	**99.4**	**594**	**86.5**
新闻和出版业	67	67	100.0	63	94.0
广播、电视、电影和录音制作业	377	374	99.2	336	89.8
文化艺术业	55	55	100.0	42	76.4
体育	45	44	97.8	40	90.9
娱乐业	147	147	100.0	113	76.9

了解商品和服务的信息		从政府机构获取信息		与政府机构互动		使用网上银行	
数量（个）	占使用互联网企业的比重（%）	数量（个）	占使用互联网企业的比重（%）	数量（个）	占使用互联网企业的比重（%）	数量（个）	占使用互联网企业的比重（%）
11294	**58.3**	**10020**	**51.7**	**5252**	**27.1**	**16395**	**84.7**
7700	56.5	7107	52.2	3719	27.3	11709	85.9
3594	62.6	2913	50.7	1533	26.7	4686	81.6
1388	**42.7**	**1704**	**52.4**	**836**	**25.7**	**2751**	**84.6**
*	*	*	*	*	*	*	*
614	36.6	832	49.6	400	23.8	1385	82.5
185	44.3	240	57.4	111	26.6	377	90.2
14	51.9	17	63.0	15	55.6	23	85.2
*	*	*	*	*	*	*	*
327	51.2	333	52.1	172	26.9	565	88.4
148	53.2	187	67.3	82	29.5	231	83.1
98	46.7	93	44.3	54	25.7	168	80.0
1420	**47.4**	**1385**	**46.2**	**712**	**23.8**	**2359**	**78.8**
773	56.3	714	52.0	364	26.5	1166	84.9
647	39.9	671	41.4	348	21.5	1193	73.6
992	**72.2**	**912**	**66.4**	**592**	**43.1**	**1214**	**88.4**
114	72.2	110	69.6	66	41.8	137	86.7
160	78.0	119	58.0	82	40.0	172	83.9
718	71.0	683	67.6	444	43.9	905	89.5
2881	**39.6**	**4420**	**60.7**	**2306**	**31.7**	**6022**	**82.7**
2881	39.6	4420	60.7	2306	31.7	6022	82.7
1162	**50.3**	**1402**	**60.6**	**746**	**32.3**	**1973**	**85.3**
35	43.2	41	50.6	19	23.5	69	85.2
1127	50.5	1361	61.0	727	32.6	1904	85.3
788	**59.9**	**986**	**74.9**	**560**	**42.6**	**1178**	**89.5**
65	66.3	68	69.4	37	37.8	90	91.8
602	57.4	800	76.3	458	43.7	950	90.6
121	71.2	118	69.4	65	38.2	138	81.2
183	**45.2**	**280**	**69.1**	**167**	**41.2**	**352**	**86.9**
7	31.8	18	81.8	5	22.7	15	68.2
26	40.0	43	66.2	29	44.6	62	95.4
145	48.3	203	67.7	125	41.7	262	87.3
5	27.8	16	88.9	8	44.4	13	72.2
179	**47.7**	**185**	**49.3**	**98**	**26.1**	**312**	**83.2**
67	45.9	71	48.6	43	29.5	117	80.1
69	52.7	61	46.6	28	21.4	114	87.0
43	43.9	53	54.1	27	27.6	81	82.7
71	**39.7**	**105**	**58.7**	**60**	**33.5**	**152**	**84.9**
71	39.7	105	58.7	60	33.5	152	84.9
199	**54.1**	**259**	**70.4**	**167**	**45.4**	**339**	**92.1**
191	54.0	251	70.9	160	45.2	325	91.8
8	57.1	8	57.1	7	50.0	14	100.0
347	**50.5**	**402**	**58.5**	**229**	**33.3**	**579**	**84.3**
39	58.2	45	67.2	33	49.3	58	86.6
193	51.6	220	58.8	122	32.6	330	88.2
26	47.3	22	40.0	12	21.8	41	74.5
29	65.9	31	70.5	19	43.2	40	90.9
60	40.8	84	57.1	43	29.3	110	74.8

6-9 续表 2

行业	使用其他金融服务		提供客户服务	
	数量(个)	占使用互联网企业的比重(%)	数量(个)	占使用互联网企业的比重(%)
全　省	**9210**	**10.4**	**35429**	**40.2**
采矿业	**9**	**7.2**	**22**	**17.6**
煤炭开采和洗选业	*	*	*	*
黑色金属矿采选业	1	25.0	1	25.0
有色金属矿采选业			1	9.1
非金属矿采选业	8	7.3	20	18.3
制造业	**4488**	**11.1**	**17300**	**42.9**
农副食品加工业	83	12.5	270	40.7
食品制造业	43	13.4	144	45.0
酒、饮料和精制茶制造业	24	11.4	75	35.7
烟草制品业	*	*	*	*
纺织业	430	9.5	1620	35.7
纺织服装、服饰业	211	8.8	926	38.6
皮革、毛皮、羽毛及其制品和制鞋业	123	7.7	523	32.9
木材加工和木、竹、藤、棕、草制品业	40	6.0	225	33.7
家具制造业	101	11.4	401	45.2
造纸和纸制品业	93	10.3	390	43.0
印刷和记录媒介复制业	59	9.8	272	45.4
文教、工美、体育和娱乐用品制造业	136	11.3	536	44.7
石油、煤炭及其他燃料加工业	5	7.9	21	33.3
化学原料和化学制品制造业	220	14.3	657	42.8
医药制造业	78	18.4	215	50.6
化学纤维制造业	87	15.3	189	33.2
橡胶和塑料制品业	238	9.6	1087	43.8
非金属矿物制品业	177	10.3	628	36.7
黑色金属冶炼和压延加工业	68	12.3	228	41.2
有色金属冶炼和压延加工业	112	15.3	290	39.7
金属制品业	284	10.3	1204	43.6
通用设备制造业	503	11.4	2119	47.9
专用设备制造业	226	12.2	855	46.1
汽车制造业	253	11.9	1019	48.1
铁路、船舶、航空航天和其他运输设备制造业	53	10.0	237	44.5
电气机械和器材制造业	494	12.2	1882	46.6
计算机、通信和其他电子设备制造业	206	14.4	768	53.9
仪器仪表制造业	93	16.1	306	52.8
其他制造业	32	9.4	167	48.8
废弃资源综合利用业	13	9.6	32	23.7
金属制品、机械和设备修理业	3	7.9	13	34.2
电力、热力、燃气及水生产和供应业	**48**	**7.3**	**215**	**32.6**
电力、热力生产和供应业	31	7.7	103	25.6
燃气生产和供应业	9	9.0	54	54.0
水的生产和供应业	8	5.1	58	36.7
建筑业	**787**	**10.9**	**1945**	**26.9**
房屋建筑业	317	11.4	705	25.4
土木工程建筑业	272	10.1	691	25.6
建筑安装业	79	12.7	208	33.4
建筑装饰、装修和其他建筑业	119	10.4	341	29.7

拨打互联网电话或召开视频会议		在线提供产品		发布信息或即时消息		员工培训		对外或者对内招聘	
数量（个）	占使用互联网企业的比重（%）	数量（个）	占使用互联网企业的比重（%）	数量（个）	占使用互联网企业的比重（%）	数量（个）	占使用互联网企业的比重（%）	数量（个）	占使用互联网企业的比重（%）
13796	**15.6**	**13668**	**15.5**	**28624**	**32.4**	**21567**	**24.4**	**36423**	**41.3**
7	**5.6**	**6**	**4.8**	**20**	**16.0**	**22**	**17.6**	**16**	**12.8**
*	*	*	*	*	*	*	*	*	*
				1	25.0			1	25.0
				4	36.4	2	18.2	2	18.2
6	5.5	6	5.5	15	13.8	20	18.3	13	11.9
5649	**14.0**	**7102**	**17.6**	**11978**	**29.7**	**7947**	**19.7**	**16508**	**41.0**
92	13.9	125	18.9	183	27.6	133	20.1	238	35.9
92	28.8	84	26.3	120	37.5	106	33.1	162	50.6
63	30.0	47	22.4	76	36.2	68	32.4	98	46.7
*	*	*	*	*	*	*	*	*	*
273	6.0	548	12.1	876	19.3	515	11.4	1291	28.5
226	9.4	334	13.9	531	22.2	295	12.3	836	34.9
82	5.2	197	12.4	294	18.5	131	8.2	412	25.9
44	6.6	85	12.7	122	18.3	81	12.1	168	25.1
117	13.2	192	21.6	304	34.3	177	20.0	414	46.7
79	8.7	122	13.5	239	26.4	155	17.1	326	35.9
56	9.3	118	19.7	153	25.5	99	16.5	240	40.1
135	11.3	294	24.5	367	30.6	217	18.1	514	42.8
12	19.0	10	15.9	20	31.7	19	30.2	30	47.6
302	19.7	270	17.6	569	37.1	441	28.7	748	48.8
162	38.1	94	22.1	235	55.3	185	43.5	295	69.4
43	7.5	59	10.4	117	20.5	78	13.7	166	29.1
249	10.0	505	20.3	699	28.2	424	17.1	935	37.7
188	11.0	189	11.0	444	25.9	317	18.5	611	35.7
52	9.4	68	12.3	153	27.7	109	19.7	181	32.7
66	9.0	94	12.9	160	21.9	114	15.6	234	32.0
300	10.9	512	18.5	819	29.6	525	19.0	1086	39.3
695	15.7	890	20.1	1477	33.4	949	21.5	1996	45.1
358	19.3	363	19.6	679	36.6	440	23.7	970	52.3
563	26.6	353	16.7	753	35.6	607	28.7	1068	50.4
77	14.5	106	19.9	162	30.5	111	20.9	232	43.6
707	17.5	865	21.4	1408	34.9	936	23.2	1933	47.9
412	28.9	333	23.4	602	42.2	446	31.3	810	56.8
147	25.4	154	26.6	274	47.3	187	32.3	347	59.9
29	8.5	80	23.4	96	28.1	47	13.7	110	32.2
19	14.1	10	7.4	31	23.0	25	18.5	35	25.9
8	21.1			14	36.8	9	23.7	21	55.3
208	**31.5**	**45**	**6.8**	**267**	**40.5**	**251**	**38.0**	**244**	**37.0**
127	31.6	26	6.5	139	34.6	147	36.6	130	32.3
54	54.0	14	14.0	55	55.0	55	55.0	54	54.0
27	17.1	5	3.2	73	46.2	49	31.0	60	38.0
673	**9.3**	**378**	**5.2**	**2363**	**32.6**	**2392**	**33.0**	**3096**	**42.8**
234	8.4	126	4.5	916	33.0	971	35.0	1168	42.0
248	9.2	139	5.2	868	32.2	901	33.4	1133	42.1
79	12.7	52	8.4	220	35.4	180	28.9	283	45.5
112	9.8	61	5.3	359	31.3	340	29.6	512	44.6

6-9 续表 3

行 业	使用其他金融服务		提供客户服务	
	数量(个)	占使用互联网企业的比重(%)	数量(个)	占使用互联网企业的比重(%)
批发和零售业	**1970**	**10.2**	**7840**	**40.5**
批发业	1455	10.7	5115	37.5
零售业	515	9.0	2725	47.5
交通运输、仓储和邮政业	**278**	**8.5**	**1382**	**42.5**
铁路运输业	*	*	*	*
道路运输业	125	7.4	616	36.7
水上运输业	36	8.6	138	33.0
航空运输业	1	3.7	14	51.9
管道运输业	*	*	*	*
多式联运和运输代理业	59	9.2	378	59.2
装卸搬运和仓储业	30	10.8	120	43.2
邮政业	27	12.9	116	55.2
住宿和餐饮业	**140**	**4.7**	**1297**	**43.3**
住宿业	88	6.4	783	57.0
餐饮业	52	3.2	514	31.7
信息传输、软件和信息技术服务业	**240**	**17.5**	**898**	**65.4**
电信、广播电视和卫星传输服务	16	10.1	99	62.7
互联网和相关服务	32	15.6	137	66.8
软件和信息技术服务业	192	19.0	662	65.5
房地产业	**682**	**9.4**	**2045**	**28.1**
房地产业	682	9.4	2045	28.1
租赁和商务服务业	**265**	**11.5**	**1064**	**46.0**
租赁业	10	12.3	31	38.3
商务服务业	255	11.4	1033	46.3
科学研究和技术服务业	**147**	**11.2**	**605**	**46.0**
研究和试验发展	12	12.2	42	42.9
专业技术服务业	112	10.7	483	46.1
科技推广和应用服务业	23	13.5	80	47.1
水利、环境和公共设施管理业	**37**	**9.1**	**116**	**28.6**
水利管理业	1	4.5	4	18.2
生态保护和环境治理业	8	12.3	16	24.6
公共设施管理业	26	8.7	92	30.7
土地管理业	2	11.1	4	22.2
居民服务、修理和其他服务业	**25**	**6.7**	**144**	**38.4**
居民服务业	8	5.5	61	41.8
机动车、电子产品和日用产品修理业	6	4.6	58	44.3
其他服务业	11	11.2	25	25.5
教育	**9**	**5.0**	**80**	**44.7**
教育	9	5.0	80	44.7
卫生和社会工作	**26**	**7.1**	**174**	**47.3**
卫生	24	6.8	169	47.7
社会工作	2	14.3	5	35.7
文化、体育和娱乐业	**59**	**8.6**	**302**	**44.0**
新闻和出版业	7	10.4	40	59.7
广播、电视、电影和录音制作业	37	9.9	162	43.3
文化艺术业	1	1.8	23	41.8
体育	6	13.6	23	52.3
娱乐业	8	5.4	54	36.7

拨打互联网电话或召开视频会议		在线提供产品		发布信息或即时消息		员工培训		对外或者对内招聘	
数量(个)	占使用互联网企业的比重(%)	数量(个)	占使用互联网企业的比重(%)	数量(个)	占使用互联网企业的比重(%)	数量(个)	占使用互联网企业的比重(%)	数量(个)	占使用互联网企业的比重(%)
3006	**15.5**	**3236**	**16.7**	**5903**	**30.5**	**4448**	**23.0**	**7325**	**37.8**
1802	13.2	1843	13.5	3664	26.9	2284	16.8	4648	34.1
1204	21.0	1393	24.3	2239	39.0	2164	37.7	2677	46.6
464	**14.3**	**306**	**9.4**	**1153**	**35.4**	**813**	**25.0**	**1207**	**37.1**
*	*	*	*	*	*	*	*	*	*
157	9.4	125	7.4	542	32.3	353	21.0	527	31.4
41	9.8	22	5.3	133	31.8	97	23.2	114	27.3
12	44.4	5	18.5	13	48.1	15	55.6	16	59.3
*	*	*	*	*	*	*	*	*	*
120	18.8	89	13.9	260	40.7	155	24.3	329	51.5
76	27.3	28	10.1	111	39.9	101	36.3	126	45.3
56	26.7	37	17.6	92	43.8	90	42.9	94	44.8
309	**10.3**	**600**	**20.0**	**925**	**30.9**	**822**	**27.4**	**1335**	**44.6**
189	13.8	414	30.1	562	40.9	471	34.3	744	54.1
120	7.4	186	11.5	363	22.4	351	21.7	591	36.5
671	**48.8**	**548**	**39.9**	**876**	**63.8**	**719**	**52.3**	**988**	**71.9**
77	48.7	63	39.9	100	63.3	75	47.5	99	62.7
97	47.3	93	45.4	127	62.0	102	49.8	150	73.2
497	49.2	392	38.8	649	64.2	542	53.6	739	73.1
1599	**22.0**	**527**	**7.2**	**2411**	**33.1**	**2171**	**29.8**	**2672**	**36.7**
1599	22.0	527	7.2	2411	33.1	2171	29.8	2672	36.7
457	**19.8**	**387**	**16.7**	**1107**	**47.9**	**799**	**34.6**	**1202**	**52.0**
23	28.4	14	17.3	36	44.4	29	35.8	38	46.9
434	19.5	373	16.7	1071	48.0	770	34.5	1164	52.2
364	**27.7**	**168**	**12.8**	**717**	**54.5**	**550**	**41.8**	**825**	**62.7**
41	41.8	12	12.2	48	49.0	39	39.8	58	59.2
262	25.0	124	11.8	577	55.1	444	42.4	658	62.8
61	35.9	32	18.8	92	54.1	67	39.4	109	64.1
52	**12.8**	**57**	**14.1**	**165**	**40.7**	**122**	**30.1**	**173**	**42.7**
3	13.6	2	9.1	10	45.5	3	13.6	5	22.7
13	20.0	5	7.7	30	46.2	22	33.8	36	55.4
33	11.0	49	16.3	115	38.3	90	30.0	126	42.0
3	16.7	1	5.6	10	55.6	7	38.9	6	33.3
48	**12.8**	**46**	**12.3**	**137**	**36.5**	**96**	**25.6**	**169**	**45.1**
14	9.6	23	15.8	52	35.6	37	25.3	59	40.4
23	17.6	18	13.7	50	38.2	39	29.8	64	48.9
11	11.2	5	5.1	35	35.7	20	20.4	46	46.9
39	**21.8**	**22**	**12.3**	**90**	**50.3**	**83**	**46.4**	**77**	**43.0**
39	21.8	22	12.3	90	50.3	83	46.4	77	43.0
95	**25.8**	**57**	**15.5**	**204**	**55.4**	**132**	**35.9**	**248**	**67.4**
93	26.3	56	15.8	196	55.4	124	35.0	238	67.2
2	14.3	1	7.1	8	57.1	8	57.1	10	71.4
155	**22.6**	**183**	**26.6**	**308**	**44.8**	**200**	**29.1**	**338**	**49.2**
22	32.8	30	44.8	46	68.7	28	41.8	42	62.7
101	27.0	113	30.2	176	47.1	105	28.1	190	50.8
7	12.7	9	16.4	21	38.2	13	23.6	18	32.7
12	27.3	13	29.5	22	50.0	15	34.1	27	61.4
13	8.8	18	12.2	43	29.3	39	26.5	61	41.5

6-10 分地区企业通过互联网

地 区	企业数(个)	使用互联网开展活动的企业		收发电子邮件	
		数量(个)	比重(%)	数量(个)	占使用互联网企业的比重(%)
全 省	**88443**	**88236**	**99.8**	**79865**	**90.5**
杭州市	**18369**	**18297**	**99.6**	**16794**	**91.8**
上城区	1044	1041	99.7	946	90.9
下城区	1236	1232	99.7	1136	92.2
江干区	1939	1929	99.5	1800	93.3
拱墅区	1082	1074	99.3	987	91.9
西湖区	1637	1634	99.8	1507	92.2
滨江区	1199	1193	99.5	1138	95.4
萧山区	3520	3501	99.5	3164	90.4
余杭区	2814	2803	99.6	2592	92.5
富阳区	1225	1223	99.8	1139	93.1
临安区	1072	1070	99.8	952	89.0
桐庐县	632	631	99.8	582	92.2
淳安县	411	410	99.8	356	86.8
建德市	558	556	99.6	495	89.0
宁波市	**16429**	**16396**	**99.8**	**15151**	**92.4**
海曙区	1812	1806	99.7	1690	93.6
江北区	1199	1196	99.7	1095	91.6
北仑区	1833	1829	99.8	1720	94.0
镇海区	1201	1195	99.5	1102	92.2
鄞州区	3733	3730	99.9	3426	91.8
奉化区	779	776	99.6	704	90.7
象山县	927	926	99.9	851	91.9
宁海县	919	919	100.0	836	91.0
余姚市	1747	1745	99.9	1621	92.9
慈溪市	2279	2274	99.8	2106	92.6
温州市	**10138**	**10135**	**100.0**	**8890**	**87.7**
鹿城区	1474	1471	99.8	1240	84.3
龙湾区	1551	1551	100.0	1372	88.5
瓯海区	1100	1100	100.0	1003	91.2
洞头区	156	156	100.0	135	86.5
永嘉县	702	702	100.0	620	88.3
平阳县	740	740	100.0	662	89.5

开展活动情况

了解商品和服务的信息		从政府机构获取信息		与政府机构互动		使用网上银行	
数量（个）	占使用互联网企业的比重（%）	数量（个）	占使用互联网企业的比重（%）	数量（个）	占使用互联网企业的比重（%）	数量（个）	占使用互联网企业的比重（%）
47670	**54.0**	**52882**	**59.9**	**28090**	**31.8**	**77218**	**87.5**
10515	**57.5**	**10963**	**59.9**	**5664**	**31.0**	**16101**	**88.0**
619	59.5	607	58.3	316	30.4	903	86.7
738	59.9	694	56.3	334	27.1	1063	86.3
1108	57.4	1120	58.1	618	32.0	1662	86.2
609	56.7	612	57.0	324	30.2	953	88.7
955	58.4	1009	61.8	533	32.6	1414	86.5
781	65.5	765	64.1	434	36.4	1057	88.6
1941	55.4	2085	59.6	1081	30.9	3118	89.1
1640	58.5	1780	63.5	955	34.1	2513	89.7
673	55.0	747	61.1	337	27.6	1090	89.1
575	53.7	623	58.2	290	27.1	941	87.9
330	52.3	366	58.0	175	27.7	545	86.4
228	55.6	234	57.1	104	25.4	353	86.1
318	57.2	321	57.7	163	29.3	489	87.9
9181	**56.0**	**9602**	**58.6**	**4822**	**29.4**	**14671**	**89.5**
1033	57.2	1054	58.4	539	29.8	1620	89.7
692	57.9	666	55.7	332	27.8	1037	86.7
1030	56.3	1177	64.4	605	33.1	1630	89.1
644	53.9	683	57.2	342	28.6	1035	86.6
2144	57.5	2203	59.1	1131	30.3	3326	89.2
406	52.3	417	53.7	199	25.6	692	89.2
450	48.6	487	52.6	225	24.3	832	89.8
484	52.7	540	58.8	263	28.6	853	92.8
968	55.5	953	54.6	427	24.5	1601	91.7
1330	58.5	1422	62.5	759	33.4	2045	89.9
4803	**47.4**	**7379**	**72.8**	**5440**	**53.7**	**8556**	**84.4**
649	44.1	1414	96.1	1361	92.5	1178	80.1
748	48.2	1259	81.2	1060	68.3	1350	87.0
509	46.3	696	63.3	397	36.1	931	84.6
75	48.1	98	62.8	37	23.7	135	86.5
328	46.7	409	58.3	176	25.1	589	83.9
326	44.1	410	55.4	173	23.4	630	85.1

6-10 续表 1

地区	企业数(个)	使用互联网开展活动的企业		收发电子邮件	
		数量(个)	比重(%)	数量(个)	占使用互联网企业的比重(%)
苍南县	774	774	100.0	651	84.1
文成县	128	128	100.0	111	86.7
泰顺县	153	153	100.0	139	90.8
瑞安市	1628	1628	100.0	1407	86.4
乐清市	1732	1732	100.0	1550	89.5
嘉兴市	**9453**	**9428**	**99.7**	**8694**	**92.2**
南湖区	1105	1103	99.8	1028	93.2
秀洲区	1201	1198	99.8	1092	91.2
嘉善县	1143	1140	99.7	1060	93.0
海盐县	844	843	99.9	760	90.2
海宁市	2060	2054	99.7	1920	93.5
平湖市	1260	1257	99.8	1199	95.4
桐乡市	1840	1833	99.6	1635	89.2
湖州市	**5637**	**5621**	**99.7**	**4993**	**88.8**
吴兴区	1239	1237	99.8	1085	87.7
南浔区	1198	1194	99.7	985	82.5
德清县	1164	1162	99.8	1076	92.6
长兴县	1209	1206	99.8	1109	92.0
安吉县	827	822	99.4	738	89.8
绍兴市	**8977**	**8945**	**99.6**	**8003**	**89.5**
越城区	1640	1636	99.8	1464	89.5
柯桥区	2598	2581	99.3	2258	87.5
上虞区	1253	1248	99.6	1167	93.5
新昌县	536	535	99.8	478	89.3
诸暨市	2032	2028	99.8	1852	91.3
嵊州市	918	917	99.9	784	85.5
金华市	**6766**	**6759**	**99.9**	**6004**	**88.8**
婺城区	955	954	99.9	866	90.8
金东区	556	556	100.0	504	90.6
武义县	628	627	99.8	564	90.0
浦江县	348	347	99.7	304	87.6
磐安县	239	239	100.0	219	91.6
兰溪市	661	658	99.5	564	85.7
义乌市	1337	1337	100.0	1198	89.6
东阳市	996	995	99.9	902	90.7
永康市	1046	1046	100.0	883	84.4

了解商品和服务的信息		从政府机构获取信息		与政府机构互动		使用网上银行	
数量（个）	占使用互联网企业的比重（%）	数量（个）	占使用互联网企业的比重（%）	数量（个）	占使用互联网企业的比重（%）	数量（个）	占使用互联网企业的比重（%）
371	47.9	376	48.6	147	19.0	633	81.8
63	49.2	72	56.3	28	21.9	101	78.9
75	49.0	102	66.7	48	31.4	135	88.2
803	49.3	1628	100.0	1628	100.0	1375	84.5
856	49.4	915	52.8	385	22.2	1499	86.5
5242	**55.6**	**5763**	**61.1**	**2952**	**31.3**	**8527**	**90.4**
660	59.8	704	63.8	358	32.5	1006	91.2
670	55.9	733	61.2	389	32.5	1081	90.2
597	52.4	677	59.4	358	31.4	1020	89.5
455	54.0	476	56.5	237	28.1	762	90.4
1210	58.9	1306	63.6	716	34.9	1850	90.1
719	57.2	804	64.0	393	31.3	1151	91.6
931	50.8	1063	58.0	501	27.3	1657	90.4
2977	**53.0**	**3092**	**55.0**	**1686**	**30.0**	**4871**	**86.7**
702	56.8	703	56.8	369	29.8	1062	85.9
508	42.5	532	44.6	235	19.7	981	82.2
675	58.1	683	58.8	392	33.7	1038	89.3
647	53.6	693	57.5	396	32.8	1045	86.7
445	54.1	481	58.5	294	35.8	745	90.6
4597	**51.4**	**4885**	**54.6**	**2292**	**25.6**	**7661**	**85.6**
898	54.9	940	57.5	445	27.2	1420	86.8
1214	47.0	1222	47.3	588	22.8	2146	83.1
711	57.0	754	60.4	411	32.9	1108	88.8
287	53.6	328	61.3	175	32.7	472	88.2
1010	49.8	1141	56.3	461	22.7	1717	84.7
477	52.0	500	54.5	212	23.1	798	87.0
3621	**53.6**	**3802**	**56.3**	**1769**	**26.2**	**5869**	**86.8**
544	57.0	625	65.5	329	34.5	874	91.6
314	56.5	341	61.3	163	29.3	504	90.6
355	56.6	346	55.2	165	26.3	556	88.7
171	49.3	201	57.9	89	25.6	282	81.3
142	59.4	168	70.3	83	34.7	210	87.9
322	48.9	316	48.0	133	20.2	571	86.8
736	55.0	754	56.4	325	24.3	1111	83.1
486	48.8	570	57.3	257	25.8	883	88.7
551	52.7	481	46.0	225	21.5	878	83.9

6-10 续表 2

地区	企业数(个)	使用互联网开展活动的企业		收发电子邮件	
		数量(个)	比重(%)	数量(个)	占使用互联网企业的比重(%)
衢州市	**2174**	**2169**	**99.8**	**1914**	**88.2**
柯城区	611	608	99.5	540	88.8
衢江区	319	318	99.7	282	88.7
常山县	241	241	100.0	217	90.0
开化县	174	174	100.0	153	87.9
龙游县	385	384	99.7	338	88.0
江山市	444	444	100.0	384	86.5
舟山市	**1606**	**1606**	**100.0**	**1446**	**90.0**
定海区	850	850	100.0	756	88.9
普陀区	513	513	100.0	475	92.6
岱山县	166	166	100.0	149	89.8
嵊泗县	77	77	100.0	66	85.7
台州市	**6912**	**6902**	**99.9**	**6208**	**89.9**
椒江区	985	984	99.9	894	90.9
黄岩区	690	687	99.6	641	93.3
路桥区	765	764	99.9	683	89.4
三门县	354	354	100.0	315	89.0
天台县	318	317	99.7	273	86.1
仙居县	300	300	100.0	270	90.0
温岭市	1530	1527	99.8	1358	88.9
临海市	890	890	100.0	804	90.3
玉环市	1080	1079	99.9	970	89.9
丽水市	**1982**	**1978**	**99.8**	**1768**	**89.4**
莲都区	552	548	99.3	499	91.1
青田县	270	270	100.0	235	87.0
缙云县	302	302	100.0	273	90.4
遂昌县	159	159	100.0	138	86.8
松阳县	200	200	100.0	176	88.0
云和县	117	117	100.0	100	85.5
庆元县	106	106	100.0	91	85.8
景宁畲族自治县	75	75	100.0	68	90.7
龙泉市	201	201	100.0	188	93.5

了解商品和服务的信息		从政府机构获取信息		与政府机构互动		使用网上银行	
数量（个）	占使用互联网企业的比重（%）	数量（个）	占使用互联网企业的比重（%）	数量（个）	占使用互联网企业的比重（%）	数量（个）	占使用互联网企业的比重（%）
1218	**56.2**	**1369**	**63.1**	**642**	**29.6**	**1916**	**88.3**
358	58.9	392	64.5	195	32.1	530	87.2
186	58.5	212	66.7	108	34.0	286	89.9
136	56.4	158	65.6	79	32.8	218	90.5
101	58.0	116	66.7	51	29.3	154	88.5
210	54.7	236	61.5	104	27.1	343	89.3
227	51.1	255	57.4	105	23.6	385	86.7
794	**49.4**	**926**	**57.7**	**433**	**27.0**	**1403**	**87.4**
438	51.5	482	56.7	217	25.5	732	86.1
261	50.9	320	62.4	156	30.4	459	89.5
65	39.2	91	54.8	47	28.3	151	91.0
30	39.0	33	42.9	13	16.9	61	79.2
3608	**52.3**	**3742**	**54.2**	**1710**	**24.8**	**5901**	**85.5**
571	58.0	596	60.6	295	30.0	865	87.9
379	55.2	366	53.3	162	23.6	597	86.9
417	54.6	416	54.5	196	25.7	640	83.8
179	50.6	221	62.4	109	30.8	311	87.9
174	54.9	198	62.5	107	33.8	272	85.8
149	49.7	169	56.3	65	21.7	252	84.0
705	46.2	681	44.6	255	16.7	1245	81.5
485	54.5	537	60.3	260	29.2	783	88.0
549	50.9	558	51.7	261	24.2	936	86.7
1114	**56.3**	**1359**	**68.7**	**680**	**34.4**	**1742**	**88.1**
287	52.4	354	64.6	186	33.9	487	88.9
138	51.1	176	65.2	90	33.3	228	84.4
185	61.3	218	72.2	109	36.1	277	91.7
85	53.5	104	65.4	47	29.6	135	84.9
118	59.0	146	73.0	61	30.5	175	87.5
78	66.7	77	65.8	36	30.8	96	82.1
48	45.3	78	73.6	34	32.1	92	86.8
42	56.0	52	69.3	32	42.7	63	84.0
133	66.2	154	76.6	85	42.3	189	94.0

6-10 续表 3

地 区	使用其他金融服务		提供客户服务		拨打互联网电话或召开视频会议	
	数量(个)	占使用互联网企业的比重(%)	数量(个)	占使用互联网企业的比重(%)	数量(个)	占使用互联网企业的比重(%)
全 省	**9210**	**10.4**	**35429**	**40.2**	**13796**	**15.6**
杭州市	**2239**	**12.2**	**7870**	**43.0**	**4103**	**22.4**
上城区	125	12.0	452	43.4	235	22.6
下城区	164	13.3	558	45.3	298	24.2
江干区	213	11.0	822	42.6	583	30.2
拱墅区	129	12.0	481	44.8	270	25.1
西湖区	195	11.9	733	44.9	481	29.4
滨江区	213	17.9	596	50.0	469	39.3
萧山区	405	11.6	1457	41.6	591	16.9
余杭区	332	11.8	1162	41.5	601	21.4
富阳区	153	12.5	481	39.3	188	15.4
临安区	131	12.2	465	43.5	149	13.9
桐庐县	74	11.7	257	40.7	100	15.8
淳安县	45	11.0	170	41.5	58	14.1
建德市	60	10.8	236	42.4	80	14.4
宁波市	**1882**	**11.5**	**7378**	**45.0**	**2911**	**17.8**
海曙区	209	11.6	867	48.0	312	17.3
江北区	137	11.5	517	43.2	239	20.0
北仑区	247	13.5	799	43.7	447	24.4
镇海区	123	10.3	481	40.3	202	16.9
鄞州区	423	11.3	1773	47.5	697	18.7
奉化区	79	10.2	331	42.7	109	14.0
象山县	97	10.5	354	38.2	120	13.0
宁海县	117	12.7	403	43.9	126	13.7
余姚市	176	10.1	764	43.8	253	14.5
慈溪市	274	12.0	1089	47.9	406	17.9
温州市	**693**	**6.8**	**3014**	**29.7**	**1085**	**10.7**
鹿城区	84	5.7	449	30.5	191	13.0
龙湾区	107	6.9	486	31.3	201	13.0
瓯海区	82	7.5	309	28.1	116	10.5
洞头区	10	6.4	42	26.9	26	16.7
永嘉县	48	6.8	218	31.1	60	8.5
平阳县	54	7.3	197	26.6	63	8.5

在线提供产品		发布信息或即时消息		员工培训		对外或者对内招聘	
数量（个）	占使用互联网企业的比重（%）	数量（个）	占使用互联网企业的比重（%）	数量（个）	占使用互联网企业的比重（%）	数量（个）	占使用互联网企业的比重（%）
13668	**15.5**	**28624**	**32.4**	**21567**	**24.4**	**36423**	**41.3**
3248	**17.8**	**7317**	**40.0**	**5686**	**31.1**	**8949**	**48.9**
186	17.9	432	41.5	324	31.1	551	52.9
224	18.2	541	43.9	405	32.9	665	54.0
364	18.9	898	46.6	720	37.3	1111	57.6
188	17.5	485	45.2	397	37.0	595	55.4
355	21.7	829	50.7	667	40.8	963	58.9
309	25.9	638	53.5	538	45.1	785	65.8
544	15.5	1174	33.5	880	25.1	1458	41.6
475	16.9	1083	38.6	742	26.5	1373	49.0
177	14.5	406	33.2	333	27.2	496	40.6
174	16.3	338	31.6	277	25.9	384	35.9
95	15.1	185	29.3	143	22.7	235	37.2
63	15.4	150	36.6	114	27.8	158	38.5
94	16.9	158	28.4	146	26.3	175	31.5
2917	**17.8**	**5640**	**34.4**	**4293**	**26.2**	**7489**	**45.7**
362	20.0	645	35.7	481	26.6	865	47.9
191	16.0	439	36.7	294	24.6	525	43.9
245	13.4	663	36.2	575	31.4	917	50.1
177	14.8	370	31.0	299	25.0	509	42.6
681	18.3	1382	37.1	1043	28.0	1833	49.1
123	15.9	194	25.0	178	22.9	291	37.5
125	13.5	279	30.1	224	24.2	377	40.7
182	19.8	317	34.5	241	26.2	406	44.2
345	19.8	553	31.7	348	19.9	699	40.1
486	21.4	798	35.1	610	26.8	1067	46.9
817	**8.1**	**2669**	**26.3**	**1861**	**18.4**	**3575**	**35.3**
98	6.7	396	26.9	279	19.0	582	39.6
136	8.8	455	29.3	320	20.6	571	36.8
75	6.8	275	25.0	183	16.6	388	35.3
6	3.8	40	25.6	33	21.2	58	37.2
55	7.8	183	26.1	116	16.5	225	32.1
58	7.8	188	25.4	140	18.9	214	28.9

6-10 续表 4

地 区	使用其他金融服务		提供客户服务		拨打互联网电话或召开视频会议	
	数量（个）	占使用互联网企业的比重（%）	数量（个）	占使用互联网企业的比重（%）	数量（个）	占使用互联网企业的比重（%）
苍南县	47	6.1	219	28.3	69	8.9
文成县	12	9.4	39	30.5	12	9.4
泰顺县	10	6.5	40	26.1	24	15.7
瑞安市	136	8.4	488	30.0	161	9.9
乐清市	103	5.9	527	30.4	162	9.4
嘉兴市	**953**	**10.1**	**3893**	**41.3**	**1417**	**15.0**
南湖区	118	10.7	499	45.2	224	20.3
秀洲区	107	8.9	512	42.7	216	18.0
嘉善县	87	7.6	464	40.7	204	17.9
海盐县	68	8.1	330	39.1	114	13.5
海宁市	242	11.8	890	43.3	244	11.9
平湖市	142	11.3	501	39.9	233	18.5
桐乡市	189	10.3	697	38.0	182	9.9
湖州市	**553**	**9.8**	**2231**	**39.7**	**752**	**13.4**
吴兴区	130	10.5	490	39.6	221	17.9
南浔区	75	6.3	400	33.5	90	7.5
德清县	148	12.7	482	41.5	164	14.1
长兴县	104	8.6	499	41.4	166	13.8
安吉县	96	11.7	360	43.8	111	13.5
绍兴市	**963**	**10.8**	**3341**	**37.4**	**1012**	**11.3**
越城区	181	11.1	651	39.8	246	15.0
柯桥区	257	10.0	845	32.7	174	6.7
上虞区	190	15.2	563	45.1	212	17.0
新昌县	71	13.3	228	42.6	98	18.3
诸暨市	191	9.4	725	35.7	203	10.0
嵊州市	73	8.0	329	35.9	79	8.6
金华市	**669**	**9.9**	**2620**	**38.8**	**758**	**11.2**
婺城区	121	12.7	395	41.4	171	17.9
金东区	58	10.4	238	42.8	82	14.7
武义县	65	10.4	267	42.6	48	7.7
浦江县	25	7.2	110	31.7	17	4.9
磐安县	33	13.8	88	36.8	22	9.2
兰溪市	61	9.3	238	36.2	55	8.4
义乌市	111	8.3	533	39.9	161	12.0
东阳市	104	10.5	316	31.8	109	11.0
永康市	91	8.7	435	41.6	93	8.9

在线提供产品		发布信息或即时消息		员工培训		对外或者对内招聘	
数量（个）	占使用互联网企业的比重（%）	数量（个）	占使用互联网企业的比重（%）	数量（个）	占使用互联网企业的比重（%）	数量（个）	占使用互联网企业的比重（%）
107	13.8	187	24.2	134	17.3	241	31.1
8	6.3	29	22.7	26	20.3	34	26.6
14	9.2	43	28.1	39	25.5	55	35.9
116	7.1	404	24.8	264	16.2	517	31.8
144	8.3	469	27.1	327	18.9	690	39.8
1363	**14.5**	**2801**	**29.7**	**1975**	**20.9**	**3623**	**38.4**
185	16.8	447	40.5	306	27.7	579	52.5
185	15.4	382	31.9	282	23.5	524	43.7
165	14.5	319	28.0	256	22.5	443	38.9
131	15.5	250	29.7	158	18.7	308	36.5
298	14.5	586	28.5	373	18.2	752	36.6
167	13.3	357	28.4	278	22.1	478	38.0
232	12.7	460	25.1	322	17.6	539	29.4
874	**15.5**	**1576**	**28.0**	**1218**	**21.7**	**1992**	**35.4**
201	16.2	403	32.6	355	28.7	558	45.1
135	11.3	189	15.8	134	11.2	252	21.1
160	13.8	330	28.4	248	21.3	402	34.6
190	15.8	344	28.5	259	21.5	419	34.7
188	22.9	310	37.7	222	27.0	361	43.9
1337	**14.9**	**2568**	**28.7**	**1799**	**20.1**	**3249**	**36.3**
246	15.0	525	32.1	379	23.2	689	42.1
320	12.4	603	23.4	398	15.4	819	31.7
271	21.7	454	36.4	334	26.8	516	41.3
92	17.2	192	35.9	136	25.4	230	43.0
282	13.9	562	27.7	359	17.7	701	34.6
126	13.7	232	25.3	193	21.0	294	32.1
1120	**16.6**	**2073**	**30.7**	**1554**	**23.0**	**2584**	**38.2**
148	15.5	336	35.2	271	28.4	440	46.1
110	19.8	203	36.5	152	27.3	253	45.5
111	17.7	185	29.5	118	18.8	237	37.8
46	13.3	90	25.9	51	14.7	85	24.5
37	15.5	78	32.6	56	23.4	88	36.8
91	13.8	161	24.5	130	19.8	212	32.2
261	19.5	384	28.7	305	22.8	506	37.8
116	11.7	299	30.1	237	23.8	373	37.5
200	19.1	337	32.2	234	22.4	390	37.3

6-10 续表 5

地区	使用其他金融服务		提供客户服务		拨打互联网电话或召开视频会议	
	数量(个)	占使用互联网企业的比重(%)	数量(个)	占使用互联网企业的比重(%)	数量(个)	占使用互联网企业的比重(%)
衢州市	**253**	**11.7**	**884**	**40.8**	**329**	**15.2**
柯城区	78	12.8	254	41.8	134	22.0
衢江区	49	15.4	144	45.3	58	18.2
常山县	30	12.4	101	41.9	30	12.4
开化县	19	10.9	64	36.8	24	13.8
龙游县	37	9.6	146	38.0	51	13.3
江山市	40	9.0	175	39.4	32	7.2
舟山市	**130**	**8.1**	**536**	**33.4**	**237**	**14.8**
定海区	78	9.2	300	35.3	134	15.8
普陀区	40	7.8	172	33.5	79	15.4
岱山县	9	5.4	48	28.9	21	12.7
嵊泗县	3	3.9	16	20.8	3	3.9
台州市	**638**	**9.2**	**2765**	**40.1**	**891**	**12.9**
椒江区	97	9.9	436	44.3	170	17.3
黄岩区	64	9.3	278	40.5	97	14.1
路桥区	83	10.9	280	36.6	95	12.4
三门县	38	10.7	127	35.9	39	11.0
天台县	35	11.0	147	46.4	52	16.4
仙居县	30	10.0	118	39.3	49	16.3
温岭市	96	6.3	530	34.7	128	8.4
临海市	87	9.8	364	40.9	124	13.9
玉环市	108	10.0	485	44.9	137	12.7
丽水市	**237**	**12.0**	**897**	**45.3**	**301**	**15.2**
莲都区	74	13.5	219	40.0	98	17.9
青田县	28	10.4	115	42.6	35	13.0
缙云县	38	12.6	137	45.4	41	13.6
遂昌县	13	8.2	66	41.5	20	12.6
松阳县	18	9.0	91	45.5	23	11.5
云和县	12	10.3	55	47.0	16	13.7
庆元县	15	14.2	56	52.8	13	12.3
景宁畲族自治县	9	12.0	33	44.0	12	16.0
龙泉市	30	14.9	125	62.2	43	21.4

在线提供产品		发布信息或即时消息		员工培训		对外或者对内招聘	
数量（个）	占使用互联网企业的比重（%）	数量（个）	占使用互联网企业的比重（%）	数量（个）	占使用互联网企业的比重（%）	数量（个）	占使用互联网企业的比重（%）
347	**16.0**	**766**	**35.3**	**629**	**29.0**	**929**	**42.8**
102	16.8	234	38.5	197	32.4	303	49.8
62	19.5	130	40.9	102	32.1	160	50.3
41	17.0	85	35.3	76	31.5	88	36.5
28	16.1	54	31.0	59	33.9	61	35.1
54	14.1	125	32.6	94	24.5	162	42.2
60	13.5	138	31.1	101	22.7	155	34.9
191	**11.9**	**511**	**31.8**	**417**	**26.0**	**570**	**35.5**
98	11.5	288	33.9	223	26.2	320	37.6
69	13.5	167	32.6	140	27.3	194	37.8
19	11.4	44	26.5	41	24.7	38	22.9
5	6.5	12	15.6	13	16.9	18	23.4
1072	**15.5**	**1962**	**28.4**	**1535**	**22.2**	**2642**	**38.3**
175	17.8	367	37.3	262	26.6	476	48.4
101	14.7	182	26.5	147	21.4	288	41.9
113	14.8	205	26.8	173	22.6	283	37.0
48	13.6	102	28.8	77	21.8	120	33.9
70	22.1	112	35.3	93	29.3	148	46.7
46	15.3	105	35.0	78	26.0	125	41.7
196	12.8	334	21.9	236	15.5	416	27.2
148	16.6	297	33.4	259	29.1	405	45.5
175	16.2	258	23.9	210	19.5	381	35.3
382	**19.3**	**741**	**37.5**	**600**	**30.3**	**821**	**41.5**
86	15.7	209	38.1	171	31.2	281	51.3
39	14.4	94	34.8	55	20.4	90	33.3
75	24.8	119	39.4	91	30.1	132	43.7
22	13.8	53	33.3	45	28.3	48	30.2
46	23.0	72	36.0	67	33.5	73	36.5
22	18.8	38	32.5	33	28.2	38	32.5
23	21.7	36	34.0	33	31.1	42	39.6
18	24.0	35	46.7	29	38.7	29	38.7
51	25.4	85	42.3	76	37.8	88	43.8

6-11 分行业企业互联网

行业	企业数(个)	使用互联网的企业		通过互联网进行宣传推广的企业		自有网站	
		数量(个)	比重(%)	数量(个)	占使用互联网企业的比重(%)	数量(个)	占使用互联网企业的比重(%)
全　省	**88443**	**88236**	**99.8**	**73402**	**83.2**	**28578**	**32.4**
采矿业	**125**	**125**	**100.0**	**72**	**57.6**	**13**	**10.4**
煤炭开采和洗选业	*	*	*	*	*	*	*
黑色金属矿采选业	4	4	100.0	3	75.0		
有色金属矿采选业	11	11	100.0	9	81.8	4	36.4
非金属矿采选业	109	109	100.0	59	54.1	9	8.3
制造业	**40341**	**40296**	**99.9**	**35113**	**87.1**	**17766**	**44.1**
农副食品加工业	664	663	99.8	564	85.1	251	37.9
食品制造业	320	320	100.0	288	90.0	168	52.5
酒、饮料和精制茶制造业	210	210	100.0	180	85.7	78	37.1
烟草制品业	*	*	*	*	*	*	*
纺织业	4549	4536	99.7	3682	81.2	1243	27.4
纺织服装、服饰业	2399	2396	99.9	2010	83.9	600	25.0
皮革、毛皮、羽毛及其制品和制鞋业	1591	1591	100.0	1290	81.1	400	25.1
木材加工和木、竹、藤、棕、草制品业	670	668	99.7	425	63.6	179	26.8
家具制造业	889	887	99.8	769	86.7	360	40.6
造纸和纸制品业	908	907	99.9	756	83.4	280	30.9
印刷和记录媒介复制业	600	599	99.8	509	85.0	227	37.9
文教、工美、体育和娱乐用品制造业	1200	1200	100.0	1084	90.3	528	44.0
石油、煤炭及其他燃料加工业	63	63	100.0	53	84.1	21	33.3
化学原料和化学制品制造业	1537	1534	99.8	1395	90.9	831	54.2
医药制造业	425	425	100.0	409	96.2	315	74.1
化学纤维制造业	573	570	99.5	450	78.9	161	28.2
橡胶和塑料制品业	2485	2482	99.9	2186	88.1	1107	44.6
非金属矿物制品业	1713	1712	99.9	1333	77.9	481	28.1
黑色金属冶炼和压延加工业	553	553	100.0	459	83.0	207	37.4
有色金属冶炼和压延加工业	732	731	99.9	616	84.3	261	35.7
金属制品业	2766	2764	99.9	2429	87.9	1266	45.8
通用设备制造业	4425	4423	100.0	4052	91.6	2527	57.1
专用设备制造业	1858	1856	99.9	1709	92.1	1098	59.2
汽车制造业	2118	2118	100.0	1919	90.6	1114	52.6
铁路、船舶、航空航天和其他运输设备制造业	532	532	100.0	496	93.2	275	51.7

宣传和推广情况

互联网广告		搜索引擎		电子商务平台		电子邮件		社交网站和即时通讯社交工具	
数量(个)	占使用互联网企业的比重(%)	数量(个)	占使用互联网企业的比重(%)	数量(个)	占使用互联网企业的比重(%)	数量(个)	占使用互联网企业的比重(%)	数量(个)	占使用互联网企业的比重(%)
22709	**25.7**	**12868**	**14.6**	**9529**	**10.8**	**30436**	**34.5**	**16121**	**18.3**
19	**15.2**	**10**	**8.0**	**1**	**0.8**	**26**	**20.8**	**19**	**15.2**
*	*	*	*	*	*	*	*	*	*
						2	50.0	1	25.0
4	36.4	2	18.2	1	9.1	2	18.2	6	54.5
15	13.8	8	7.3			21	19.3	12	11.0
9295	**23.1**	**6404**	**15.9**	**4554**	**11.3**	**16733**	**41.5**	**6022**	**14.9**
134	20.2	103	15.5	102	15.4	222	33.5	132	19.9
109	34.1	49	15.3	85	26.6	103	32.2	64	20.0
76	36.2	33	15.7	49	23.3	63	30.0	37	17.6
*	*	*	*	*	*	*	*	*	*
860	19.0	517	11.4	453	10.0	1847	40.7	647	14.3
477	19.9	259	10.8	218	9.1	1081	45.1	349	14.6
267	16.8	212	13.3	110	6.9	685	43.1	222	14.0
129	19.3	89	13.3	70	10.5	189	28.3	87	13.0
191	21.5	127	14.3	106	12.0	385	43.4	137	15.4
192	21.2	127	14.0	74	8.2	323	35.6	171	18.9
121	20.2	77	12.9	63	10.5	243	40.6	79	13.2
311	25.9	168	14.0	218	18.2	528	44.0	163	13.6
11	17.5	9	14.3	11	17.5	27	42.9	12	19.0
394	25.7	290	18.9	149	9.7	576	37.5	249	16.2
128	30.1	89	20.9	56	13.2	161	37.9	91	21.4
126	22.1	84	14.7	60	10.5	186	32.6	88	15.4
560	22.6	395	15.9	349	14.1	1004	40.5	335	13.5
334	19.5	225	13.1	106	6.2	566	33.1	269	15.7
114	20.6	80	14.5	37	6.7	198	35.8	79	14.3
158	21.6	115	15.7	50	6.8	276	37.8	111	15.2
655	23.7	444	16.1	356	12.9	1166	42.2	364	13.2
1159	26.2	815	18.4	504	11.4	1935	43.7	629	14.2
538	29.0	400	21.6	194	10.5	857	46.2	287	15.5
424	20.0	348	16.4	167	7.9	1020	48.2	307	14.5
143	26.9	88	16.5	70	13.2	259	48.7	87	16.4

6-11 续表 1

行业	企业数(个)	使用互联网的企业		通过互联网进行宣传推广的企业		自有网站	
		数量(个)	比重(%)	数量(个)	占使用互联网企业的比重(%)	数量(个)	占使用互联网企业的比重(%)
电气机械和器材制造业	4038	4035	99.9	3715	92.1	2302	57.1
计算机、通信和其他电子设备制造业	1428	1426	99.9	1342	94.1	880	61.7
仪器仪表制造业	579	579	100.0	559	96.5	412	71.2
其他制造业	342	342	100.0	303	88.6	147	43.0
废弃资源综合利用业	135	135	100.0	95	70.4	27	20.0
金属制品、机械和设备修理业	38	38	100.0	36	94.7	20	52.6
电力、热力、燃气及水生产和供应业	**665**	**660**	**99.2**	**467**	**70.8**	**192**	**29.1**
电力、热力生产和供应业	407	402	98.8	273	67.9	97	24.1
燃气生产和供应业	100	100	100.0	78	78.0	39	39.0
水的生产和供应业	158	158	100.0	116	73.4	56	35.4
建筑业	**7253**	**7242**	**99.8**	**5802**	**80.1**	**1675**	**23.1**
房屋建筑业	2783	2778	99.8	2257	81.2	616	22.2
土木工程建筑业	2697	2694	99.9	2101	78.0	541	20.1
建筑安装业	625	622	99.5	516	83.0	207	33.3
建筑装饰、装修和其他建筑业	1148	1148	100.0	928	80.8	311	27.1
批发和零售业	**19412**	**19367**	**99.8**	**14897**	**76.9**	**3429**	**17.7**
批发业	13660	13626	99.8	9994	73.3	2420	17.8
零售业	5752	5741	99.8	4903	85.4	1009	17.6
交通运输、仓储和邮政业	**3262**	**3253**	**99.7**	**2488**	**76.5**	**706**	**21.7**
铁路运输业	*	*	*	*	*	*	*
道路运输业	1683	1679	99.8	1215	72.4	282	16.8
水上运输业	418	418	100.0	316	75.6	100	23.9
航空运输业	27	27	100.0	22	81.5	14	51.9
管道运输业	*	*	*	*	*	*	*
多式联运和运输代理业	640	639	99.8	549	85.9	190	29.7
装卸搬运和仓储业	281	278	98.9	221	79.5	79	28.4
邮政业	211	210	99.5	164	78.1	40	19.0
住宿和餐饮业	**3000**	**2995**	**99.8**	**2609**	**87.1**	**589**	**19.7**
住宿业	1375	1374	99.9	1295	94.3	373	27.1
餐饮业	1625	1621	99.8	1314	81.1	216	13.3
信息传输、软件和信息技术服务业	**1381**	**1374**	**99.5**	**1302**	**94.8**	**831**	**60.5**
电信、广播电视和卫星传输服务	158	158	100.0	148	93.7	72	45.6
互联网和相关服务	207	205	99.0	193	94.1	117	57.1
软件和信息技术服务业	1016	1011	99.5	961	95.1	642	63.5

互联网广告		搜索引擎		电子商务平台		电子邮件		社交网站和即时通讯社交工具	
数量（个）	占使用互联网企业的比重（%）	数量（个）	占使用互联网企业的比重（%）	数量（个）	占使用互联网企业的比重（%）	数量（个）	占使用互联网企业的比重（%）	数量（个）	占使用互联网企业的比重（%）
1025	25.4	738	18.3	574	14.2	1718	42.6	578	14.3
383	26.9	297	20.8	178	12.5	671	47.1	265	18.6
174	30.1	154	26.6	75	13.0	239	41.3	100	17.3
77	22.5	48	14.0	59	17.3	146	42.7	66	19.3
17	12.6	20	14.8	6	4.4	41	30.4	13	9.6
8	21.1	4	10.5	5	13.2	18	47.4	4	10.5
76	**11.5**	**54**	**8.2**	**22**	**3.3**	**120**	**18.2**	**114**	**17.3**
44	10.9	31	7.7	17	4.2	80	19.9	53	13.2
17	17.0	11	11.0	3	3.0	18	18.0	28	28.0
15	9.5	12	7.6	2	1.3	22	13.9	33	20.9
1518	**21.0**	**1037**	**14.3**	**365**	**5.0**	**2403**	**33.2**	**1412**	**19.5**
612	22.0	410	14.8	141	5.1	937	33.7	559	20.1
524	19.5	384	14.3	133	4.9	849	31.5	525	19.5
122	19.6	93	15.0	40	6.4	223	35.9	113	18.2
260	22.6	150	13.1	51	4.4	394	34.3	215	18.7
4859	**25.1**	**2414**	**12.5**	**2466**	**12.7**	**6209**	**32.1**	**3690**	**19.1**
2502	18.4	1543	11.3	1293	9.5	4950	36.3	2206	16.2
2357	41.1	871	15.2	1173	20.4	1259	21.9	1484	25.8
670	**20.6**	**358**	**11.0**	**271**	**8.3**	**1059**	**32.6**	**643**	**19.8**
*	*	*	*	*	*	*	*	*	*
353	21.0	181	10.8	128	7.6	433	25.8	339	20.2
50	12.0	31	7.4	28	6.7	178	42.6	59	14.1
6	22.2	3	11.1	3	11.1	7	25.9	6	22.2
*	*	*	*	*	*	*	*	*	*
130	20.3	71	11.1	58	9.1	283	44.3	151	23.6
60	21.6	37	13.3	30	10.8	106	38.1	43	15.5
71	33.8	35	16.7	24	11.4	52	24.8	45	21.4
1068	**35.7**	**383**	**12.8**	**772**	**25.8**	**531**	**17.7**	**703**	**23.5**
567	41.3	213	15.5	522	38.0	280	20.4	365	26.6
501	30.9	170	10.5	250	15.4	251	15.5	338	20.9
583	**42.4**	**371**	**27.0**	**225**	**16.4**	**354**	**25.8**	**391**	**28.5**
64	40.5	31	19.6	23	14.6	43	27.2	47	29.7
103	50.2	68	33.2	54	26.3	39	19.0	64	31.2
416	41.1	272	26.9	148	14.6	272	26.9	280	27.7

6-11 续表 2

行业	企业数(个)	使用互联网的企业		通过互联网进行宣传推广的企业		自有网站	
		数量(个)	比重(%)	数量(个)	占使用互联网企业的比重(%)	数量(个)	占使用互联网企业的比重(%)
房地产业	**7343**	**7282**	**99.2**	**5899**	**81.0**	**1165**	**16.0**
房地产业	7343	7282	99.2	5899	81.0	1165	16.0
租赁和商务服务业	**2317**	**2312**	**99.8**	**1887**	**81.6**	**861**	**37.2**
租赁业	82	81	98.8	61	75.3	29	35.8
商务服务业	2235	2231	99.8	1826	81.8	832	37.3
科学研究和技术服务业	**1320**	**1316**	**99.7**	**1182**	**89.8**	**680**	**51.7**
研究和试验发展	98	98	100.0	89	90.8	51	52.0
专业技术服务业	1051	1048	99.7	939	89.6	539	51.4
科技推广和应用服务业	171	170	99.4	154	90.6	90	52.9
水利、环境和公共设施管理业	**408**	**405**	**99.3**	**316**	**78.0**	**144**	**35.6**
水利管理业	22	22	100.0	17	77.3	9	40.9
生态保护和环境治理业	65	65	100.0	51	78.5	23	35.4
公共设施管理业	303	300	99.0	233	77.7	103	34.3
土地管理业	18	18	100.0	15	83.3	9	50.0
居民服务、修理和其他服务业	**376**	**375**	**99.7**	**284**	**75.7**	**70**	**18.7**
居民服务业	147	146	99.3	112	76.7	37	25.3
机动车、电子产品和日用产品修理业	131	131	100.0	105	80.2	23	17.6
其他服务业	98	98	100.0	67	68.4	10	10.2
教育	**179**	**179**	**100.0**	**155**	**86.6**	**66**	**36.9**
教育	179	179	100.0	155	86.6	66	36.9
卫生和社会工作	**370**	**368**	**99.5**	**334**	**90.8**	**199**	**54.1**
卫生	356	354	99.4	320	90.4	190	53.7
社会工作	14	14	100.0	14	100.0	9	64.3
文化、体育和娱乐业	**691**	**687**	**99.4**	**595**	**86.6**	**192**	**27.9**
新闻和出版业	67	67	100.0	60	89.6	43	64.2
广播、电视、电影和录音制作业	377	374	99.2	334	89.3	85	22.7
文化艺术业	55	55	100.0	47	85.5	15	27.3
体育	45	44	97.8	37	84.1	23	52.3
娱乐业	147	147	100.0	117	79.6	26	17.7

互联网广告		搜索引擎		电子商务平台		电子邮件		社交网站和即时通讯社交工具	
数量（个）	占使用互联网企业的比重（%）	数量（个）	占使用互联网企业的比重（%）	数量（个）	占使用互联网企业的比重（%）	数量（个）	占使用互联网企业的比重（%）	数量（个）	占使用互联网企业的比重（%）
2943	**40.4**	**927**	**12.7**	**318**	**4.4**	**1603**	**22.0**	**1662**	**22.8**
2943	40.4	927	12.7	318	4.4	1603	22.0	1662	22.8
694	**30.0**	**330**	**14.3**	**199**	**8.6**	**580**	**25.1**	**588**	**25.4**
24	29.6	17	21.0	5	6.2	18	22.2	15	18.5
670	30.0	313	14.0	194	8.7	562	25.2	573	25.7
329	**25.0**	**241**	**18.3**	**77**	**5.9**	**415**	**31.5**	**308**	**23.4**
23	23.5	16	16.3	10	10.2	27	27.6	22	22.4
253	24.1	188	17.9	52	5.0	329	31.4	251	24.0
53	31.2	37	21.8	15	8.8	59	34.7	35	20.6
97	**24.0**	**56**	**13.8**	**48**	**11.9**	**89**	**22.0**	**88**	**21.7**
3	13.6					4	18.2	1	4.5
13	20.0	10	15.4	5	7.7	10	15.4	11	16.9
78	26.0	44	14.7	43	14.3	73	24.3	70	23.3
3	16.7	2	11.1			2	11.1	6	33.3
95	**25.3**	**55**	**14.7**	**33**	**8.8**	**86**	**22.9**	**88**	**23.5**
42	28.8	27	18.5	17	11.6	24	16.4	28	19.2
33	25.2	14	10.7	6	4.6	39	29.8	39	29.8
20	20.4	14	14.3	10	10.2	23	23.5	21	21.4
62	**34.6**	**41**	**22.9**	**16**	**8.9**	**45**	**25.1**	**46**	**25.7**
62	34.6	41	22.9	16	8.9	45	25.1	46	25.7
144	**39.1**	**88**	**23.9**	**31**	**8.4**	**52**	**14.1**	**129**	**35.1**
141	39.8	86	24.3	30	8.5	50	14.1	125	35.3
3	21.4	2	14.3	1	7.1	2	14.3	4	28.6
257	**37.4**	**99**	**14.4**	**131**	**19.1**	**131**	**19.1**	**218**	**31.7**
28	41.8	7	10.4	12	17.9	10	14.9	21	31.3
139	37.2	57	15.2	84	22.5	70	18.7	130	34.8
20	36.4	9	16.4	14	25.5	9	16.4	18	32.7
16	36.4	7	15.9	7	15.9	16	36.4	10	22.7
54	36.7	19	12.9	14	9.5	26	17.7	39	26.5

6-12 分地区企业互联网

地 区	企业数(个)	使用互联网的企业		通过互联网进行宣传推广的企业		自有网站	
		数量(个)	比重(%)	数量(个)	占使用互联网企业的比重(%)	数量(个)	占使用互联网企业的比重(%)
全 省	**88443**	**88236**	**99.8**	**73402**	**83.2**	**28578**	**32.4**
杭州市	**18369**	**18297**	**99.6**	**15520**	**84.8**	**6366**	**34.8**
上城区	1044	1041	99.7	874	84.0	342	32.9
下城区	1236	1232	99.7	1025	83.2	427	34.7
江干区	1939	1929	99.5	1658	86.0	683	35.4
拱墅区	1082	1074	99.3	941	87.6	368	34.3
西湖区	1637	1634	99.8	1431	87.6	677	41.4
滨江区	1199	1193	99.5	1092	91.5	643	53.9
萧山区	3520	3501	99.5	2932	83.7	1192	34.0
余杭区	2814	2803	99.6	2332	83.2	967	34.5
富阳区	1225	1223	99.8	1042	85.2	411	33.6
临安区	1072	1070	99.8	895	83.6	312	29.2
桐庐县	632	631	99.8	531	84.2	127	20.1
淳安县	411	410	99.8	320	78.0	68	16.6
建德市	558	556	99.6	447	80.4	149	26.8
宁波市	**16429**	**16396**	**99.8**	**13913**	**84.9**	**6034**	**36.8**
海曙区	1812	1806	99.7	1580	87.5	679	37.6
江北区	1199	1196	99.7	975	81.5	329	27.5
北仑区	1833	1829	99.8	1507	82.4	664	36.3
镇海区	1201	1195	99.5	983	82.3	408	34.1
鄞州区	3733	3730	99.9	3163	84.8	1400	37.5
奉化区	779	776	99.6	624	80.4	252	32.5
象山县	927	926	99.9	773	83.5	282	30.5
宁海县	919	919	100.0	769	83.7	348	37.9
余姚市	1747	1745	99.9	1542	88.4	709	40.6
慈溪市	2279	2274	99.8	1997	87.8	963	42.3
温州市	**10138**	**10135**	**100.0**	**8077**	**79.7**	**3600**	**35.5**
鹿城区	1474	1471	99.8	1149	78.1	269	18.3
龙湾区	1551	1551	100.0	1227	79.1	602	38.8
瓯海区	1100	1100	100.0	889	80.8	298	27.1
洞头区	156	156	100.0	118	75.6	50	32.1
永嘉县	702	702	100.0	551	78.5	320	45.6
平阳县	740	740	100.0	553	74.7	294	39.7

宣传和推广情况

互联网广告		搜索引擎		电子商务平台		电子邮件		社交网站和即时通讯社交工具	
数量(个)	占使用互联网企业的比重(%)	数量(个)	占使用互联网企业的比重(%)	数量(个)	占使用互联网企业的比重(%)	数量(个)	占使用互联网企业的比重(%)	数量(个)	占使用互联网企业的比重(%)
22709	**25.7**	**12868**	**14.6**	**9529**	**10.8**	**30436**	**34.5**	**16121**	**18.3**
5312	**29.0**	**3100**	**16.9**	**2399**	**13.1**	**5643**	**30.8**	**3916**	**21.4**
292	28.0	161	15.5	152	14.6	280	26.9	221	21.2
363	29.5	207	16.8	177	14.4	310	25.2	271	22.0
612	31.7	366	19.0	269	13.9	505	26.2	446	23.1
350	32.6	204	19.0	139	12.9	270	25.1	281	26.2
565	34.6	334	20.4	243	14.9	392	24.0	411	25.2
402	33.7	246	20.6	154	12.9	393	32.9	295	24.7
908	25.9	565	16.1	370	10.6	1217	34.8	667	19.1
795	28.4	452	16.1	371	13.2	866	30.9	599	21.4
328	26.8	220	18.0	127	10.4	473	38.7	235	19.2
281	26.3	160	15.0	167	15.6	350	32.7	193	18.0
166	26.3	63	10.0	81	12.8	254	40.3	124	19.7
106	25.9	54	13.2	67	16.3	123	30.0	95	23.2
144	25.9	68	12.2	82	14.7	210	37.8	78	14.0
3842	**23.4**	**2340**	**14.3**	**1827**	**11.1**	**6564**	**40.0**	**2749**	**16.8**
454	25.1	269	14.9	215	11.9	761	42.1	335	18.5
304	25.4	180	15.1	149	12.5	404	33.8	210	17.6
390	21.3	254	13.9	166	9.1	683	37.3	306	16.7
284	23.8	177	14.8	105	8.8	458	38.3	188	15.7
928	24.9	578	15.5	400	10.7	1498	40.2	672	18.0
153	19.7	74	9.5	64	8.2	303	39.0	116	14.9
213	23.0	106	11.4	81	8.7	403	43.5	136	14.7
199	21.7	122	13.3	110	12.0	367	39.9	156	17.0
370	21.2	228	13.1	270	15.5	791	45.3	256	14.7
547	24.1	352	15.5	267	11.7	896	39.4	374	16.4
2355	**23.2**	**1489**	**14.7**	**447**	**4.4**	**3058**	**30.2**	**1776**	**17.5**
346	23.5	186	12.6	65	4.4	432	29.4	309	21.0
345	22.2	243	15.7	70	4.5	465	30.0	279	18.0
241	21.9	150	13.6	51	4.6	386	35.1	211	19.2
38	24.4	17	10.9	3	1.9	46	29.5	24	15.4
174	24.8	110	15.7	36	5.1	195	27.8	107	15.2
146	19.7	84	11.4	26	3.5	188	25.4	89	12.0

6-12 续表 1

地 区	企业数(个)	使用互联网的企业		通过互联网进行宣传推广的企业		自有网站	
		数量(个)	比重(%)	数量(个)	占使用互联网企业的比重(%)	数量(个)	占使用互联网企业的比重(%)
苍南县	774	774	100.0	619	80.0	289	37.3
文成县	128	128	100.0	105	82.0	26	20.3
泰顺县	153	153	100.0	118	77.1	34	22.2
瑞安市	1628	1628	100.0	1285	78.9	507	31.1
乐清市	1732	1732	100.0	1463	84.5	911	52.6
嘉兴市	**9453**	**9428**	**99.7**	**7836**	**83.1**	**2814**	**29.8**
南湖区	1105	1103	99.8	957	86.8	396	35.9
秀洲区	1201	1198	99.8	976	81.5	367	30.6
嘉善县	1143	1140	99.7	923	81.0	356	31.2
海盐县	844	843	99.9	685	81.3	259	30.7
海宁市	2060	2054	99.7	1729	84.2	614	29.9
平湖市	1260	1257	99.8	1058	84.2	364	29.0
桐乡市	1840	1833	99.6	1508	82.3	458	25.0
湖州市	5637	5621	99.7	4517	80.4	1606	28.6
吴兴区	1239	1237	99.8	1033	83.5	371	30.0
南浔区	1198	1194	99.7	781	65.4	266	22.3
德清县	1164	1162	99.8	950	81.8	358	30.8
长兴县	1209	1206	99.8	1037	86.0	336	27.9
安吉县	827	822	99.4	716	87.1	275	33.5
绍兴市	**8977**	**8945**	**99.6**	**7354**	**82.2**	**2369**	**26.5**
越城区	1640	1636	99.8	1344	82.2	433	26.5
柯桥区	2598	2581	99.3	1996	77.3	497	19.3
上虞区	1253	1248	99.6	1108	88.8	476	38.1
新昌县	536	535	99.8	453	84.7	178	33.3
诸暨市	2032	2028	99.8	1704	84.0	540	26.6
嵊州市	918	917	99.9	749	81.7	245	26.7
金华市	**6766**	**6759**	**99.9**	**5637**	**83.4**	**1942**	**28.7**
婺城区	955	954	99.9	807	84.6	338	35.4
金东区	556	556	100.0	464	83.5	165	29.7
武义县	628	627	99.8	537	85.6	196	31.3
浦江县	348	347	99.7	275	79.3	78	22.5
磐安县	239	239	100.0	210	87.9	79	33.1
兰溪市	661	658	99.5	514	78.1	162	24.6
义乌市	1337	1337	100.0	1100	82.3	310	23.2
东阳市	996	995	99.9	834	83.8	273	27.4
永康市	1046	1046	100.0	896	85.7	341	32.6

互联网广告		搜索引擎		电子商务平台		电子邮件		社交网站和即时通讯社交工具	
数量（个）	占使用互联网企业的比重（%）	数量（个）	占使用互联网企业的比重（%）	数量（个）	占使用互联网企业的比重（%）	数量（个）	占使用互联网企业的比重（%）	数量（个）	占使用互联网企业的比重（%）
189	24.4	111	14.3	60	7.8	201	26.0	121	15.6
34	26.6	20	15.6	8	6.3	44	34.4	19	14.8
41	26.8	26	17.0	5	3.3	38	24.8	36	23.5
413	25.4	262	16.1	51	3.1	545	33.5	315	19.3
388	22.4	280	16.2	72	4.2	518	29.9	266	15.4
2208	**23.4**	**1272**	**13.5**	**888**	**9.4**	**3647**	**38.7**	**1714**	**18.2**
300	27.2	139	12.6	101	9.2	385	34.9	241	21.8
312	26.0	157	13.1	129	10.8	430	35.9	203	16.9
255	22.4	139	12.2	96	8.4	453	39.7	209	18.3
193	22.9	115	13.6	107	12.7	335	39.7	146	17.3
477	23.2	312	15.2	174	8.5	830	40.4	380	18.5
247	19.6	171	13.6	101	8.0	554	44.1	219	17.4
424	23.1	239	13.0	180	9.8	660	36.0	316	17.2
1401	24.9	768	13.7	591	10.5	1922	34.2	960	17.1
361	29.2	174	14.1	121	9.8	366	29.6	259	20.9
231	19.3	126	10.6	92	7.7	360	30.2	137	11.5
261	22.5	144	12.4	115	9.9	446	38.4	200	17.2
324	26.9	192	15.9	119	9.9	454	37.6	213	17.7
224	27.3	132	16.1	144	17.5	296	36.0	151	18.4
2400	**26.8**	**1096**	**12.3**	**972**	**10.9**	**3249**	**36.3**	**1507**	**16.8**
457	27.9	186	11.4	167	10.2	570	34.8	284	17.4
597	23.1	265	10.3	266	10.3	931	36.1	364	14.1
369	29.6	206	16.5	173	13.9	507	40.6	235	18.8
156	29.2	73	13.6	65	12.1	205	38.3	108	20.2
557	27.5	253	12.5	203	10.0	718	35.4	359	17.7
264	28.8	113	12.3	98	10.7	318	34.7	157	17.1
1863	**27.6**	**948**	**14.0**	**863**	**12.8**	**2162**	**32.0**	**1199**	**17.7**
265	27.8	137	14.4	115	12.1	290	30.4	179	18.8
167	30.0	79	14.2	58	10.4	185	33.3	104	18.7
169	27.0	85	13.6	75	12.0	244	38.9	103	16.4
81	23.3	28	8.1	36	10.4	135	38.9	56	16.1
65	27.2	32	13.4	31	13.0	87	36.4	45	18.8
148	22.5	70	10.6	75	11.4	222	33.7	110	16.7
386	28.9	231	17.3	184	13.8	333	24.9	243	18.2
272	27.3	128	12.9	97	9.7	329	33.1	199	20.0
310	29.6	158	15.1	192	18.4	337	32.2	160	15.3

6-12 续表 2

地 区	企业数(个)	使用互联网的企业		通过互联网进行宣传推广的企业		自有网站	
		数量(个)	比重(%)	数量(个)	占使用互联网企业的比重(%)	数量(个)	占使用互联网企业的比重(%)
衢州市	**2174**	**2169**	**99.8**	**1777**	**81.9**	**554**	**25.5**
柯城区	611	608	99.5	499	82.1	155	25.5
衢江区	319	318	99.7	254	79.9	108	34.0
常山县	241	241	100.0	213	88.4	57	23.7
开化县	174	174	100.0	146	83.9	37	21.3
龙游县	385	384	99.7	309	80.5	94	24.5
江山市	444	444	100.0	356	80.2	103	23.2
舟山市	**1606**	**1606**	**100.0**	**1227**	**76.4**	**322**	**20.0**
定海区	850	850	100.0	636	74.8	177	20.8
普陀区	513	513	100.0	405	78.9	112	21.8
岱山县	166	166	100.0	127	76.5	27	16.3
嵊泗县	77	77	100.0	59	76.6	6	7.8
台州市	**6912**	**6902**	**99.9**	**5836**	**84.6**	**2408**	**34.9**
椒江区	985	984	99.9	823	83.6	363	36.9
黄岩区	690	687	99.6	602	87.6	211	30.7
路桥区	765	764	99.9	635	83.1	243	31.8
三门县	354	354	100.0	292	82.5	117	33.1
天台县	318	317	99.7	271	85.5	122	38.5
仙居县	300	300	100.0	251	83.7	85	28.3
温岭市	1530	1527	99.8	1292	84.6	428	28.0
临海市	890	890	100.0	733	82.4	314	35.3
玉环市	1080	1079	99.9	937	86.8	525	48.7
丽水市	**1982**	**1978**	**99.8**	**1708**	**86.3**	**563**	**28.5**
莲都区	552	548	99.3	468	85.4	172	31.4
青田县	270	270	100.0	236	87.4	62	23.0
缙云县	302	302	100.0	273	90.4	98	32.5
遂昌县	159	159	100.0	129	81.1	50	31.4
松阳县	200	200	100.0	165	82.5	55	27.5
云和县	117	117	100.0	96	82.1	23	19.7
庆元县	106	106	100.0	99	93.4	31	29.2
景宁畲族自治县	75	75	100.0	65	86.7	17	22.7
龙泉市	201	201	100.0	177	88.1	55	27.4

互联网广告		搜索引擎		电子商务平台		电子邮件		社交网站和即时通讯社交工具	
数量(个)	占使用互联网企业的比重(%)	数量(个)	占使用互联网企业的比重(%)	数量(个)	占使用互联网企业的比重(%)	数量(个)	占使用互联网企业的比重(%)	数量(个)	占使用互联网企业的比重(%)
639	**29.5**	**274**	**12.6**	**277**	**12.8**	**645**	**29.7**	**464**	**21.4**
187	30.8	82	13.5	73	12.0	174	28.6	151	24.8
94	29.6	45	14.2	40	12.6	95	29.9	62	19.5
81	33.6	33	13.7	29	12.0	98	40.7	64	26.6
47	27.0	11	6.3	24	13.8	54	31.0	43	24.7
103	26.8	51	13.3	51	13.3	116	30.2	68	17.7
127	28.6	52	11.7	60	13.5	108	24.3	76	17.1
328	**20.4**	**176**	**11.0**	**172**	**10.7**	**527**	**32.8**	**274**	**17.1**
191	22.5	100	11.8	77	9.1	266	31.3	151	17.8
98	19.1	57	11.1	72	14.0	170	33.1	89	17.3
25	15.1	13	7.8	18	10.8	62	37.3	26	15.7
14	18.2	6	7.8	5	6.5	29	37.7	8	10.4
1782	**25.8**	**1108**	**16.1**	**802**	**11.6**	**2399**	**34.8**	**1102**	**16.0**
272	27.6	156	15.9	128	13.0	354	36.0	192	19.5
172	25.0	100	14.6	77	11.2	272	39.6	100	14.6
220	28.8	120	15.7	110	14.4	237	31.0	109	14.3
91	25.7	56	15.8	38	10.7	131	37.0	68	19.2
115	36.3	62	19.6	62	19.6	101	31.9	57	18.0
75	25.0	43	14.3	42	14.0	111	37.0	62	20.7
441	28.9	311	20.4	141	9.2	486	31.8	239	15.7
201	22.6	136	15.3	94	10.6	281	31.6	141	15.8
195	18.1	124	11.5	110	10.2	426	39.5	134	12.4
579	**29.3**	**297**	**15.0**	**291**	**14.7**	**620**	**31.3**	**460**	**23.3**
172	31.4	79	14.4	66	12.0	149	27.2	140	25.5
72	26.7	44	16.3	32	11.9	75	27.8	70	25.9
103	34.1	58	19.2	52	17.2	102	33.8	52	17.2
39	24.5	14	8.8	17	10.7	51	32.1	28	17.6
64	32.0	40	20.0	25	12.5	63	31.5	43	21.5
24	20.5	15	12.8	26	22.2	40	34.2	21	17.9
31	29.2	11	10.4	28	26.4	42	39.6	31	29.2
25	33.3	8	10.7	11	14.7	21	28.0	20	26.7
49	24.4	28	13.9	34	16.9	77	38.3	55	27.4

6-13 分行业企业开展

行业	有电子商务交易的企业数(个)	有电子商务销售的企业		B2B	
		数量(个)	金额(万元)	企业数量(个)	金额(万元)
总 计	**10558**	**8228**	**88465061**	**5640**	**66802332**
采矿业	**4**	**2**	**3001**	**1**	**1**
有色金属矿采选业	*	*	*	*	*
非金属矿采选业	3	1	1	1	1
制造业	**5264**	**3991**	**29773843**	**3312**	**26982940**
农副食品加工业	126	107	201433	68	148796
食品制造业	93	88	143924	60	85859
酒、饮料和精制茶制造业	49	38	131730	28	105880
烟草制品业	*	*	*	*	*
纺织业	394	293	525960	248	431755
纺织服装、服饰业	227	187	340073	124	221200
皮革、毛皮、羽毛及其制品和制鞋业	132	106	218239	73	94819
木材加工和木、竹、藤、棕、草制品业	74	60	89691	46	71043
家具制造业	107	80	134640	64	123314
造纸和纸制品业	105	64	170634	54	132608
印刷和记录媒介复制业	92	66	204315	58	194294
文教、工美、体育和娱乐用品制造业	253	221	1222149	172	1052007
石油、煤炭及其他燃料加工业	3	2	5044	2	5015
化学原料和化学制品制造业	162	111	4199594	94	3519853
医药制造业	76	54	122248	41	96271
化学纤维制造业	42	32	608119	30	599475
橡胶和塑料制品业	366	310	2476389	266	2353009
非金属矿物制品业	107	64	251164	56	186772
黑色金属冶炼和压延加工业	48	34	141101	32	136424
有色金属冶炼和压延加工业	43	29	117985	29	116249
金属制品业	399	303	777737	256	666367
通用设备制造业	602	466	1005024	427	895525
专用设备制造业	298	182	294617	160	259157
汽车制造业	230	141	1098679	135	1079083
铁路、船舶、航空航天和其他运输设备制造业	74	54	148424	45	111629
电气机械和器材制造业	714	577	3921478	479	3214935
计算机、通信和其他电子设备制造业	249	178	1698556	140	1586973
仪器仪表制造业	125	88	105243	76	94580
其他制造业	60	51	84128	44	64523
废弃资源综合利用业	3	3	656	3	656
金属制品、机械和设备修理业	10	1	452	1	452
电力、热力、燃气及水生产和供应业	**38**	**4**	**12624**	**3**	**2896**
电力、热力生产和供应业	32	2	1096	2	1096
燃气生产和供应业	*	*	*	*	*
水的生产和供应业	5	2	11528	1	1800
建筑业	**307**	**35**	**25677**	**31**	**17309**
房屋建筑业	98	11	16202	10	10958
土木工程建筑业	112	13	6848	11	3732
建筑安装业	42	6	348	6	348
建筑装饰、装修和其他建筑业	55	5	2280	4	2272

电子商务交易情况

B2C		向大陆以外区域销售		有电子商务采购的企业		从大陆以外区域采购	
企业数量(个)	金额(万元)	企业数量(个)	金额(万元)	数量(个)	金额(万元)	企业数量(个)	金额(万元)
3904	**21662729**	**1917**	**5334360**	**4981**	**26489306**	**303**	**353275**
1	**3000**			**3**	**525**		
*	*	*	*	*	*	*	*
				2	25		
1286	**2790903**	**1609**	**3388422**	**2853**	**5025248**	**231**	**228651**
63	52638	6	64255	68	147812	8	20873
43	58065	10	19320	34	5770	2	27
16	25851	7	9953	24	5068	2	4254
*	*	*	*	*	*	*	*
93	94204	119	179830	206	93545	17	11873
85	118873	44	57488	103	28714	14	2091
51	123420	20	29016	61	36412	6	400
23	18648	18	34133	44	20849	3	2635
24	11325	38	73540	58	45225	4	154
19	38027	27	61407	70	34772	5	6538
13	10022	24	55637	46	16429	2	674
89	170142	93	118328	111	197352	9	4241
1	29			3	491754	1	312
31	679742	40	139218	94	317928	10	59712
19	25976	22	28051	43	57649	3	632
6	8645	15	89657	21	18653	8	7402
94	123380	156	289331	165	105080	17	8586
16	64392	28	54335	69	28058	4	1301
4	4677	14	17501	32	357358	2	13580
5	1736	7	4414	26	10259	1	1
102	111370	150	420659	218	151228	17	11882
115	109499	208	346653	324	251400	14	12212
48	35461	111	155984	196	109955	10	8618
25	19596	56	211217	162	486440	17	16456
17	36795	27	95495	38	40391	2	1546
177	706543	239	508771	356	834712	27	19333
62	111582	76	219667	160	1081468	18	10838
25	10662	32	37901	82	18817	4	1218
20	19606	20	23053	27	30553	4	1264
				2	132		
		1	318	10	1467		
2	**9728**			**36**	**159061**	**1**	**50**
				32	158643	1	50
*	*	*	*	*	*	*	*
2	9728			3	415		
14	**8369**	**2**	**6388**	**291**	**6665868**	**3**	**13811**
4	5244			93	6280228		
7	3116	1	4596	106	369909	2	13428
				40	13335		
3	8	1	1792	52	2396	1	383

6-13 续表

行业	有电子商务交易的企业数(个)	有电子商务销售的企业			
				B2B	
		数量(个)	金额(万元)	企业数量(个)	金额(万元)
批发和零售业	**2369**	**2176**	**44402309**	**1210**	**31134646**
批发业	1032	928	32068530	726	29219666
零售业	1337	1248	12333778	484	1914979
交通运输、仓储和邮政业	**170**	**101**	**1564895**	**67**	**1271668**
道路运输业	81	55	107439	29	43161
水上运输业	21	12	48540	8	36845
航空运输业	2	1	346661	1	144020
多式联运和运输代理业	26	9	806005	7	798950
装卸搬运和仓储业	23	13	51264	12	45246
邮政业	17	11	204987	10	203446
住宿和餐饮业	**1297**	**1254**	**687143**	**615**	**306842**
住宿业	869	859	419629	454	200221
餐饮业	428	395	267514	161	106621
信息传输、软件和信息技术服务业	**317**	**231**	**10375365**	**157**	**6564788**
电信、广播电视和卫星传输服务	45	37	2812313	12	38556
互联网和相关服务	77	70	6523773	47	5963984
软件和信息技术服务业	195	124	1039279	98	562247
房地产业	**175**	**18**	**12390**	**15**	**4097**
房地产业	175	18	12390	15	4097
租赁和商务服务业	**211**	**141**	**1039059**	**89**	**343758**
租赁业	8	6	531814	2	1047
商务服务业	203	135	507244	87	342711
科学研究和技术服务业	**87**	**23**	**38957**	**14**	**26052**
研究和试验发展	13	5	1356	2	1032
专业技术服务业	53	10	12132	8	5492
科技推广和应用服务业	21	8	25469	4	19528
水利、环境和公共设施管理业	**54**	**46**	**79510**	**24**	**17852**
生态保护和环境治理业	7	3	7490	2	5921
公共设施管理业	47	43	72019	22	11931
居民服务、修理和其他服务业	**40**	**21**	**52282**	**14**	**37353**
居民服务业	20	15	35284	8	21929
机动车、电子产品和日用产品修理业	12	4	16947	4	15393
其他服务业	8	2	51	2	31
教育	**15**	**7**	**14981**	**5**	**4873**
教育	15	7	14981	5	4873
卫生和社会工作	**35**	**16**	**1246**	**6**	**181**
卫生	35	16	1246	6	181
文化、体育和娱乐业	**175**	**162**	**381780**	**77**	**87078**
新闻和出版业	18	17	35606	9	10769
广播、电视、电影和录音制作业	113	106	261820	51	55270
文化艺术业	11	10	19505	3	16186
体育	8	7	30350	3	482
娱乐业	25	22	34499	11	4370

B2C		向大陆以外区域销售		有电子商务采购的企业		从大陆以外区域采购	
企业数量(个)	金额(万元)	企业数量(个)	金额(万元)	数量(个)	金额(万元)	企业数量(个)	金额(万元)
1357	**13267663**	**213**	**1844696**	**739**	**12575781**	**40**	**105383**
319	2848864	177	1526745	318	10682571	22	27301
1038	10418799	36	317952	421	1893210	18	78082
55	**293227**	**2**	**22029**	**106**	**306075**	**1**	**1434**
37	64278			43	11754		
6	11695			14	3189		
1	202641	1	9628	2	100		
6	7056			22	279007		
2	6018	1	12401	16	10858	1	1434
3	1541			9	1167		
802	**380300**	**68**	**4962**	**322**	**19823**	**10**	**309**
521	219408	59	4605	223	16132	10	309
281	160892	9	357	99	3690		
118	**3810577**	**16**	**63145**	**161**	**1490158**	**5**	**36**
29	2773757	2	228	24	181238		
37	559788	8	34429	31	1209013	3	34
52	477032	6	28488	106	99907	2	2
6	**8294**	**2**	**1305**	**162**	**10543**	**2**	**353**
6	8294	2	1305	162	10543	2	353
87	**695301**	**3**	**3402**	**108**	**192001**	**6**	**3019**
5	530767			2	16		
82	164533	3	3402	106	191985	6	3019
12	**12905**			**76**	**12925**	**1**	**8**
3	324			11	2087		
4	6640			47	9547		
5	5941			18	1291	1	8
27	**61658**	**1**	**3**	**20**	**691**		
1	1569			5	198		
26	60089	1	3	15	493		
13	**14929**			**26**	**8049**		
11	13355			10	2911		
1	1554			10	5075		
1	20			6	63		
6	**10108**			**8**	**3372**		
6	10108			8	3372		
14	**1065**			**26**	**5067**	**1**	**50**
14	1065			26	5067	1	50
104	**294702**	**1**	**7**	**44**	**14119**	**2**	**171**
11	24837	1	7	5	11834		
67	206549			23	1567	1	152
7	3319			1	8		
5	29868			4	295		
14	30129			11	415	1	19

6-14 分地区企业开展

地 区	有电子商务交易的企业数(个)	有电子商务销售的企业		B2B	
		数量(个)	金额(万元)	企业数量(个)	金额(万元)
全 省	**10558**	**8228**	**88465061**	**5640**	**66802332**
杭州市	**2603**	**2045**	**44897856**	**1190**	**31809602**
上城区	196	171	12071823	77	11854012
下城区	183	157	3875576	81	3182454
江干区	328	263	8678571	115	3746918
拱墅区	142	107	541667	51	352615
西湖区	295	237	3033662	105	2227061
滨江区	179	122	3158084	71	2284010
萧山区	353	258	4501966	198	3638009
余杭区	374	278	6167464	163	3902859
富阳区	143	105	2260991	80	319440
临安区	144	121	211382	89	121450
桐庐县	101	81	188322	50	65359
淳安县	90	78	92481	54	46034
建德市	75	67	115867	56	69381
宁波市	**2075**	**1595**	**14619680**	**1225**	**12314000**
海曙区	240	197	1308466	120	542029
江北区	143	126	3897519	95	3612719
北仑区	141	89	393874	56	268469
镇海区	82	54	159467	41	138528
鄞州区	330	237	4260131	150	3701358
奉化区	59	37	66556	22	44293
象山县	82	49	108330	44	99772
宁海县	111	67	2065994	55	2016545
余姚市	378	293	1001640	260	921197
慈溪市	509	446	1357704	382	969091
温州市	**1018**	**829**	**7139475**	**598**	**6291720**
鹿城区	148	126	2251770	71	1874928
龙湾区	170	137	1854910	104	1737275
瓯海区	91	71	313589	38	264671
洞头区	10	8	16342	4	43
永嘉县	65	53	147532	41	46485
平阳县	67	57	80239	38	58993

电子商务交易情况

B2C		向大陆以外区域销售		有电子商务采购的企业		从大陆以外区域采购	
企业数量(个)	金额(万元)	企业数量(个)	金额(万元)	数量(个)	金额(万元)	企业数量(个)	金额(万元)
3904	**21662729**	**1917**	**5334360**	**4981**	**26489306**	**303**	**353275**
1193	**13088255**	**286**	**857890**	**1099**	**5515867**	**60**	**54507**
112	217811	9	51821	66	1241253	6	22544
106	693122	14	16042	47	221375	1	2755
191	4931653	17	64760	119	532464	5	4503
68	189052	11	24144	51	178725	1	15
165	806602	12	5856	112	291504	2	16
71	874074	15	31902	94	1019832	7	382
98	863957	64	276387	189	251965	18	15098
167	2264605	28	200129	159	1581936	5	913
38	1941551	35	80121	76	85340	4	1936
64	89932	35	60195	73	55212	2	24
41	122962	22	23272	49	25736	7	5078
49	46446	5	5113	30	18793	1	948
23	46485	19	18148	34	11734	1	295
586	**2305680**	**383**	**1486495**	**935**	**4210651**	**48**	**85514**
107	766437	40	86046	98	367225	7	1233
52	284800	21	78762	43	447067		
44	125405	26	81982	91	274270	7	65798
19	20939	11	35376	44	509006	3	16
116	558773	46	864468	157	1680128	5	13734
21	22263	8	3230	32	5014	1	33
12	8557	8	9335	55	37165	1	3
20	49449	11	6952	73	160569	2	513
71	80443	117	135372	190	640024	12	3731
124	388613	95	184972	152	90184	10	453
393	**847753**	**209**	**299875**	**465**	**3749582**	**26**	**8331**
75	376842	8	14147	55	1291604	2	1022
64	117634	35	73856	92	1569200	2	90
51	48918	12	17914	42	29579	1	54
5	16299	1	30	6	3732		
27	101047	20	15531	33	113405	1	2
30	21246	16	22905	26	14047	3	1836

6-14 续表 1

地区	有电子商务交易的企业数(个)	有电子商务销售的企业		B2B	
		数量(个)	金额(万元)	企业数量(个)	金额(万元)
苍南县	120	106	138966	89	124395
文成县	11	10	32251	8	25443
泰顺县	20	14	5281	10	2080
瑞安市	134	105	183607	77	77565
乐清市	182	142	2114989	118	2079842
嘉兴市	**893**	**581**	**2721399**	**399**	**2254320**
南湖区	131	87	283233	56	143407
秀洲区	107	79	1288098	49	1169319
嘉善县	100	62	94880	35	62138
海盐县	94	75	220104	61	202100
海宁市	179	116	334940	90	269472
平湖市	109	52	86696	32	73941
桐乡市	173	110	413448	76	333943
湖州市	**534**	**411**	**1640912**	**305**	**1367064**
吴兴区	135	106	1027341	74	899984
南浔区	56	42	145132	31	129974
德清县	120	85	203053	62	141784
长兴县	84	60	57719	45	49443
安吉县	139	118	207666	93	145880
绍兴市	**869**	**670**	**3544157**	**504**	**1646517**
越城区	141	94	1303212	61	272653
柯桥区	200	158	356163	122	175012
上虞区	151	126	982427	103	457477
新昌县	92	71	428274	57	391825
诸暨市	172	136	274935	93	193229
嵊州市	113	85	199145	68	156321
金华市	**928**	**777**	**3494029**	**566**	**2506243**
婺城区	117	90	1374934	61	1256928
金东区	72	53	282505	42	80579
武义县	97	84	161254	65	125598
浦江县	29	25	45784	21	19220
磐安县	36	27	51258	24	49629
兰溪市	73	64	351578	48	244863
义乌市	207	190	490702	126	270603
东阳市	92	63	311515	41	126614
永康市	205	181	424499	138	332209

B2C		向大陆以外区域销售		有电子商务采购的企业		从大陆以外区域采购	
企业数量(个)	金额(万元)	企业数量(个)	金额(万元)	数量(个)	金额(万元)	企业数量(个)	金额(万元)
30	14571	43	71127	43	15684	5	898
5	6808			3	273	1	3
7	3200			10	652		
48	106042	23	15774	60	28795	5	2919
51	35147	51	68590	95	682612	6	1507
251	**467078**	**161**	**339424**	**512**	**1266335**	**32**	**7823**
40	139826	17	28324	75	32128	4	3940
43	118778	17	39914	51	673657	3	6
37	32742	15	30437	63	48955	4	409
25	18004	33	67988	48	246575	4	557
33	65468	52	102416	102	153230	11	1722
29	12755	5	4142	71	49083	4	1136
44	79506	22	66203	102	62709	2	53
186	**273847**	**97**	**171257**	**291**	**734279**	**24**	**31330**
48	127358	15	13390	74	527202	7	3875
21	15157	16	35278	31	31768	3	2516
37	61270	29	60251	73	54685	8	1440
22	8276	11	10327	42	91426	2	18781
58	61786	26	52011	71	29199	4	4719
250	**1897640**	**171**	**448305**	**448**	**1166688**	**32**	**69309**
46	1030560	16	15232	81	620835	8	5830
56	181151	39	42280	84	172722	7	936
39	524949	46	140495	88	205257	6	43626
19	36449	19	156831	51	64150	2	10345
64	81706	25	45297	79	77104	6	8393
26	42824	26	48169	65	26619	3	179
375	**987786**	**285**	**737693**	**387**	**7483478**	**32**	**60524**
46	118006	15	34146	57	841487		
25	201924	23	29494	40	103893	1	5
30	35656	40	102304	25	7323	1	3401
14	26564	9	17876	13	4890		
7	1630	6	24947	24	7286	4	3870
24	106715	27	77630	35	43188	7	4887
121	220098	69	162828	76	81511	7	4435
28	184902	20	74310	47	6317836	4	31573
80	92290	76	214158	70	76065	8	12353

6-14 续表 2

地 区	有电子商务交易的企业数(个)	有电子商务销售的企业		B2B	
		数量(个)	金额(万元)	企业数量(个)	金额(万元)
衢州市	**283**	**219**	**1389920**	**150**	**1180621**
柯城区	71	54	976656	39	945602
衢江区	37	28	74252	19	28486
常山县	36	28	177484	18	100317
开化县	20	16	8531	15	7513
龙游县	50	38	55638	24	43662
江山市	69	55	97359	35	55042
舟山市	**249**	**193**	**1395994**	**112**	**771339**
定海区	74	48	1231336	32	664561
普陀区	156	131	151564	70	95528
岱山县	15	10	12480	8	11242
嵊泗县	4	4	615	2	8
台州市	**768**	**637**	**3188214**	**419**	**2510832**
椒江区	142	117	1889060	89	1704137
黄岩区	71	58	175296	38	149441
路桥区	84	73	97795	51	70206
三门县	44	34	47469	26	30384
天台县	78	66	100624	42	70070
仙居县	36	25	54074	19	51083
温岭市	162	147	491633	70	318371
临海市	82	65	224176	42	45597
玉环市	69	52	108088	42	71542
丽水市	**338**	**271**	**4433424**	**172**	**4150072**
莲都区	76	60	4059640	36	3949986
青田县	30	22	88848	14	36240
缙云县	76	65	116793	46	64941
遂昌县	22	14	6781	11	4922
松阳县	25	22	18840	10	9079
云和县	23	19	25099	10	9885
庆元县	26	20	30988	12	20088
景宁畲族自治县	9	6	7925	3	2260
龙泉市	51	43	78512	30	52672

B2C		向大陆以外区域销售		有电子商务采购的企业		从大陆以外区域采购	
企业数量(个)	金额(万元)	企业数量(个)	金额(万元)	数量(个)	金额(万元)	企业数量(个)	金额(万元)
101	**209299**	**48**	**119112**	**168**	**452155**	**13**	**1940**
21	31054	11	54854	41	346168	2	772
12	45767	10	21896	23	14953	2	121
17	77167	2	1456	20	25765	4	532
4	1018	4	1799	13	6187	2	300
20	11976	8	7945	30	22254		
27	42317	13	31162	41	36827	3	215
114	**624654**	**10**	**19885**	**132**	**299030**	**6**	**5745**
25	566774	4	3953	48	239160	1	2000
83	56036	6	15932	76	34952	3	969
4	1238			8	24920	2	2776
2	607						
309	**677383**	**207**	**756897**	**354**	**1197424**	**21**	**22137**
51	184923	38	346689	62	836963	2	850
32	25855	21	41831	32	21229	2	619
30	27590	29	34421	37	19082	1	1
16	17085	18	19741	28	16667	3	1565
34	30554	22	28048	39	30034	7	1651
9	2991	9	8102	23	19594	1	10
87	173261	32	81615	59	132576	2	11164
34	178578	20	124244	39	83102	1	5260
16	36546	18	72207	35	38178	2	1017
146	**283352**	**60**	**97529**	**190**	**413820**	**9**	**6117**
38	109654	15	43900	36	308667	1	500
12	52607	4	4905	18	24783	1	21
31	51851	19	23283	43	41403	2	5477
6	1860	3	84	16	4346	1	50
14	9761	3	1831	11	3837	2	53
13	15214	2	2741	8	5025		
11	10900	1	4140	19	2750		
4	5665			7	3118		
17	25840	13	16645	32	19891	2	16

附　录

主要指标解释

主要指标解释

房屋施工面积　指报告期内施工的全部房屋建筑面积。包括本期新开工的房屋建筑面积、上期跨入本期继续施工的房屋建筑面积、上期停缓建在本期恢复施工的房屋建筑面积、本期竣工的房屋建筑面积以及本期施工后又停缓建的房屋建筑面积。多层建筑应填各层建筑面积之和。

房屋新开工面积　指报告期内新开工建设的房屋建筑面积，以单位工程为核算对象，即整栋房屋的全部建筑面积，不能分割计算。不包括在上期开工跨入本期继续施工的房屋建筑面积和上期停缓建而在本期复工的房屋建筑面积。房屋的开工应以房屋正式开始破土刨槽（地基处理或打永久桩）的日期为准。

房屋竣工面积　指报告期内房屋建筑按照设计要求已全部完工，达到住人和使用条件，经验收鉴定合格或达到竣工验收标准，可正式移交使用的各栋房屋建筑面积的总和。

竣工面积以房屋单位工程（栋）为核算对象，在整栋房屋符合竣工条件后按其全部建筑面积一次性计算，而不是按各栋施工房屋中已完成的部分或层次分割计算。

商品房销售面积　指报告期内出售商品房屋的合同总面积（即双方签署的正式买卖合同中所确定的建筑面积）。商品房销售面积由现房销售面积和期房销售面积两部分组成。

（1）现房销售面积：指在报告期内正式签订买卖合同、已经竣工达到入住条件的商品房屋建筑面积。包括以一次性付款方式和分期付款方式销售的现房建筑面积。

（2）期房销售面积：指在报告期内正式签订买卖合同、正在建设尚未竣工交付使用的商品房屋建筑面积。包括以一次性付款方式和分期付款方式销售的商品房屋建筑面积。期房销售建筑面积竣工后不再结转为现房销售建筑面积。

商品房销售额　指报告期内出售商品房屋的合同总价款（即双方签署的正式买卖合同中所确定的合同总价）。该指标与商品房销售面积同口径，由现房销售额和期房销售额两部分组成。

（1）现房销售额：指报告期内销售的已竣工商品房屋的合同总价款。包括现房销售前期预收的定金、预收款、首付款及全部按揭贷款的本金等款项。该指标与现房销售面积同口径。

（2）期房销售额：指报告期内销售的正在建设尚未竣工的商品房屋的合同总价款。包括预售房屋前期预收的定金、预收款、首付款及全部按揭贷款的本金等项。该指标与期房销售面积同口径。

房屋竣工价值　指报告期内按规定已经上报竣工的房屋本身的建造价值。一般按房屋设计和预算规定的内容计算。包括竣工房屋本身的基础、结构、屋面、装修以及水、电、卫等附属工程的建筑价值；也包括作为房屋建筑组成部分而列入房屋建筑工程预算内的设备（如电梯、通风设备等）的购置和安装费用。不包括厂房内的工艺设备、工艺管线的购置和安装，工艺设备基础的建造；室外的水、暖、电、卫、道路工程、挡土墙等环境工程的费用；办公和生活用家具的购置等费用；购置土地的费用；迁移补偿费和场地平整的费用及城市建设配套投资。

房屋竣工价值不仅包括该竣工房屋在报告期内完成的价值，也包括跨年施工的房屋在本期以前完成的价值。未竣工而转让给其他单位的房屋建筑工程，出让单位不计算竣工价值，待接受单位继续施工并符合竣工条件后，由接受单位计算其竣工价值，包括出让单位在出让前所完成的价值。房屋竣工价值一般按结算价格（或中标价）计算。

待开发土地面积　指经有关部门批准，通过各种方式获得土地使用权，但尚未开工建设的土地面积。

本年土地购置面积　指在本年内通过各种方式获得土地使用权的土地面积。

资产总计　指企业过去的交易或者事项形成的、由企业拥有或者控制的、预期会给企业带来经济利益的资源。包括企业拥有的土地、办公楼、厂房、机器、运输工具、存货等实物资产和现金、存款、应收账款和预付账款等金融资产。资产一般按流动性（资产的变现或耗用时间长短）分为流动资产和非流动资产。其中流动资产可分为货币资金、交易性金融资产、应收票据、应收账款、预付款项、其他应收款、存货等；非流动资产可分为长期股权投资、固定资产、无形资产及其他非流动资产等。根据会计“资产负债表”中“资产总计”项目的期末余额数填报。

负债合计　指企业过去的交易或者事项形成的，预期会导致经济利益流出企业的现时义务。包括银行贷款、借款、应付账款、应付职工工资、应付职工福利费、应交税金等企业负有偿还责任的债务。

负债一般按偿还期长短分为流动负债和非流动负债。根据会计资产负债表中“负债合计”项目的期末余额数填报。执行企业会计准则或《小企业会计准则》的企业：负债合计=流动负债合计+非流动负债合计；执行其他企业会计制度的企业负债包括流动负债和长期负债。

主营业务收入　指企业确认的销售商品、提供劳务等主营业务的收入。根据会计“主营业务收入”科目的期末贷方余额填报。执行2006年《企业会计准则》的企业，如未设置该科目，以“营业收入”代替填报。

土地转让收入　指房地产开发企业按国家规定在报告

期转让已经开发的土地和未经开发的土地所得到的收入。根据会计“利润表”和相关核算资料计算填报。

商品房屋销售收入 指房地产开发企业在报告期售出商品房屋的收入，一次收款的，一次性全部计入销售收入，按合同规定分期收款的，可按合同规定的时间分次计入收入。根据会计“利润表”和相关核算资料计算填报。

房屋出租收入 指房地产开发企业在报告期内，在不改变现有财产所有权关系的条件下，将企业的全部或部分房屋出租给其他单位或个人使用所得到的租金收入。根据会计“利润表”和相关核算资料计算填报。

其他（主营业务）收入 指房地产开发企业在报告期内从事除以上收入外的其他业务活动所得到的收入，包括配套设施销售收入、代建工程结算收入等。根据会计“利润表”和相关核算资料计算填报。

年末从业人数 指报告期末最后一日在本单位工作，并取得工资或其他形式劳动报酬的人员数。

年末零售营业面积 指批发和零售业企业用于本企业从事零售业务的对外营业的面积，不包括其办公用房、仓库、加工场地以及对外出租场地。按年末实有建筑面积统计。

年末餐饮营业面积 指住宿和餐饮业企业对外提供餐饮服务的就餐面积和从事食品加工、烹饪、调制的厨房面积，不包括办公用房和仓库等面积。按年末实有建筑面积统计。

营业收入 指企业经营主要业务和其他业务所确认的收入总额。营业收入包括“主营业务收入”和“其他业务收入”。根据会计“利润表”中“营业收入”项目的本年累计数填报。